U0562942

上海助力打赢脱贫攻坚战口述系列丛书

# 闵行的责任

中共上海市闵行区委组织部
中共上海市闵行区委党史研究室 编
上海市闵行区人民政府合作交流办公室

上海人民出版社　学林出版社

# 编委会

**名誉主任** 倪耀明
**主　　任** 王观宝
**副 主 任** 张鹏宇　傅爱明　姚计华　赵龙芳

**主　　编** 赵龙芳
**副 主 编** 汤建英　吴　亮
**编　　辑** 张　颖　韩雨恬　何文滨　钟亚斌
　　　　　　陆晓敏　徐晓彤

# 目录 CONTENTS

**综合篇**

| | | |
|---|---|---|
| 1 | 让优秀干部人才在磨砺中成长 | 姚计华 |
| 9 | 凝心聚力 打好这一战 | 黄嘉宁 |
| 18 | 在幕后 让援建的雪球越滚越大 | 吴 亮 |

**援三峡篇**

| | | |
|---|---|---|
| 27 | 大江引活水 大山有靠山 | 杨建华 |
| 35 | 在"三峡门户"的那些日子 | 沈俊华 |
| 44 | 对口支援不是同化,而是优化 | 王 尧 |

**援藏篇**

| | | |
|---|---|---|
| 52 | 把"老西藏"精神融入血液 | 王胜扬 |

| | | |
|---|---|---|
| 61 | 甘为援藏"孺子牛" | 林 湘 |
| 70 | 无悔的选择 | 马顺华 |
| 78 | 同甘苦　共患难　援藏精神永相传 | 孙培龙 |
| 86 | 做江孜人　谋江孜福 | 许天海 |
| 94 | 有志而去　有为而归 | 张 伟 |

## 援疆篇

| | | |
|---|---|---|
| 102 | 让新疆人民高兴　让上海人民放心 | 金士华 |
| 115 | 这一抹亮丽的金色 | 张鼎灵 |
| 123 | 真情永相依　真爱永留传 | 甘 泉 |
| 129 | 新疆，我的第二次大学 | 陈 靖 |
| 136 | 回得去的"故乡" | 陈冬发 |
| 146 | 用使命真情砥砺援疆路 | 杨 峥 |
| 155 | 牢记于心的那八个字 | 张 珺 |
| 165 | 待到枣花烂漫时 | 唐为群 |
| 174 | 戈壁滩上的希望绿洲 | 冯立竹 |
| 183 | 用生命守护生命 | 樊 赟 |
| 192 | 援疆是有温度的 | 胡志宏 |

| | | |
|---|---|---|
| 200 | 站成一株大漠中的胡杨 | 丁铖惠 |
| 209 | 相隔万里　咫尺把脉 | 冯 亮 |
| 218 | 因为这里的孩子需要我们 | 肖明华 |

## 援滇篇

| | | |
|---|---|---|
| 227 | 扛上行囊就是旅程　放下背包就是故乡 | 周胜春 |
| 236 | 君住长江头　我住长江尾 | 陈 超 |
| 245 | 用心做事　用情聚人 | 李春林 |
| 253 | 怀大局　做"小事" | 周行君 |
| 261 | 在打赢脱贫攻坚战中提升人生价值 | 张海燕 |
| 270 | 扎实推进沪滇协作　助力保山脱贫攻坚 | 孙鸿宾 |

| | |
|---|---|
| 279 | 后记 |

# 让优秀干部人才在磨砺中成长

姚计华，1970年3月生。曾任上海市闵行区证照办理中心管理办公室副主任，中共闵行区纪委常委、纠风工作室主任，区教育局党委副书记。现任中共闵行区委组织部副部长、区人民代表大会常务委员会人事工作委员会主任。

口述：姚计华
采访：赵龙芳　汤建英　徐晓彤
整理：徐晓彤
时间：2020 年 7 月 31 日

对口支援工作，重在脱贫攻坚，打赢脱贫攻坚战，是全面建成小康社会的底线任务和标志性指标，既是经济工作，又是社会工作，也是政治工作，是必须完成的重大任务。中央、市委将扶贫协作和对口支援工作的部分任务交给闵行，不仅是对闵行的信任，更是闵行义不容辞的责任和使命。二十多年来，闵行一直很重视这项工作，在产业合作、劳务协作、人才支援、资金扶持上不断加强力度，精准发力。从 1994 年开始，选派了一批又一批党性强、作风正、素质好，工作能力较强和工作经验较丰富的优秀年轻干部人才赴西藏、新疆、云南以及三峡等地开展扶贫协作和对口支援工作，共计 166 名，其中不含市管干部，教育、卫生等条线部门选派人员。

## 严格标准，把好"三关"

干事创业，关键在人。选好、用好援派干部人才，对援派工作的顺利开展有着重要意义，也是组织人事部门的一项重要职责。我们选干部，主要是根据国家的工作要求和中共中央组织部的选派标准，再结合受援地区的特点来挑选。

选派干部从个体上讲要把好"三个关口"。首先是要把好"品行关",始终把政治标准放在首位,坚持选派党性强、素质好、不怕吃苦、甘于奉献的干部。其次,把好"能力关"。受援地脱贫攻坚任务很重,派过去的干部要能独当一面,带动当地的工作,顺利完成任务。因此,我们坚持把有能力、有经验、善合作的干部选派出去,注重岗位匹配度。目前,我区援建新疆、云南的39名党政干部人才中,8名副处级领导干部都是正处级后备干部,其余干部人才都具备丰富的基层工作经验和相关专业知识。再有,要把好"家庭关"。坚持选派家属支持、家庭困难可以克服的干部。比如,在干部人才遴选过程中,书面征求家属意见的同时,我们需要上门走访,了解家庭实际情况,对于主动报名,但家属有顾虑或家庭有特别困难的干部,经沟通和综合考量后不再作为预备人选。家庭是援派干部人才坚强的后盾,大部分的家庭都很理解和支持援派工作。今年年初筛选第十批援疆干部时,梅陇有一位干部,妻子刚生二胎还不到一个月,但是他二话没说就主动请愿奔赴前线,从未提起家中的事情,我们去家访之后,才了解到这种情况,家里人都很支持,一直跟我们讲"不要紧,让他去",看到这样的场景,听着这样的话,我们非常感动。

上海选派干部人才比较讲规范,先是动员报名和组织推荐相结合,我们进行筛选,再找每个干部谈话,了解情况,然后再组织体检,确保身体条件许可,最后还要参加市里的面试,由市选派办确定最终人选。遴选过程中,我们还要考虑受援地区的特殊性,比如说香格里拉属于高原地区,预备人选的体检报告出来之后,我们要详细咨询医生,对于有风险隐患的我们坚决不派,这是安全的底线。对于新疆泽普和云南保山,要通过实现"两不愁三保障""脱贫之后奔小康",提高当地人的生活水平,要明确"民族大团结"的目的,通过实实在在的帮助提高他们的感受度。在这方面,中央是有直接要求的,援派干部人才可以直接对标、对表,我们考量干部也更加明确、明细。

## 加强管理,关爱到位

近年来,随着中央和市委对对口支援工作机制的调整,闵行区选派的援疆、援滇的干部人才数量比过去大幅增加,对援建队伍管理也提出了更高要求。

在干部管理方面，我们具体做到"三个强化"。首先是强化组织领导。2019年年底，区委专门研究讨论了援疆、援滇两地领导班子建设的问题，成立了两地的领导架构，明确了前方指挥部的工作责任，对每位班子成员进行了职责分工。同时，成立了党支部，进一步强化党对援派工作的领导。我们成立了新疆泽普分指挥部，明确了领导班子成员和职责分工。在云南，香格里拉因为只有两个人，就不设立专门的组织；保山则成立联络小组，每个地方的副县长是联络小组成员。日常管理上，指挥部和联络小组是核心，制定各项制度，树立责任意识，班子成员不仅要严于律己，还要带好团队，管理好其他援派干部。其次是强化制度规范。结合上级要求和援派干部实际，会同对口支援地区组织部门，我们制定了《闵行区第十批援疆干部人才管理规定》和《闵行区第十一批援滇（保山）干部人才管理规定》，就援派干部人才人事管理、请销假、廉政纪律、健康及家庭情况报告等方面做出了规定。说实话，援派干部的生活比较枯燥，工作地点和住宅"两点一线"，有的时候下乡调研的干部赶不回去就直接住在乡里。出于安全考虑，新疆的指挥部设立纪检委员，住宅区门口守卫也是我们上海派过去的，进出都要登记，每天晚上再晚都要点名，确保安全。第三是强化跟踪问效。注重日常考察，结合平时工作对接、援派干部返沪汇报、对口支援地区干部来闵行挂职锻炼等，及时了解掌握援派干部人才日常表现、工作情况。注重考核评价，结合干部年度考核、期满考核，实地了解情况。注重结果反馈，每年底，召开全区援派干部座谈会，总结援派工作情况，反馈考核结果。

在关心、关爱方面，区委坚持以人为本，把组织的关心、关爱落到实处，确保援外干部安心、安身、安业。2019年，结合贯彻落实上海市委七次全会精神，区委专题研究出台了《闵行区关于进一步加强援派干部人才管理、激励和关心关爱的实施办法》，作为我区干部队伍建设"1＋13"系列文件制度体系中的一项，将工作保障、待遇保障、日常慰问、家属关爱、家属探亲、就医就学、晋级使用等多个方面的举措以制度形式加以固化。比如，援疆干部和援滇干部的补贴都比以前有不同程度的提高；援派干部家属的探亲待遇从三年一

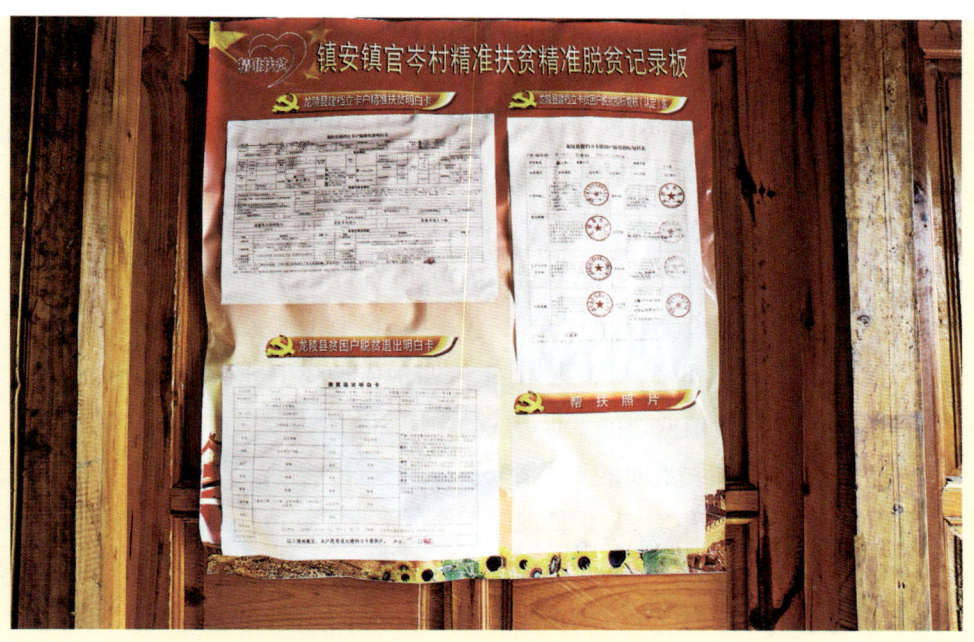

▲ 云南省保山市龙陵县精准脱贫记录板

次，调整为每年一次。从2004年开始，连续15年，区委在援派干部人才春节回沪休假期间，召开迎春座谈会，邀请援派干部人才及家属共同参加座谈，历任区委书记、区长、分管副区长等区领导到会听取援派干部的工作汇报、送上新春祝福。同时，在中秋、国庆等节假日进行上门走访慰问，及时了解干部家庭状况和困难需求。我们平时还注重加强与援派干部人才及其家属的联系，及时掌握家庭状况，向援派干部家属单位发函，帮助解决一些实际合理的困难诉求，有效解决援派干部的后顾之忧。其实，很多干部都报喜不报忧，遇到问题总是自己去解决，来报告困难的人几乎没有。比如援疆干部李金标，父亲重病做手术，他从未跟我们提过这件事，我们都是事后才了解情况的。后方是前方干部人才干事创业的坚强后盾，除了我们组织部，镇级党组织、家属所在单位、工会等也都设立联系制度，及时了解援派干部人才家里的日常情况，可以说我们的关心是全方位的。

## 一路走来，一路感动

　　我在组织部工作这段时间，接触了很多援派干部人才，也去过受援地，一路走来，一路感动。我们的干部人才住在他乡，天天加班加点，几乎没有休息，从调研项目到走访考察再到开会学习，从天亮到天黑，连轴转。他们牢记中央、市委和区委的嘱托，把参与对口支援扶贫协作工作，作为锻炼自身、发挥才能、实现人生价值的重要平台。有一次，援滇干部张海燕半夜给我发微信，是一张正在和企业签约的照片，他兴奋地告诉我引进了一个黄牛养殖项目，可以发展当地养殖业，甚至有望成为当地经济的重要支柱。

　　援派干部人才初到当地，要面临人文特色不同、语言交流不通、工作方式不同等难题。在这种情况下，他们能够迅速沉下身子、迈开步子，结合当地实际，主动扭住突破点、抓住关键点、找准发力点，以"功成不必在我，功成必定有我"的作风，创造性地开展工作。援滇干部马士亚在调研中了解到当地妇女的手工活很灵巧，他主动沟通联系，专门成立了龙陵县傣韵织锦专业合作社，不仅继承和发扬勐糯大寨傣族织锦文化，挖掘和开发傣族传统文化产业，还为合作社几十名妇女同胞发挥自身优势、就近就业、增收致富提供了便利条件。援疆干部陈冬发积极帮助当地发展旅游业，他经过多方协调，依托资源优势，通过旅游部门策划、规划部门论证、政府审核把关等程序，带领大家一起创建南疆第一个国家 5A 级景区——泽普县金湖杨景区；援疆干部冯亮，积极救治"心脏外置"患儿"小玉米"事件，被各大媒体广泛报道，成为佳话；云南保山的几位援滇老师援建期满之后，主动要求延期留任继续任教……我们所有的援派干部人才甘于奉献，不辞辛苦，他们早已超越了物质追求，上升到精神信仰，从我们组织部角度来讲，这体现的就是责任感、使命感。

　　其实，为了给受援地带去实实在在的帮助，我们每一位干部人才都全身心投入工作，除了要求完成的项目外，他们还利用自己的资源，为当地经济的长效发展想了很多办法，优化营商环境，做好企业服务工作。我们许多干部取得了不少荣誉，也得到了当地的干部群众的认可，比如，2017 年，陈超被云南省扶贫开发领导小组授予"扶贫先进工作者"称号；2019 年，泽普分指挥部被

▲ 当地百姓在援疆干部的宿舍楼外墙上写下"谢谢"

新疆喀什地区扶贫开发领导小组授予地区脱贫攻坚奖协作扶贫先进单位，胡志宏和丁铖惠被新疆维吾尔自治区党委记二等功，胡志宏还获得上海市"五一劳动奖章"……

　　援派干部扶贫扶志的做法给我留下了比较深刻的印象。比如，随着我们教育、医疗等支援团队人数的不断增多，更加注重变"输血"为"造血"，积极做好"传帮带"，通过办班培训、挂职锻炼、对口指导等方法，努力培养当地专业人才，为当地打造出一支带不走的教育医疗队伍。比如，对口支援的资金项目量大、面广、点多、线长，监管难度大，社会关注度高，如何管理好这些项目，让资金发挥好作用，关系到扶贫是否能够取得实效。援派干部建立项目管理、资金使用内审制度，通过第三方审计，对项目和资金进行全过程监管，并建立项目审计与申报挂钩等机制，确保扶贫投入与工作目标相匹配，保证了资金的安全使用和项目进度，为当地留下了一批制度和规范。比如，援派干部立足当地特点优势，主动创新突破，不断拓宽产业扶贫之路。新疆泽普打造的电子产业园、特色食品产业园、呼叫产业园三大产业园中园，为当地解决就业超四千人。2020年受疫情影响，云南对口支援地农产品滞销，援滇干部创新消费扶贫模式，开展了"县长直播带货"，当起"网红"主播，为当地农副产品代言、吆喝，帮助当地农户和合作社打开市场。

我们的援派干部人才工作效率高，完成质量好。2018年，我们对口支援的新疆泽普县在喀什地区十二县市中率先脱贫。2019年4月30日，云南省政府新闻办在昆明海埂会堂玉兰厅举行云南省2018年33个贫困县（市、区）退出新闻发布会，其中包括闵行对口支援的保山市龙陵县、昌宁县、迪庆州的香格里拉市。2020年，保山市施甸县和隆阳区也完成脱贫验收，至此，闵行对口支援的新疆泽普、云南香格里拉、保山一区三县等6个地区全部顺利脱贫"摘帽"。

"我是一块砖，哪里需要哪里搬。"我们派出去的每一位干部人才都是抱着这种决心出去的。他们以奋发有为的精神状态，扎实过硬的工作作风，切实履行对口支援的光荣使命，以完成好中央和市委交给的任务，为受援地更加美好的明天贡献自己的力量，也为当地留下了许许多多有形的和无形的财富。回到闵行，他们又把援派过程中积累的经验和才干，继续用到闵行的经济建设和社会发展的各项事业中，为把闵行建设成为品质卓越、生态宜居的现代化新城区而继续努力奋斗着！

# 凝心聚力　打好这一战

黄嘉宁，1965年2月生。2011年1月至2016年9月，任上海市闵行区合作交流办公室主任。现任闵行区人民代表大会常务委员会华侨民族宗教工作委员会主任。

口述：黄嘉宁

采访：汤建英　徐晓彤　张玉琴

整理：张玉琴

时间：2020 年 4 月 2 日

 

 

区合作交流办是闵行区对口支援领导小组下设的一个办公室，具体落实闵行区对口支援这方面的工作，内容涉及统筹、组织、协调支援地和闵行、上海之间的合作交流与对口支援等。同时，接受上海市合作交流办对我区进行业务指导和对口支援任务的分配安排。我是 2011 年 1 月调到闵行区合作交流办公室的，一直到 2016 年 9 月调离，在合作交流办公室主任的岗位上工作了近六年时间。

这六年的工作，我深深感受到闵行区委、区政府对对口支援工作的高度重视，始终把这项工作作为重大政治任务来对待。全区上下共同努力，不折不扣、高质量地完成好上海市委、市政府交给闵行区对口支援与对外合作交流任务。2011—2016 年，闵行区在完成好市统筹资金和项目的任务基础上，还每年拨出 2000 万的帮扶资金。区委组织部每批都选派出最优秀的援建干部赴对口支援地区开展扶贫工作。援建期间，区委组织部和派出单位对援建干部在生活上、工作上、政治上给予了极大的关怀和帮助。同时每年区四套班子的领导都会带队前往支援地视察对口支援项目，关心援建干部，对他们给予支持和鼓励。这几年的对口支援工作也始终得到全区各部委办局、各街镇园区鼎力支持和配合；得到区域内企业和社会各界的支持。

在区委、区政府的领导下，在市合作交流办的指导和支持下，闵行区对口支援工作一直走在前列，多次得到市领导和市合作交流办以及对口支援地区党委、政府的充分肯定和好评。2011—2016年，闵行区领导三次在全市对口支援与合作交流会议中作书面交流发言。2012年，闵行区合作交流办被评为"上海市对口支援与合作交流先进集体"，2014年9月，闵行区被国务院扶贫工作领导小组评为"全国扶贫工作先进集体"。

## 明确责任，精准施策

2011—2013年，闵行区与其他区共同承担新疆维吾尔自治区喀什地区泽普县、西藏自治区日喀则市江孜县和湖北宜昌市夷陵区的对口支援工作，并且承担云南省迪庆藏族自治州香格里拉市的对口支援工作。同时，云南省保山市作为上海重点经济合作市之一，也被纳入闵行区的对口支援范围内。2014年年初，市委、市政府对各区的对口支援任务进行了调整，闵行区单独承担新疆泽普县、云南香格里拉市和云南保山市三地的对口支援工作。其他各区也是一样，由原先共同承担4—5个支援地转变为单独负责2—3个支援地。

看起来，每个区的任务是减轻了，但实际上负责帮扶的区的责任定位更精准了，责任和压力也就更大了。以泽普为例，起初闵行区与杨浦区共同承担泽普的对口支援工作，每轮各派3—4名党政干部投入到援疆工作中。两区互派医生或教师，各任期一年半。此间，两区互相学习，取长补短，有效进行对口支援的同时，共同对支援地负责。任务调整后，一区对一县，协助当地脱贫攻坚的任务由每个区一力承担，肩上的担子更重了。

地区不同，对口支援的工作重点、工作内容也有所差异。对于泽普来说，前几年的重心在改善民生方面，医疗卫生、教育、居住环境及基础设施都需要提升改善，当民生发展趋于稳定之后，近几年的帮扶重点则逐步转向产业扶贫，将当地的红枣、核桃、苹果等农牧业产业化、规模化。在香格里拉，2011—2013年，最急需解决的问题就是人畜共住的情况。在两层楼的木屋中，楼上住人，楼下养畜，就连饮水池都是人畜共用。因此，我们最先着手的就是做好人畜分离，改善人居环境，并在卫生、教育、住房改造方面加大力度。针对夷陵这一地区，不仅要响应国家号召，帮助坝区移民"迁得出"，更要让移民"安得稳、逐步能致富"，解决就业成为对口支援夷陵的重点。对江孜的支援重点则在高原农业上，因为地处高原，气候条件特殊，特别是冬季严寒时期，蔬菜自给量低，加上道路崎岖遥远，输入量也不高，为此，我们在高原农业生产上给予一定的技术和资金支持。

2017年，云南省保山市被纳入闵行区对口支援的名单，在此之前，保山一直是闵行的重点经济合作地区，相对于民生，更注重产业帮扶。我们与当地保持密切的沟通和联系，做好招商引资，引入产业项目：推进了保山市药材公司100亩藏红花种植项目，涉及农户80户，500亩石斛项目，涉及农户200户；组织保山市的咖啡企业于2015年4月到沪参加国际咖啡展、上海国际旅游节，开展"花车巡游"，在上海的地铁站和虹桥火车站开展旅游文化形象宣传等活动；扶持龙陵县重楼种植专业合作社、隆阳区辣木种植专业合作社、昌宁县古树茶专业合作社等。

打好脱贫攻坚战，成败在于是否精准。一方面，精准是指责任人要明确，主体责任落实才能更加到位更加有力，另一方面，精准是要因地制宜、因村因户因人施策。知道受援地"缺什么"，我们才能"扶什么"。当然，扶贫的一大原则是实事求是，必须要根据双方的实际情况，把握尺寸、力度，才能在对口支援工作中有所突破。

## 因地制宜，"靶向"出击

六年间，在区委、区政府的领导下，在市合作交流办的指导关心下，我们立足岗位做实事，按其所需，各尽所能，在各方面取得了不少成果。例如闵行爱登堡电梯集团项目就是其中一个。

2011年5月，我们组织了区内相关企业赴湖北夷陵进行产业对接活动，爱登堡集团董事长随我们到夷陵考察，经过考察，爱登堡集团当即和夷陵区政府草签了一份协议。2013年，上海爱登堡电梯（宜昌）有限公司落户小溪塔高新技术产业园，主要开发生产高速电梯和自动扶梯。这是当时夷陵区从上海

▲ 2015年1月13日，爱登堡电梯（宜昌）工厂在湖北省宜昌市夷陵区正式投产

引进的"金凤凰"，也是湖北省内产能较大、技术先进的专业化生产企业之一，夷陵区政府纳入重点支持项目，并从征地拆迁、项目报批等方面提供了一系列配套服务，为项目建设和发展开辟了"绿色通道"。爱登堡不仅带去了2.8亿元的投资，还带去了300多个工作岗位，为夷陵的发展注入新动力。

经过一年多时间的精心准备，2015年，爱登堡电梯公司在完成厂房建设、设备安装调试后，正式投入生产，填补了宜昌乃至湖北电梯生产的空白，企业当年就迎来了"开门红"——实现产值2亿元，利润2000万元。从建成投产开始，企业就把申报2015年夷陵区高新技术重点培育单位纳入工作的重点。为此，爱登堡公司还分别获得了上海市政府合作交流办300万元和闵行区人民政府200万元的专项奖励。2016年，上海爱登堡电梯（宜昌）有限公司成功申报了国家级高新技术企业、五星级电梯维修保养单位，销售收入达13360万元，实现税收1167万元，成功安置当地70人就业。

在新疆泽普，有两大项目的完成让我印象深刻：一个是金湖杨景区挂牌国家5A级景区。原先，外界对它的了解并不多。2011—2013年，金湖杨旅游文化节的成功举办，多家知名媒体的报道宣传，再加上各单位的协调和努力，金湖杨景区终于被评为国家 5A 级旅游风景区。2013 年 10 月，上海市副市长赵雯为金湖杨授牌，南疆第一个国家 5A 级景区就此正式诞生。另一个则是泽普的医疗信息化项目，这主要是由上海市第五人民医院党委书记黄陶承牵头的。2011 年春节过后，他与援疆干部一起赴泽，开始了近一年的义务援疆，在泽普配合医院领导班子，对医院的规划、建设、管理、人才培养、队伍建设、服务水平的提高及体制、机制的建设等诸多方面给予支持，医疗信息化就是其中一项。

　　2012 年，闵行区与泽普县签订了《新疆泽普县卫生信息化建设项目合同》，建设内容包括泽普县卫生数据中心、泽普县卫生城域网、泽普县居民电子健康档案管理系统等九大方面。另外，以医疗信息电子化为基础，泽普县人民医院通过与闵行区中心医院搭建的数字病理远程诊断平台，为广大病理医生与患者提供便捷、省时、省力与快速的专家咨询服务。同时，闵行区 12 个社区卫生服务中心对口支援泽普县 12 个乡镇卫生院。随后几年，闵行组织了讲师团赴泽普县开展医疗技术专题培训。讲师团由上海市第五人民医院、闵行区中心医院的领导与专家组成，为当地医院以及乡镇卫生院的专业医务人员展开专题培训。现场授课、案例演示以及面对面的交流互动，进一步提升了培训效果。

　　这些项目的成功给我们最大的启发就是对口支援、扶贫协作一定要因地制宜，分类指导，根据当地的气候条件、人文风俗、地质特点，再结合他们的需求和我们的能力，才能对支援地实施真正实在、有效的帮扶。像这样的例子还有很多，又比如云南香格里拉在组织建设方面，在完成好市级统筹项目，整村推进新牧区、新农区、新社区三区联动示范项目基础上，充分发挥农村基层党组织的战斗堡垒作用，落实香格里拉市基层党支部活动场所建设，党建上援建村党员活动室并开展党建结对工作。在社会事业方面，医疗上建塘镇医院与闵行区吴泾医院全面对接；教育上建设并投入使用远程教育设施，开展支教、校长培训工作，提高教育硬件水平，为当地小中甸完全小学（完小）、县幼儿园、金江小精灵幼儿园购置监控设备，落实小中甸完小运动场建设的缺口资金，修建小中甸完小塑胶跑道，并与闵行区对接 5 所学校，促进教育帮扶；农业上开展技术推广培育农村致富带头人。在产业项目方面，落实香格里拉全市产业扶持、产业贴息。在人才培训方面，组织香格里拉市法院、迪庆州扶贫办、香格里拉市扶贫办干部培训。在招商引资方面，为香格里拉撤县建市进行招商引资宣传。另外，还有西藏江孜县的基础设施建设、农业和工业发展，湖北夷陵旅游产业的开展、就业人口的转移等等。

## 互通有无，携手共进

在对口支援过程中，我们十分注重工作方法的创新。在中共闵行区委、区政府的支持和安排下，2015 年年底，闵行区组织了全区 14 个街镇（含莘庄工业区）分别与新疆泽普县、云南香格里拉市的各 7 个乡镇建立了结对帮扶关系。这项工作开展之初，我们心里是没底的，毕竟这是首创，没有可借鉴的经验和成熟的运作机制。直到 2016 年 7 月，习近平总书记在宁夏召开的全国扶贫工作会议中明确提出，要求东部地区乡镇与贫困地区镇之间对接帮扶，我们感到这项举措完全符合中央的相关精神，结对后各街镇、园区把这项工作作为一项政治任务来落实，每年安排项目和人员以及专项资金去做好扶贫帮困工作。目前为打赢脱贫攻坚战，闵行支援地区乡镇结对帮扶逐渐实现全覆盖，这项工作走在了前面，并进一步积极动员企业赴对口地区考察投资，推进"万企帮万村"行动深入开展。

一直以来，深化两地交流合作，推进共同发展是我们的工作重点。这些年，我们负责了 47 批 522 人次闵行区党政代表团赴对口支援地区调研考察的工作安排，50 批 749 人次对口支援与友好地区党政代表团赴闵行考察工作接待。近几年来在区委组织部和区各部委办局、街镇、工业园区的支持、协调和帮助下，近 170 名各对口支援地区干部和专业技术人员来闵行挂职进修，同时我们也组织了 46 批讲师团赴对口支援地区讲课工作，做好 39 批对口支援地区人员来闵行办班的工作。

2011 年 11 月，闵行区承担了新疆喀什地区 114 名维吾尔族未就业大学生为期三年的培训工作。住在哪里？吃在哪里？学些什么？这项任务是市合作交流办提前一个月交给闵行区的，在一个月时间里，要为学生们规划好未来三年

▲ 2013年6月，闵行区赴云南香格里拉讲师团

的学习生活，时间紧、任务重。我们多方寻找渠道，最终与上海东海职业技术学院取得联系。当听到要为百名维吾尔族学生进行培训时，东海学院党委书记、校长一口答应了下来。闵行区政府也大力支持，先后拨付100万元资金给学校进行食堂、宿舍等方面的改造，为学生们提供一个良好的学习生活环境。在我们的共同努力下，培训取得了傲人的成绩，但三年之后，90%的学生取得了新疆喀什地区的教师上岗资格证。

从2012年开始，香格里拉每年派出10名左右校长到闵行进行培训，为期两个月，涉及人员是当地所有的中小学校校长。与此同时，闵行也派出多批专家，分10个专题到香格里拉开设讲座，涉及党建、教育、卫生、农业、科技、规划等领域。至2016年，闵行先后组织了46批讲师团赴对口支援地区讲课，有6300多人接受了各种技能的提升培训。

对于湖北夷陵的三峡移民，早在21世纪初，闵行就把安置库区移民作为对口支援的一项常态工作，投资500万元援建移民就业基地培训中心和白玉兰远程教育基地，不断加强移民就业技能培训，累计培训2000人次。培训与就业的良好对接，使夷陵区在2007年被评为"湖北省农村劳动力转移输出工作示范县"。我们在两地开展合作帮扶期间，逐步加强了这方面，先后举办了40多期培训班，培训内容涵盖党建、电子政务信息化建设、行政干部管理、新农村人才建设、城镇化建设与发展、中青年干部、政法综治维稳、公共管理核心课程以及中小学校长、卫生院院长专题研修等，培训人员达1300名。根据当地需求，我们还多次把专家、科技人员请到夷陵讲课，传授农村致富带头人的经验，以及村级经济管理、现代农业种植、招商引资和园区管理等方面的知识。

脱贫先脱愚，扶贫先扶智。对于受援地区来说，人才是一笔带不走的宝贵财富，在互相交流学习的过程中，两地人民的友谊更成就了一段段民族团结的佳话。

如今，受援地区各方面都得到了明显的改善，闵行区的对口支援工作机制也越来越完善。而在闵行合作交流办的六年，我也十分感谢党组织能给我这个机会和平台，让我学习更多的知识，积累更多的工作经验，并对对口支援工作有了新的感悟。感慨之一，自己对"四个自信"的理解和认识更深了、更坚定了。进一步认识到只有中国共产党才能把中华民族带上实现"中国梦"的人间正道。感悟之二，在我看来，对口支援就如同点与面的关系。脱贫攻坚的主体主要还在于支援地的党委政府，他们是"面"，而作为"点"的我们承担协助的责任，起到"帮一把、扶一下"的作用。只要点面结合，凝心聚力，共同努力，我们就必定能贯彻落实好党中央的政策，打赢脱贫攻坚战。

# 在幕后　让援建的雪球越滚越大

吴亮，1979年3月生。曾任共青团上海市闵行区委员会综合事务科科长，闵行区古美路街道社会治安综合治理办公室专职副主任，古美路街道人大代表联络办公室主任。2014年6月至2017年5月，担任上海市人民政府驻新疆维吾尔自治区办事处秘书处信息员。现任闵行区人民政府办公室副主任、区合作交流办公室副主任。

口述：吴　亮
采访：汤建英　徐晓彤　姚　尧
整理：徐晓彤
时间：2020 年 4 月 24 日

近几年，虽然我所在的单位有所变动，但工作内容是一脉相承的。之前在驻新疆维吾尔自治区办事处，我可以在一线走访调研，实地了解情况，后来到闵行区合作交流办公室，我又可以把在新疆学习积累的经验加以运用，更好地结合实际来开展工作。在别人眼里，我们一直都在做幕后工作，与前方援建干部和人才比起来，可能没有太多的精彩和光环，但在我看来，上海援建队伍就像一台先进而精密的机器，每一位队员就是一颗螺丝钉，都是对口支援工作中不可缺少的一环。大家只有心往一处想，劲往一处使，才能真正做好帮困扶贫。

## 前方的后方，后方的前方

2014 年 6 月，还在古美路街道工作的我，被选派到新疆，成为上海驻新疆维吾尔自治区办事处秘书处的一名信息员。当时，办事处刚刚由乌鲁木齐迁往喀什，还处在过渡阶段，为了尽快在喀什落脚，以便更好地开展工作，我们"驻疆办"三名外派干部中，来自静安区的一位同志直接先到喀什，筹备办公室，购置办公用品，而我和宝山区的一位同志则在乌鲁木齐待了两天，整理打包好电脑资料、硬件设备等物资后也随即前往喀什。

驻疆办事处搬到喀什之后，与上海援疆前方指挥部合署办公，虽然都是上海市政府的派出机构，共同参与援疆工作，但两者确有其不同之处。"驻疆办"是站在新疆维吾尔自治区的层面来协调推进工作的，比较熟悉整个自治区的社会经济情况，而前方指挥部重点关注喀什地区这一块地域，因此关系到自治区层面相关工作的沟通和协调，我们可以为"前指"提供很多方便。

随着工作的进展，我们发现完全放弃乌鲁木齐原来的联络点也不行，于是大家开始每个月轮流到乌鲁木齐值班，与自治区相关部门保持紧密的工作联系，服务好上海新疆两地的经济往来，重点做好上海市领导在乌鲁木齐公务活动的服务保障工作，协助有需要的上海援疆团组、上海援疆指挥部领导、援疆干部完成在乌鲁木齐的公务活动，接待探望援疆干部的家属入住乌鲁木齐上海大厦等。另外，因为乌鲁木齐机场一到冬天，冻雾天气时有发生，我们还要根据实际情况，应急处置天气原因造成航班延误或取消导致的上海市领导、援疆团组、援疆干部、家属滞留乌鲁木齐的情况。

2015年，克拉玛依市被列入上海市对口援助范围，与其他的援建地区不同，克拉玛依市经济条件相对较好，比起资金，它更需要人才资源。引进上海市医生、教师等技术人才，为当地"造血"注入活力，不仅如此，援建项目很快就辐射到招商引资、旅游文化等领域。两地交流日趋紧密，为此，在克拉玛依市分指挥部指挥长、新疆维吾尔自治区克拉玛依市副市长姜冬冬的推动下，上海直飞克拉玛依的航班也开通了，这样一来，上海飞往克拉玛依的班机就不一定非要在乌鲁木齐经停或转机，大大提高了大家的工作效率和便捷度。

在驻疆办事处期间，作为中间环节的一名联络员，我是后方的前方，前方的后方，一方面为前方的援疆干部做好保障服务工作，另一方面为闵行区的合作交流工作牵好线，做好两地衔接。三年援疆确实让我积累了不少经验，也为后期我在合作交流办的工作打下了坚实的基础。

## 让滞销农产品成为"爆款"

我是2017年7月开始担任闵行区合作交流办副主任一职的，工作重点之一仍然是助力脱贫攻坚。为了达成这一目标，每年我们都会带领很多上海企业

▲ 上海市闵行区对口支援地区优质特色农产品展销中心

到支援地考察项目，促进产业落地，但因为两地环境差异大，距离远，对员工的技能要求不同，要想成功引进合适的产业还是很难的。与此同时，我们也发现闵行的对口支援地区生产发展大多以农业为主，农产品资源丰富，但是知晓度和销售量都比较低，导致大量的农产品堆积和浪费，为了解决这个问题，我们在拓宽农产品销售渠道上下足了工夫。

当时莘谭路上已经有一个比较小的门店专门卖新疆特产，我们想只卖一个地方的产品是不够的，对口支援工作需要整体推进，不能顾此失彼，最好能有一个大平台足够支撑起闵行对口支援地，包括新疆和云南两地的农产品销售需求。后来云南当地政府也提出需求，希望能在闵行这边设立一个门店，让云南的农产品"走出去"，这与我们的想法刚好吻合。2018年7月，经过几个月的走访调研，在莘庄镇的大力支持下，门店地址最终选在了七莘路华润万家莘庄店一楼，挂牌为"上海市闵行区对口支援地区优质特色农产品展销中心"。9月，展销中心正式开张，面积300多平方米，成为上海第一家区级对口支援地综合农产品展销门店。

为了促成这件事，我们还找到了上海敏众网络科技有限公司，它在2017年就开始配合闵行的援疆工作，负责线上、线下助推泽普农产品销售，有一定的经验。2017年，它被授予闵行区"最具社会责任企业"的荣誉称号。综合考虑各方面因素，我们觉得这家民营企业比较合适，进一步接洽之后很快达成了合作协议。2018年8月，在有关部门的指导下，敏众公司又专门成立了上海闵援食品销售有限公司，建立起规范的扶贫农产品销售工作机制，以保障后续的工作开展更加有序和专业。

对所有销售的产品，我们要求层层把关。因为严格来说，产品和商品的概念是不一样的，我们最终销售的是商品，而非那些未经加工的产品，要想进入市场，必须要有"三品一标"（无公害农产品、绿色食品、有机农产品和农产品地理标志）、生产许可证等，必须要符合市场的准入规则，但当地的很多农户并不注重这些。因此，除市场调查外，我们特地前往云南、新疆两地，对当地所有产品进行调研，对接了100多种农产品品类，同时聘请专家免费帮助当地企业和合作社，严格做好产品规范和质量安全等工作，确保所有产品是安全、合格的。这其实不仅是在帮助他们解决销路问题，还是在引导他们树立正确的市场观念，一步步做好商品化、标准化和市场化，有可能的话，以后也会达到国际化。

之前我们也做过"爱心大礼包"认购活动。礼包中是固定的几种商品，组合好的。成立展示中心后，我们就改变了这种方式。我们将所有上货架的商品形成一个商品目录，并通过工会把商品目录下发给各个单位，大家可以自由选择自己想要的商品。这样做有两大好处，首先购买方式更加灵活，购买者不仅能献爱心，还能真正买到自己想要的东西；另外，根据购买情况，可以看出来哪些东西是受欢迎的，当地可以据此进行产业调整，哪些产品需要增加生产，哪些产业需要转移，甚至是剔除，一目了然。

这两年，消费扶贫越来越多地被提起，每年10月17日是"国家扶贫日"，各地都会开展扶贫产品促销活动。事实上，2018年9月，展销中心开张的那天，闵行就举办了"自然的馈赠"闵行对口支援地区农产品展销会暨首届闵援

▲ "一座保山"上海·七宝旗舰店开业合影

美食Show活动,共同推荐来自云南香格里拉、云南保山、新疆泽普的优质特色农产品。活动还邀请了上海知名主播与闵行对口支援的6个县(市、区)领导一起,线上、线下为各地农特产品代言推介。现场有不少区内企业和对口支援地区企业进行了产业合作洽谈和农特产品购销集中签约,各镇街道、机关事业单位工会组织举牌认购,商超合作签约,企业、社会组织和市民个人进行举牌认购,共计认购、订购对口支援地区优质特色农特产品总额达4400多万元。

闵援美食Show活动效果显著,不仅体现了"消费+公益"的精准扶贫模式,还起到了非常好的宣传作用,自那以后,闵行各机关单位的福利支出更愿意用在扶贫产品上,去年的认购总额就达到了2000万。去年,我们又先后开设"一座保山"上海·七宝旗舰店及首家"百县百品"专柜,完善闵行对口支援地农特产品销售实体店的布局,同时与阿基米德传媒共同推出了"闵援优品电台",通过线上发声渠道,宣传推介闵行对口支援6个县的"一县一品",在全市开展33场闵援优品爱心购线下活动，打响"闵援优品"品牌。目前，我们正在和云南、新疆对接，重新确认和梳理商品目录，加深和对口帮扶地区的建档立卡贫困户的关联，使每一样商品的收益挂钩农户的收益，做到真正的精准扶贫。

## 社会公益的力量

随着对口支援工作的深入，最初单一的政府资金扶持已经渐渐拓展为各类市场主体共同参与和社会各界广泛参与。这是目前的一个帮扶趋势，因为这样可以合理利用各方资源，形成帮扶合力。比如民政局仓库里有可供捐赠的物资，但是没有运费预算；相反，社会上有不少公益组织和企业可以承担运费，但没有足够的捐献物资。那么，何不将两者结合起来呢？让专业的人做专业的事，把资源放到合适的位置，既能把事情办好，又可以物尽其用。

2019年我们和享物公益基金会携手发起捐赠爱心童书的活动，共同为云南对口支援地募集21万多本图书，其中，区级机关党工委及区卫健委捐赠约一万本，其余全部来自闵行的200多所中小学及幼儿园。为了方便联系，我和所有参与活动的学校老师建了一个200多人的微信群，大家反响很热烈，在群里的活跃度很高，发出了很多爱心书签的照片，上面写下了捐赠者对云南孩子们的祝福。尽管很多小朋友还不太会写字，字写得歪歪扭扭，但一字一句都饱含真情。我想，对孩子们来说，这也是一个很好的受教育过程，在和父母一起写书签的过程中感受人与人之间的关爱。

爱心书签和装书的箱子都是统一印制的，每个箱子外面都贴上了对应捐赠学校的标签。书本到了云南后，那边的老师也会发来照片和视频，告诉我们闵行哪个学校的书捐到了云南哪个学校，书本是被如何放置安排的，是放在了图书馆还是读书角，云南小朋友拿到书后的心情和感受是怎样的……一本小小的书牵动着很多人的心，从闵行到云南我们全程跟踪，做到每个环节公开化、透明化。

社会公益组织具有较强的凝聚力、组织力和行动力，如果通过适当的方式把公益组织向对口支援地区引导，政府和社会组织相结合，那么扶贫工作就会事半功倍。闵行就有这样一个公益组织，一直与我们合作，参与闵行对口支援地的帮扶工作，它就是莘爱党工团公益联盟（以下简称"莘爱党工团"）。2018年，莘爱党工团在走访云南保山徐掌村时发现，村里唯一的一所小学徐掌小学自 1951 年创办至今，并未有过大面积的修整，教学条件比较简陋。为了改善学校的硬件条件，莘爱党工团通过上海市市政公路行业协会，倡议协会企业募资为徐掌小学改善校舍。倡议发起之后得到了各大企业的积极响应，莘爱党工团用募集到的 100 万元资金为徐掌小学新建一座三层楼的综合教学楼与一座体育场。其间，我们也积极发挥服务沟通作用，为两地牵线搭桥，聘请专业的设计、建筑团队给予技术支持。

由于收入不高，又地处偏远地区，学校一开始只招到了三位打工返乡的初中学历的老乡，教学质量很不理想。莘爱党工团又找到上海上保物业管理有限公司和爱发科商贸（上海）有限公司工会，希望能一起献爱心，给徐掌小学的老师一点工资补助。后来，他们协议提供每月 1800 元的补助，有了这份补贴，学校终于招聘到了三位师范专业毕业的大学生，在建教学楼的时候还特地建造了标准的老师宿舍。除此之外，莘爱党工团还定制了 300 套校服，给徐掌小学每个学生发了两套，并带去了远程教学的设备，进行闵行到徐掌村的网络课程连线，为两地远程支教开了个好头。闵行区教育局和闵行区明星学校、莘庄镇第三幼儿园则募集了 2800 多册图书委托莘爱党工团带到了徐掌村，给徐掌小学建立了一个图书角。2020 年，我还协调闵行团区委捐了一个鼓号队全套装备给学校，帮助学校建立起了正规鼓号队，莘爱党工团又配套捐赠了鼓号队服装，一下子使这个村级学校的装备超过了中心小学。

公益有时候还会助力产业扶贫。徐掌村地处高寒山区，自然资源较少，以前种有玉米等农作物，但是并没有形成规模和产业，不少玉米都用来喂牲口了。莘爱党工团在跟我们沟通时说到了这个问题，我们觉得那块地完全可以用来种植鲜食玉米的新品。我们和莘爱党工团联系到了上海市农技服务中心、上海市农科院，组建起一支由农业专家、育种公司组成的玉米专家团队。玉米专家团队通过对徐掌村玉米种植的实地勘察调研，经座谈讨论研究，决定在徐掌村以海拔 1700 米为分界线的上中下地区，分四个品种，共计 80 亩面积试种优质鲜食玉米。这次鲜食玉米试种被列入"沪滇扶贫协作项目",依托沪滇扶贫协作平台,对徐掌村玉米种植进行产业结构调整,助徐掌村脱贫。为此,闵行拨出 200 万援助资金,在隆阳区建设加工厂、冷库,解决了区域蔬菜加工、包装、运输和储存问题。

如同一个雪球越滚越大,公益的路也越走越宽。仅去年,"隐形的翅膀"志愿者公益联盟向对口地区捐助资金及物资约合人民币 320 余万元;闵援公司结对了保山市两个贫困村;燎申集团实施"五年"帮扶计划,每年援助香格里拉市助学基金 20 万元;飞利浦照明公司捐献 100 万给学校安装 LED 灯;"行走的彩云"团队为保山捐助超过 35 万元的物资和 5 个学校的奖学金,帮助贫困学生来沪就医……通过广泛动员,区内企业和社会组织纷纷加入扶贫协作体系,积极主动开展形式多样的扶贫帮困工作,搭建全社会共同扶贫援助的大平台。2019 年,共动员区内有关部门和社会各界力量援助对口地区资金和物资约合人民币 2863 万元。

这几年的对口支援工作给我带来的最大感触就是要学会思考。前方有一大批人在打仗,我们的任务就是要为他们持续不断地输送子弹。但子弹是否是适合的型号,是否能正中靶心?这些就是我们要考虑的问题。当前,针对新冠肺炎疫情下对口支援地区多地出现农产品滞销现象的问题,我们创新举措,利用互联网平台拓宽农产品销售渠道,通过对接"一亩田"等平台,以援派干部为当地特色农副产品代言直播带货的方式,打造具有闵行特色的"直播扶贫"新模式,不仅助推了对口支援地区农产品品牌建设,而且有力宣传、推广、销售了当地农特产品和旅游产品。现在扶贫工作也要与时俱进,我想这是一个新挑战,也是一个新机遇。

# 大江引活水　大山有靠山

杨建华，1962年12月生。曾任中共上海市闵行区塘湾镇党委副书记、副镇长，区劳动局副局长，区劳动和社会保障局副局长，区人力资源和社会保障局副局长，中共梅陇镇党委副书记、镇长等职。现任中共梅陇镇党委书记。1995年9月至1996年9月，为上海市第二批援三峡干部，担任湖北省宜昌市宜昌县县长助理。

口述：杨建华
采访：赵龙芳　徐晓彤
整理：徐晓彤
时间：2019 年 12 月 30 日

"更立西江石壁，截断巫山云雨，高峡出平湖。"中华人民共和国成立后，毛泽东提出希望在三峡修建大坝，并写下了这样的著名诗句，关于长江三峡水利枢纽工程（简称"三峡工程"）建设的讨论和论证也随之更加热烈和迫切。1992 年 4 月 3 日，第七届全国人民代表大会第五次会议通过了《关于兴建长江三峡工程决议》，决定批准将兴建三峡工程列入国民经济和社会发展十年规划。经过两年多时间的施工准备，1994 年 12 月 14 日，举世瞩目的三峡工程正式开工。三峡工程是治理长江的关键骨干工程，不但能够化洪汛于无形，改善航运条件，缓解华中、华东、华南和川渝地区电力供应的紧张局面，其生态、旅游效益也很明显。兴建三峡工程，是中华民族的百年梦想，在国家和民族的利益面前，三峡移民们义无反顾地选择了牺牲和奉献。他们远离故土，重建家园，用自己的实际行动奏响了万众一心的时代壮歌，而我也在全国对口支援三峡地区的号召下，与当地干部群众一同艰苦奋斗，一路相伴而行。

说起与三峡的缘分，这中间还有个小插曲。一开始，组织上是安排我去西藏江孜县对口支援的，因为西藏的特殊气候，每一个援藏干部都要进行严格的体检。本来我对自己的体能很有信心，正当我一切都准备就绪时，却被告知有一项指标体检不过关，心中总觉得有些遗憾，便又到复旦大学附属中山医院去复查，结果还是没有合格。无奈之下，只能放弃援藏的机会。说来也巧，一个星期后，上海市对口支援三峡工程库区移民的通知下发，领导对我说："既然你前期工作都已经准备好，去不了西藏，就去三峡吧。"就这样，兜兜转转，最终我去了三峡。

1995年9月，我怀着满腔热情来到湖北省宜昌市宜昌县（现为夷陵区）挂职锻炼，担任县长助理。宜昌县地处三峡坝区，有近4万移民，是全国对口支援的重点区域之一。为了三峡工程能够早日蓄水、发电和通航，当地居民积极配合，背井离乡，这种顾大局、识大体的举动深深感动了我。当时，三峡移民"迁得出"的问题已经得到解决，所以，我想得更多的是如何为移民生活改善和库区发展尽力，让移民"安得稳"，并且"逐步能致富"。

## 悠悠不尽援建情

初到宜昌，想要切切实实地为当地办几件看得见、摸得着、有实效的事情，下乡调研、尽快了解情况、熟悉工作是重要前提。为了能和当地干部群众走得更近，聊得更深，我就见缝插针，看哪个领导要下乡，就尽量和他们一路同行，就这样，途中我们有了更多交流思想的机会。理念的碰撞引发深层次的思考，往往对改良工作思路和方式、方法有所启迪。那一年里，我基本上跑遍了宜昌大大小小的地方，与当地干部的革命情谊也在潜移默化中滋长。

就业是民生之本，在调研过程中，我发现"靠山吃饭，依水生活"的移民在失去了原有的经济支撑后，收入来源不稳定，安排就业成为困扰当地干部的一大难题，这也是我们对口支援的工作重点之一。事实上，从1993年宜昌县成为闵行首个对口支援地区开始，闵行区委、区政府就高度重视对口支援工作，提出对口支援宜昌县的任务是"优先考虑安排移民，利用当地资源，抓好有市场、有效益项目"。为此，原闵行区劳动局与原宜昌县劳动局商定，设立宜昌驻闵行区劳务管理站。同年12月，第一批库区移民30人抵达闵行，被安置在一家服装厂工作。1994年起，闵行把安置宜昌库区移民列为对口支援的一项常态工作，各部门从实际出发，携手企业，共同推动移民在闵行的就业安

▲ 1995年三斗坪希望小学

置工作。而我作为一名援三峡干部,也当竭尽所能,积极发挥闵行和宜昌之间的桥梁作用,为库区移民争取更多的就业机会。

当然,万事开头难。起初,在与闵行一些企业协商接纳宜昌务工人员到本地就业时,遭到一些阻力。主要是因为企业不了解宜昌劳动力素质情况,怕他们没有相关的工作技能,或者不适应上海的生活和节奏,从而影响工作进度。为了让大家准确、全面地了解宜昌劳动力情况,我带领闵行区外地劳动力管理所(简称"外劳所")、闵行各镇劳动服务所、企业人力资源部负责人到宜昌实地考察,在与当地政府、劳动部门以及务工人员进行面对面沟通交流之后,企业负责人发现他们勤劳、能吃苦、乐于奉献,有些企业当即表示愿意合作,有些企业则在当地安排人员就地办公。最终,在多方努力下,当时闵行需要用工的企业基本都对宜昌移民务工人员敞开了大门。

下一代的健康成长是每个家庭都关心的问题,由于宜昌县地处山区,自然条件相对较差,当地的基层教育条件并不乐观,有很多儿童因为贫困而上不了学。我记得,首任支援干部陈如璋曾为此频繁奔走于上海和宜昌之间,通过两地政府的合作,凝聚社会力量,汇聚各方资源,为当地筹建三斗坪希望小学倾注了大量心血，而到我们这批援三峡干部开展工作时，希望小学基本建成。于是，我进一步牵线搭桥，与闵行区共青团联手开展"帮困助学"活动，鼓励上海的同事认领贫困学生，进行资金援助，让更多的移民孩子重返学校。

"悠悠不尽援建情"，就这样，两地之间的情谊不断"升温"。开展结对帮困，在各方面条件都相当困难的情况下筹建宜昌县职业技能培训学校；积极寻求上海同济大学等平台的配合，与当地旅游局策划制定十年旅游发展计划；全力组织当地企业来上海招商，并协助举办商品新闻发布会，拓展商业资源，以促进当地就业；协调组织了宜昌县乡镇领导干部来上海挂职锻炼，进一步加强上海与宜昌的沟通交流……虽然援建时间只有一年，但收获不少。宜昌一年，成了我人生的宝贵财富。走过的每一条路，添加的每一块砖，建设的每一处工厂，启动的每一个项目，都时时刻刻牵动着我的心。如今回味起来，仍甚有滋味。

## 对口支援就是对口服务

回沪之后，我仍然关注并支持三峡移民的就业安置工作。2001年7月28日，宜昌撤县建区，宜昌县正式改名为夷陵区。也正是在那一年，作为闵行区劳动和社会保障局副局长，我把接收安置夷陵移民、夷陵下岗失业人员和农村剩余劳动力的就业安置工作纳入了本部门的常规工作。从细微处抓起，要求年初有计划、年中有检查、年底有总结，每年不定期召开两至三次专题办公会议，及时发现和解决务工、用工中出现的问题。

上海市、区两级政府及相关部门也高度重视移民就业安置工作，积极搭建劳务输出平台，实行"两优两免"政策，即优先提供用工信息，优先介绍到效益好的企业；对移民和下岗失业人员来上海务工的，免收再就业基金，鼓励企业尽量使用来自宜昌的务工人员。为了畅通闵行与夷陵的劳务信息，"宜昌驻闵行区劳务管理站"升级为"夷陵区驻上海联络处"，由夷陵区劳动就业局副局长黄文松担任联络处主任，闵行区免费为联络处提供办公及住宿场所，免费给工作人员提供午餐，配置彩电、空调、电脑及办公用品。之后凡是局里召开企业负责人和人力资源部负责人会议，我都请联络处的同事一道参与，以便及时了解掌握企业生产和用工情况，另一方面，闵行区"外劳所"的领导也经常带领联络处的工作人员到企业去交流，以提升夷陵区务工人员的就业率。

对口支援就是对口服务。援建期间，夷陵成了我的"第二故乡"，在那里生活和工作离不开当地干部群众的照顾。回到上海后，夷陵人千里迢迢来到闵行，我也希望他们能把闵行当作他们的"第二故乡"，在闵行感受到家一样的温暖、亲人般的呵护。而且当时闵行正处于"用工荒"，夷陵务工人员的到来填补了用工缺口，我们更要做好保障工作，尽心尽力为他们排忧解难，从细微处加强对他们的关怀。当时要求凡是进出上海的夷陵务工人员，都由企业安排车辆到火车站接送，并要求接纳移民的企业尽量为他们提供住宿，以此减轻务工人员的经济负担。记得当时上海恒诺微电子有限公司腾出仓库作为住房，还花费一万多元购置床及日常用品。

2001年3月，上海龙凤食品有限公司对外地务工人员实行轮换，夷陵一些务工人员也在轮换之列。我与"外劳所"立即联系其他企业，把60多人分别安置到上海四合不锈钢有限公司、上海大霸实业公司和上海亚细亚陶瓷有限公司等企业继续就业。2005年，在上海恒诺微电子有限公司务工的夷陵区移民高桂芳突发疾病，联络处的同事带着她跑了几家医院求治，但是医院担心外地人进院后无人照管而不愿接收。我得知情况后，立即出面担保，高桂芳顺利住进了医院，得到了及时的救治，病情也迅速好转。

对口支援的大爱已经超越了亲情，我一直希望这些点点滴滴的关怀能帮助移民扎根"第二故乡"。令人欣喜的是，当时有4位女职工被工作环境吸引，嫁在闵行吴泾当地，成为"新闵行人"，而如今，亦有数以千计的三峡移民在上海有了自己的新家。他们的新家不光有故土的温情，还有变迁带来的希望。

## 授人以鱼，不如授人以渔

随着工作的进一步推进，我渐渐意识到，对夷陵的支援不能仅仅停留在物质上的帮扶。

我至今还记得，当时马桥一家制钢厂在夷陵投资生产，到第三年因为各种原因而无法再继续运转。上海光明乳业参与对口支援工作，也因专业性要求，聘用的员工主要还是来自上海。"授人以鱼，不如授人以渔"，对口支援必须要从"引资"向"引智"延伸，因此，我们将帮扶的范围拓宽至转变思想、更新观念、增长才干上。一方面，援建移民就业基地培训中心。自1999年至2003年，共拨款320万元，用于基地建设、培训器材的购置以及农村富余劳动力的培训。另一方面，根据企业的需要制定务工人员的技能培训方案，按照企业"需要什么就学什么，学什么就做什么"的原则，开展定向培训。一是进行专业技能培训，先后开设缝纫、针织、电焊、宾馆服务、电子、沙发包皮等8个专业，由各企业安排技术骨干担任培训老师，学员考试合格后安排上岗；二是进行就业基本常识的培训，按照现代化大生产的要求，从劳动纪律、安全生产常识、企业内部管理惯例以及上海风俗习惯等方面培训，以增强他们的适应力；三是进行有关法律法规的培训，提高他们遵纪守法的自觉性和依法保护自身合法权益的能力。

通过一系列培训和服务措施的落实，夷陵人员出现了三个"明显提高"。一是员工素质明显提高。无论是专业技能还是综合素质，都能适应企业发展的要求。在务工人员中，已有1人担任分公司经理，1人担任总经理助理，25人成了主管，80多人当上了办公室文职人员、线长或者领班，10多人在上海安家落户，50多人自学取得了大专以上学历；二是员工的劳务收入明显提高，有60%的人员月收入达千元；三是企业对夷陵区务工人员的满意度和信任感明显提高。逐渐地，夷陵劳务人员也越来越受到上海企业的欢迎，甚至许多企业表示要与夷陵区建立长期合作关系。2007年，夷陵被评为"湖北省农村劳动力转移输出工作示范县"。

除了务工人员，当地干部和技术骨干的培养也不容忽视。我们先后举办了40多期培训班，培训内容涵盖党建、电子政务信息化建设、行政干部管理、新农村人才建设、城镇化建设与发展、政法综治维稳、公共管理核心课程，以及中小学校长、卫生院院长专题研修等。近几年，根据当地需求，我们还多次把专家、科技人员请到夷陵讲课，传授农村致富带头人的经验以及村级经济管理、现代农业种植、招商引资和园区管理等方面的知识。在区委组织部的支持下，数十名干部和专业技术人员也走出库区来闵行挂职锻炼。

▲ 三峡著名景区——柴埠溪大峡谷自然风景区

多年来，我始终坚持"帮助夷陵区办几件实事"的原则，通过努力，对口支援三峡夷陵区取得了一些实效。2002年，国务院对口支援的杂志上，以"黄浦江畔三峡情"为题，介绍了闵行区劳动和社会保障局对口支援三峡的一些做法。同年6月，夷陵区常务副区长代表区政府和全区人民专程到上海向闵行区劳动和社会保障局赠送了铸有"三峡建设的后盾，移民就业的靠山"十四个大字的铜匾，表示对闵行区委、区政府、相关领导、入驻在闵行的企业以及社会各界人士对关怀夷陵人民的感谢，这让我倍感欣慰，欣慰于自己为夷陵百姓确确实实做了几件实事。

二十五载光阴，筚路蓝缕。我为一波又一波为三峡建设默默奉献的人们而敬佩，为库区翻天覆地的巨变与欣欣向荣的发展而鼓舞，为自己能够服务"三峡工程"这项世纪伟大工程的建设而自豪！我会永远珍藏这份记忆，并将继续关心、关注夷陵的发展。

## 在"三峡门户"的那些日子

沈俊华，1978年6月30日生。曾任中共闵行区颛桥镇党委委员、副镇长等职。现任中共闵行区七宝镇党委副书记、镇长。2008年1月至2010年1月，为上海市第十批援三峡干部，担任湖北省宜昌市夷陵区支援三峡工程建设领导小组办公室副主任。

口述：沈俊华

采访：汤建英　徐晓彤　张玉琴

整理：张玉琴

时间：2020 年 1 月 3 日

"水至此而夷，山至此而陵"，"夷陵"便是因此得名。这里是三峡大坝和葛洲坝水利枢纽工程所在地，是宜昌市面积最大、人口最多的市辖区。2008 年 1 月 3 日，我离开上海，怀着满腔热情来到湖北省宜昌市夷陵区挂职锻炼，担任夷陵区三峡办公室副主任。至今虽已过去了十余年，但那些在夷陵的日子，对我来说仍历历在目。

自 1992 年起，上海结合"夷陵所需、上海所能"，开始了真心、真情、真意的帮扶。二十多年来，紧扣让三峡移民"搬得出、稳得住、逐步能致富"的目标，在设施援建、产业培育、民生改善、旅游推介等各方面倾力帮扶。"共饮长江水"的上海和夷陵，也由此携手共进。而我，自然是积极响应组织的号召，踏上了这条对口支援之路。

## 不期而遇的暖意

初到之时，诸多方面需要我去慢慢适应，尤其是当地方言，让我"屡屡受挫"，与人交流难免成了一项难题。那时正值春节，趁着这一难得的机会，我们深入到当地干部群众中，时常与他们互动走访。经过数月的时间，慢慢地，我们对当地方言熟悉起来，从"能够听懂"到"偶尔可以说上几句"。

与当地群众干部"打成一片"之后，援建工作也正式步入轨道。这期间，有过攻坚克难的艰苦，也有过实现梦想的幸福；有过潸然泪下的瞬间，也有过激动人心的时刻。

2008年5月12日，汶川发生特大地震，在夷陵对口支援的我们也算是"半个亲历者"。夷陵地处中国腹地，离四川比较近，震感也非常强烈。那一天，我们正在办公室，突然，窗户发出剧烈的响声，桌子也开始抖动。隔壁的同事当时还不明情况，打趣着说："俊华，你不要闹，别摇桌子了！"但这声响没有停止，反而越来越大，我们才意识到是地震，当下都拼了命地往外跑，过后才得知汶川发生地震了。当地政府第一时间询问我们的安全情况，余震不断，我们也会时时收到来自上海大后方的问候。那一场地震，牵动着全国人民的心，灾难无情，但人间有情，每个人都用自己的方式贡献力量，表达自己的心意，而我们也持续不断地向夷陵传递温暖。

围绕教育、卫生等方面，我们不断加大公益事业项目的实施力度，爱心助学活动就是其中之一。结合上海安排的"爱心助学"专项资金，上海市人民政府合作办、中共夷陵区委、夷陵区人民政府在当地平湖剧院举行以"托起明天的太阳——沪夷人民情牵夷陵学子"为主题的现场捐赠仪式，发动夷陵全区机关、单位和居民群众现场捐款40余万元，两年来共资助贫困学生300余名。

一位老奶奶在得知自己的孙子得到了助学名额时，难掩自己的激动情绪，眼泪纵横，双腿几乎下跪，不停向我们道谢。孩子的父母早逝，是奶奶一手将孙子拉扯大的。这些年，为了学费问题，她没少操心，能够让孩子顺利完成学业，是奶奶的梦想，也是这个家的希望。此情此景，我深受触动，对我们而言，这不过是"举手之劳"，几千元钱的捐助资金对于一个普通家庭来说并不算多，但这足以支撑起一个孩子的未来。我深知，想要真正"助学"到位，必须精准扶贫，让每一笔钱都用在"刀刃"上。

于是，我们开始了对贫困学生的结对帮扶。李梦婷，三峡高中的一名高二学生，她家庭贫困，却肯吃苦、愿用功，成绩优异、乖巧懂事的她成了我的助学对象。这期间，她孜孜不倦，埋头苦读，成功考上了当地的一所大学。大学四年，她时常写信给我，聊聊她的学习情况，谈谈她的大学生活，也会偶尔和我分享一些学校中的趣事。大学学业顺利完成后，李梦婷来到了上海工作。"叔叔，我来上海了。"一句再普通不过的话，牵动着我的一颗时时牵挂的心，成为上海和夷陵两地情谊的缩影。如今，李梦婷在上海成了家，有了自己的幸福家庭。看着一个稚嫩的孩子成长为一个能够独当一面的大人，我心里满是抑制不住的喜悦。

## 扎上一道绿篱笆

夷陵区乐天溪镇位于三峡工程北岸，毗邻三峡大坝，辖14个村、1个居委会，地域面积254平方公里。这是一个移民大镇、革命老区乡镇和经济欠发达镇，人均可耕地面积仅有0.5亩，经济基础弱，交通不便，区位条件劣势明显。如何促进当地经济发展、增加农民收入成了一道难题。

2002年，当地政府将目光放在了茶叶种植上。乐天溪产茶历史悠久，早在唐代，这里便是峡州茶的主产区，溪河两岸所产的"小江园""芳蕊""碧涧""明月"被列为朝中贡茶。20世纪80年代，乐天溪镇还是中国三大出口红茶之一——宜红茶的主要生产基地。同时，当地的气候条件适宜，年降雨量1013毫米，平均海拔225米，土壤为花岗岩分化的黄大鼓眼砂土，年平均气温17度，茶叶上市时间优势明显。于是，用早市茶抢占市场最高点，成为茶农增收的敏感点。

基于这一事实，两年间，我们对乐天溪镇陈家冲村、瓦窑坪村进行产业扶持，对土壤进行改良，建高标准茶园300亩，提高移民收入。在积极发展高效茶园的同时，当地村民也发挥了主动性。为了更加有效地利用耕地，他们创造性地实施立体种植模式，充分利用空中和地面的优势互补，将茶叶分别与山胡椒、杉树、板栗进行套种间作。既节约了土地，又充分利用了空间，生长山胡椒、树木、板栗、核桃，茶农们在采茶过程中获得一片绿荫，还可以获得立体的经济收入，真可谓一举三得。

乐天溪镇织上了一道道厚厚的"绿篱笆"。通过补贴茶种、茶苗款，使全镇茶叶面积大幅提升，茶园越来越标准化。不仅如此，我们还以农旅结合为纽

▲ 2008年8月，调研乐天溪镇三峡移民生态工业园

带，走出了一条将茶产业与旅游业有机结合的新路子。2008年，邓村绿茶万吨出口茶基地落户瓦窑坪，观光旅游茶园初具规模，让这个坝区小村焕发出新的生机。

以茶惠农，以茶利农，以茶立农。帮扶之余，乐天溪镇自身不断努力加快推进茶产业发展，让茶叶成为乐天溪建设"宜居、生态、平安、休闲、富裕"环境的重要组成部分，让茶叶成为三峡坝区的生态屏障，获得经济效益与生态效益的双丰收。

## 引进来，走出去

就业是民生之本，实现移民安稳致富，一直是上海对口支援三峡的首要目标。上海为夷陵援建了移民就业基地标准化厂房，让企业拎包入住，加速孵化新产业，为移民提供更多就业岗位。如此一来，筑巢引凤，为当地的产业发展搭建了平台，增强了造血功能。尤其是以宜昌硅谷科技有限公司为代表的一批高科技企业，为夷陵的发展注入了新动力。除此之外，在前几批上海对口支援三峡干部的努力下，闵行为夷陵成立了劳动就业训练中心，加强了对移民的技能培训，采取"两优两免"政策，吸纳夷陵劳力就业人员，缓解了政府安置就业的压力。

产业扶持，不仅要"引进来"，还得"走出去"。近年来，夷陵农特产品在上海"卖得俏"。经过多方咨询、探讨、接洽，我们为夷陵在上海设立了"夷陵区农副产品展销中心"，并且减免租金；同时上海国际食品城免费为夷陵区农副产品销售企业开设专卖门店，为夷陵的农副产品进入上海市场创造了有利条件。就这样，柑橘、茶叶、天麻、木耳等特色农产品进入了上海人民的视野。

其实，不只是夷陵的农产品，夷陵也是很多人心驰神往的旅游胜地。一方面，夷陵交通便捷，距宜昌港10公里、宜昌火车东站20公里、三峡机场35公里。汉宜高铁和宜万、焦柳铁路穿境而过，汉宜、荆宜、宜巴等高速公路和三峡专用公路直通夷陵，长江黄金水道横贯东西。另一方面，其自身的旅游资源也十分丰富。夷陵素有"三峡门户"之称，坐拥三峡大坝、三峡人家两个5A级景区，三个4A级景区，也是影视剧《山楂树之恋》的拍摄地。同时，夷陵是巴楚文化融合地，现存有古巴人兵寨、悬棺等遗迹，文化底蕴深厚。"宜昌丝竹""宜昌版画""下堡坪民间故事""峡江号子"皆被列入国家非物质文化遗产名录。

针对夷陵"两坝一峡"独特的旅游资源，我们协助组织了当地旅游管理部门和旅游企业到上海举办专场旅游推介会。为充分发挥旅游行业的龙头作用，我们还在上海宾馆举办了旅游发展与合作专场洽谈会，组织了全市百家旅行社与夷陵区旅游开发公司签约。上海春秋旅行社与上海航空公司、宜昌市旅游局合作，每周都会开设航班，设立"包机游三峡"专线。让上海人民了解夷陵文化，拓宽客源市场，加强两地的交流与合作，这是我们所想，更是夷陵人民所盼。

## 看得见，摸得着

夷陵区社会福利院使不少老人享受到了晚年的惬意与自在，殊不知，这个

▲ 上海援建的夷陵区社会福利院开工仪式

福利院曾经差点"夭折"。

2006年，夷陵区民政局提出了建设夷陵区社会福利院的项目报告，预算总资金约800万元，其中上海对口支援资金安排约600万元，当地福彩公益金安排200万元。2007年，第一笔对口资金200万元到位，但施工中仅平整土地、挖坑移陵的费用就达到180余万元，且由于土地松软、地基情况复杂，加上当初预算比较粗放，整个项目需要投入资金1500万元以上才能建成运营。2008年，该项目陷入进退两难的尴尬局面。

当时，我与来自静安区的援三峡干部郁霆、三峡办主任李志红一起研究商量后决定：纵有千般困难，我们也要将它建成。于是，我们分阶段做了三件重要的事：一是科学预算所需资金，确定了约1600万元的资金总量；二是想明白建设是否符合需要，区民政局认真调研后确定了入住人员数、床位数和今后运营模式；三是想明白资金来源渠道，确定了上海支持、争取夷陵区政府支持、争取区民政局自身发挥潜力的工作路径。

2009年1月，上海市副市长胡延照听取上海对口支援的八个地区援外干部工作汇报，当他听到要把夷陵社会福利院作为上海援建项目给予资金配套的建议时，当即决定同意增加扶持资金500万元，并增加价值500万元的设备资助。争取到了上海的支持，夷陵区的难题也同时解开，夷陵区长刘洪福决定，把夷陵区社会福利院项目列为2009年度区政府实事项目予以资金配套。现在，这个福利院早已建成，并成为湖北省内最好的福利院之一，这个项目的落地让我们有了深深的成就感。

另外，我们还对夷陵区妇幼保健院进行了医疗设备的援助，为其添置彩超、血凝仪、钾钠氯钙pH分析仪、酶标仪洗板机、微量元素分析仪、无影灯、多功能手术床等妇幼保健设备。就这样，妇幼保健院实现了"脱胎换骨"，诊疗环境和服务水平不断提档升级。我们也为宜昌市上海中学（2007年上海投资建设）援建四个塑胶球类运动场、250米双色人工草塑胶田径运动场，为他们提供了一个安全、干净的课外活动场地。

上海对夷陵的深情，岂止一幢福利院、一台医疗设备、一个塑胶运动场，援建期间，上海为夷陵援助资金5870万元，援建项目38个。看得见的是这几个数据，数据背后是深深的情谊。

## 扶资，更要"扶智"

对口支援，不仅要扶资，更要"扶智"，在夷陵留下"一支带不走的队伍"。因此，我们将帮扶范围拓宽至转变思想、更新观念、增长才干。

如何让上海的新技术、新方法、新理念在夷陵区生根发芽？这离不开对口资源平台的搭建和人才的培养。两年来，上海为夷陵开办了电子政务与信息化建设、企业管理、新农村建设及特色农业、行政管理、MPA等培训班40余期，培训2000余人次。在对中层以上干部进行集中培训的基础上，不断拓展培训范围，覆盖区、镇、村三级，进一步解放思想、开阔视野，让夷陵干部及时"更新升级"。

"培训时间虽然不长，但所学到的够我受用一辈子了。"我时常听到培训回来的干部这样说。受到地域环境的影响，当地干部中有不少人的工作方式和理念滞后，各类培训班让他们纷纷坦言在上海取得了"真经"。"要想真正让夷陵强起来，就要顺势而为，以人为本，从群众最关心的小事、细节入手，引导群众自我管理、自我约束。"这是他们学到的第一课。避免了范围过宽和漫无目的的学习，为解决夷陵难题提供思路。

教师理应成为研究者，成为有思想的行动者，提升教师的业务水平和执教能力是发展新课堂的重要途径。因此强化对教师的培训，大面积地提高教师的素质，尽快使他们达到素质教育和教育现代化的要求是重点。部分教师赴上海学习后，上海优秀校长、知名专家的精彩讲座，与其他地区学校老师的交流，让他们受益匪浅，并在理论学习中接受新思想，在参观考察中感受先进的教学经验，对当地学校借鉴上海教育管理模式，促进了夷陵教育模式及体制的转变。

援建资金固然重要，这是地区发展的载体，但是夷陵目前的发展更需要开阔的视野、先进的理念和前卫的技术。这些才是既能创造价值、又能传承下去的宝贵财富，是夷陵发展的重要"造血"动力。

援建两年，我在夷陵生活，在夷陵工作，与夷陵人共吃一锅饭，同喝一江水，共同感受这一段情谊。我始终认为，对口支援最重要的就是要做好团结协作，不拒细微，尽心尽力为夷陵人民排忧解难。如今，虽已过去了十余年，但这段难忘的经历却历久弥新，这既是对我工作能力的锻炼，也是丰富我人生阅历的重要篇章。

## 对口支援不是同化，而是优化

王尧，1969年5月生。曾任中共闵行区建设和交通委员会党委副书记，闵行区建设和管理委员会党委副书记，闵行区莘庄镇党委副书记等职。现任中共闵行区华漕镇党委副书记、镇长。2010年1月至2011年12月，为上海市第十一批援三峡干部，担任中共湖北省宜昌市夷陵区委副书记。

口述：王　尧
采访：汤建英　徐晓彤　李步青
整理：李步青
时间：2020年4月9日

2009年底，闵行区组织部副部长找我，告知即将派我赴湖北省宜昌市夷陵区挂职。我心想，这是组织对我的信任，也是一次锻炼自己的机会，能将自己这些年的工作经验运用在夷陵，未尝不是一件好事，就爽快答应了。

2010年1月，我前往夷陵担任夷陵区委副书记一职；同行的另一位同志来自静安区，挂职三峡办副主任。到达夷陵后，我们一起跟进当地项目推进以及资金的落实和使用情况等，直到2011年12月返回上海。

## 结缘夷陵

三峡工程，是世界上综合规模最大和功能最多的水利水电工程，可以称之为在人类以工程科学技术改造自然征途中迈出的重要一步。人们常常将"三峡枢纽工程"简称为"三峡工程"，实际上三峡工程包含枢纽工程、移民工程和输变电工程三部分。其中，百万移民搬迁安置是重点和难点。据统计，三峡工程共计搬迁人数逾130万人，百万三峡儿女惜别故土，"舍小家，为国家"。整个建设期间共需搬迁建设2座城市、10座县城、106座集镇，移民安置工作压力大、任务重。

三峡工程动工兴建之时，国务院号召全国对三峡地区实行对口支援。1992

▲ 世界瞩目的三峡工程

年3月，国务院下发《关于开展三峡工程库区移民工作对口支援的通知》，正式确定上海对口支援四川万县（现重庆市万州区）和湖北省宜昌县（现湖北省宜昌市夷陵区）。上海市委、市政府高度重视，要求把全力支援三峡库区移民工作作为服务"长三角"、服务长江流域、服务全国工作的重要内容，把帮助移民安稳致富作为上海义不容辞的责任。1992年年底，在市领导的指示下成立了"上海市对口支援三峡工程库区移民工作领导小组"。1993年1月19日，又出台了《关于上海市对口支援三峡工程库区移民工作的意见》，确定黄浦区、嘉定区、卢湾区、宝山区对口支援四川万县，闵行区、静安区对口支援湖北省宜昌县，夷陵成为闵行区首个对口支援地区。

宜昌市是湖北省第二大城市，从城市形态、经济发展和社会环境等各方面综合来说，都是发展较好、比较富裕的地区。对口支援此地，并不是一般意义上的"扶贫帮困"，主要是解决建设三峡大坝后的遗留问题。我挂职锻炼的地方是宜昌市夷陵区，这里地处渝鄂交界区域，上控巴夔，下引荆襄，有"三峡门户"之称，是葛洲坝、三峡大坝所在地，也是西部开发的桥头堡，拥有独特的区位优势。

夷陵最早从1984年就开始了前期征地移民工作,大体经历了前期准备、紧急搬迁、初次安置、调整安置和解决移民生产生活困难五个阶段,直到1996年才基本解决安置难题,之后转入促进移民安稳致富阶段。夷陵区既有坝区移民,也有库区移民;既有三峡主体工程移民,也有三峡工程对外交通、料场、输变电工程征地搬迁移民;既有本地就近安置移民,也有外迁移民和重庆等地外来移民。临水而建、因坝而兴,夷陵既是坝区又是库区,它成了三峡工程移民最早、就近就地安置移民最多、移民结构最为复杂的地区。

## 融入当地

初到夷陵之时,一切都是陌生的,花了较长时间才慢慢融入当地的生活。因为上海和夷陵不同的地域环境和文化,起初在沟通上也存在一定障碍,当地人习惯讲方言,常常是前面好不容易听懂了一点,到后面则是一头雾水,必须再三同他们确认。

为了尽早适应夷陵的工作,应对新形势、新任务、新挑战,我坚持加强学习,提高自身综合素质。首先是认真学习关于科学发展观的系列重要论述以及中央、省、市等文件精神,及时、充分了解党的方针政策。两年间,我积极参与每一次区委中心组学习,并按照上级和区委统一部署和要求,组织分管部门进行贯彻落实。其次是收集、学习有关文件、材料,熟悉市情、区情、民情以及新的工作岗位要求和新的工作环境特点,在比较短的时间内,对市、区的发展状况,移民生产、生活基本情况有了较全面的了解,为做好对口支援工作打下了坚实的基础。

为切实推进对口支援项目,我几乎走遍了夷陵区12个乡镇、20个区直机关进行调研,现场考察了97个项目,特别是支援项目集中的坝区三镇:三斗坪镇、乐天溪镇以及太平溪镇。在掌握第一手资料的基础上,对如何加快推进坝区新农村建设、如何加快形成对口支援工作长效机制等问题进行了探索。据此也基本掌握了夷陵的情况,并参与了编制夷陵区乡镇新农村建设规划和对口支援三峡库区移民工作"十二五"规划。

社会主义新农村建设的总体要求是促进"生产发展、生活宽裕、乡风文明、村容整洁、管理民主"。具体到地方，根据不同的特点和要求，在执行上也会产生一定偏差。在夷陵，我们制定了三年行动计划，将重点放在硬件的改变和投入，以推动农村产业发展，进一步帮助年收入少于5万的村脱贫。

## 定下三个目标

经过一段时间的摸索和探究之后，我给自己定下了三个目标：必须当好上海对口支援夷陵工作的"联络员""管理员"与"协调员"。在目标驱动之下，对口支援工作也取得了一定成效。

当好联络员，确保无偿援助资金逐年递增。挂职期间，积极当好上海市与夷陵区的联络员，协助夷陵区争取上海市援助资金5250万元。其中2010年争取资金2450万元，2011年争取资金2800万元，援建项目共33个。

当好管理员，确保对口支援项目顺利完成。两年来，把理顺对口支援项目申报、审批程序，规范对口支援资金划拨程序，加强对口支援项目、资金管理作为一项重要工作。针对往年个别项目进展缓慢的问题，对照《夷陵区对口支援项目管理暂行办法》要求，严把项目申报关，加强可行性论证，对各部门申报的对口支援项目，深入实地了解情况，上门征求主管部门和相关部门的意见，并进行综合分析，认真评选，凡资料不齐全、重复建设和主管部门不认可的项目，一律不纳入对口支援项目计划；对选入对口支援项目库的项目，组织有关专家和人员，深入实地进行调查研究，对项目的可行性和必要性进行论证，凡没有经过可行性论证或论证不过关的项目，一律不上报审批。同时，重点加强项目的实施、监管和督办，坚持每月到各项目单位进行督办检查，严格实行项目季报制度。在资金管理上，严格按照《夷陵区对口支援专项资金管理暂行办法》要求，进一步加强对口支援资金管理工作，要求各项目单位"专户管理、专账核算、专款专用"，严格按照项目实施进度核拨对口支援项目资金，针对未开工建设的项目，一律不予办理资金拨款手续，确保了对口支援项目资金的安全、有效管理。

当好协调员，确保沪夷经济协作全面开展。在夷陵期间，我主要负责夷陵区合作交流与招商引资相关工作，并参与、配合、扶持夷陵区引进了一批经济合作项目。援建项目通过相关部门的牵线搭桥，以加强横向经济联合、承接产业转移和招商引资为重点，推动上海企业到夷陵投资兴业，协助夷陵区成功引进了爱登堡电梯、御龙科技、华通机电、胜华电缆、佑利泵业等经济合作项目，有力地助推了夷陵产业升级转型。其中最亮眼的便是上海爱登堡电梯集团项目。爱登堡集团是国内领先的电梯制造企业，由该集团研发的电梯双通道监测系统达到国际领先水平。当时，其投资的高速节能电梯生产基地项目总投资便达 1.2 亿元，项目投产后年生产电梯 1000 台以上，可实现年产值 2 亿元。2011 年下半年，爱登堡集团董事长赴夷陵考察，和夷陵区政府草签了一份协议。2013 年，上海爱登堡电梯（宜昌）有限公司落户小溪塔高新技术产业园，带动了当地一大批人就业。尽管当时我已经回到上海，但听到这个消息，内心仍然抑制不住激动。

## 保留地方特色

总的来说，夷陵区的农业体量很大，全区面积 3424 平方公里，52 万余人口中，农业人口占四分之三。特殊的地理环境，使得夷陵的农副产品颇具特色，但如何进行农产品销售，也成了困扰当地经济发展的一大问题。上海对此一直很重视，结合三峡库区环保要求和特色农产品等资源优势，持续加大夷陵农业产业化和农贸市场建设帮扶力度，重点援建夷陵柑橘、茶叶、食用菌等种植基地，拓展农产品交易市场等，通过支持特色农业产业化，助推库区现代农业发展，帮助移民就业、提高收入。

当地农副产品资源丰富，我们便想方设法帮助他们开拓销路。为此，积极协调上海市各级相关部门，协助夷陵成立了夷陵区人民政府驻上海工作处，陆续在上海虹桥夷陵农特产品展销中心、上海松江国际食品城、上海西郊国际食品城展销中心推出夷陵农特产品，支持农特产品商贸流通渠道建设，有力促进上海夷陵两地合作交流，推进夷陵区农特产品龙头企业进军上海大市场。同时，将夷陵农特产品录入上海市国内合作交流中心"携手网"，实行农特产品网上推介销售，形成夷陵特色产品在上海"一网三点"的销售格局，有力地推进了坝库区茶叶、柑橘、医药等特色产业的发展，促进当地增收致富。

在助推当地农副产品销售的过程中，我始终主张保留地方特色，注重产品的质量而非数量，发挥自身特色，并考虑发展品牌。在支援当地过程中，帮助

▲ 宜昌市夷陵区生态茶园

他们慢慢培养这种意识，形成良性循环。

为此，我协助夷陵注册了柑橘的"晓曦红"商标，成立了宜昌市晓曦红柑橘专业合作社，慢慢将这一当地的柑橘品牌发展起来。这和我一直以来主张的保留地方特色去援建的理念也是一致的：让当地农副产品的特点更加突出，且一直维持下去，而不是改变它、同化它。

## 从"输血"到"造血"

以前上海对口支援主要是靠资金输血，以援建医院、学校、菜市场等民生项目为主。但是"授人以鱼，不如授人以渔"，这几年夷陵在做好资金扶持的同时，也加大了人员培训力度。从"输血式"扶贫到"造血式"发展，需要将夷陵"人力"转化为"智力"，把夷陵的人口数量优势转化为"人力资源优势"，需要对口支援工作站在打基础、利长远的高度，充分重视人力资源开发与培训工作。

上海把为库区"打造一支带不走的队伍"作为对口支援三峡的一项重要任

务。按照"急需、实用、见效"的原则，采取来沪办班、组织专家赴当地讲学和安排干部人才来沪挂职等方式，有计划地、有针对性地分期、分批组织库区乡村基层干部、专业技术人员和农村致富带头人等到上海进行脱产培训和挂职锻炼，通过输入新知识、新思想、新观念，为库区培训了许多急需人才。

除此之外，夷陵区是湖北省"一江两山"旅游区中长江与神农架旅游区的结合部，也是湖北省长江三峡国际旅游目的地发展与控制性规划的核心区、湖北省鄂西生态文化旅游圈重点规划发展的核心区，有着丰富的旅游资源。中国十大风景名胜之一的长江三峡西陵峡风光，举世独有的长江三峡大坝和葛洲坝工程，被誉为"活化石"的中华鲟，有世界地质界确认的震旦纪、寒武纪地质标准剖面点等，都在夷陵。全区建成并对外开放 18 处景点，其中国家 5A 级景区 2 个，国家 4A 级景区 5 个，3A 级景区 2 个。

如何让更多人知道并且来到当地旅游消费？首先要做的就是加强旅游宣传的推介。为此，我积极协助夷陵旅游局在上海举办旅游推介会，邀请了 31 家上海旅游企业参加，又牵头组织上海 6 个主城区的旅游局长和 12 家旅行社赴夷陵考察，拓宽旅游合作领域。同时，我发现夷陵当地的航班太少，不足以带动当地的旅游业发展，经过多方协调，"吉祥之旅"包机首航启动了，架起了"上海——夷陵"旅游的空中桥梁。

回想起在夷陵的两年时间，除了日常项目的跟进之外，各地领导因三峡工程都会前来视察建设情况，接待任务很多，常常周末也没办法休息，"5+2"成了常态。付出的同时，当地人给我的反馈也令我感到做这一切都是值得的。在夷陵支援的头一年，正值上海举办世博会，为了保障世博会期间上海的用电安全，当地干部在每一个主要的高压线塔下都安排专人站岗，一站就是半年。两地人民在互相交流中早已亲如一家，三峡人的淳朴无华深深感染着我们，上海人的热情援助也在不断温暖着他们。

针对工作中遇到的各种问题，我始终牢记着自己代表着上海党员干部的形象，代表着上海人民的形象，无论身处何时何地，保持共产党员本色，尽心尽力去协调处理，总体上是圆满完成了组织上交代的对口支援工作任务，也得到了夷陵区干部群众的认可和肯定。

# 把"老西藏"精神融入血液

王胜扬，1955年10月生。曾任闵行区副区长、区政协副主席、区人大常委会副主任等职。1995年5月至1998年5月，为上海市第一批援藏干部，担任中共西藏自治区日喀则地区江孜县县委书记。

口述：王胜扬
采访：赵龙芳　汤建英　韩雨恬　徐晓彤
整理：韩雨恬　徐晓彤
时间：2020 年 5 月 27 日

1995 年，我被组织选派赴西藏自治区担任中共日喀则地区江孜县委书记，成为第一批上海对口援藏干部队伍中的一员，为改变江孜面貌挥洒汗水和热血，度过了三年难忘的岁月。时间过得很快，转眼间二十多年过去了，在江孜的那段日子仿佛就在昨天。

## 一次"意外"的组织委派

其实，我们并非第一批援藏人，在我们之前，有一大批无私奉献的"老西藏"，我们只是采取对口支援这一新援藏机制以后的第一批。1994 年 7 月，中央召开第三次西藏工作座谈会，决定采取对口支援的方式援藏，就是由当时全国十几个相对发达的省和直辖市，对口支援西藏六个地区、一个市，即日喀则、昌都、林芝、山南、阿里、那曲地区和拉萨市。上海市和山东省对口支援日喀则地区。

1995 年春节刚过，闵行区开始动员干部去援藏，一共有两个名额，一名科级干部、一名处级干部，其中一名处级干部是要去担任江孜县委书记的，要求必须是正处级。刚开始组织遴选了六个人，我不在其中。我想可能是因为我到陈行当镇长的时间不是太长，两年多一点，一届还未满。另外，当时我也没有报名，因为动员的时候说得很清楚，组织决定在先，个人报名在后。组织上要考虑选派各方面合适的人去西藏，但经过体检，挑选的几名同志身体状况都不是很好。

3月27日晚，区委组织部干部科科长打来电话说，明天组织部部长要找我谈话，是关于援藏的任务。本来那天晚上，我打算早早地休息，因为第二天早上四点钟要起来，赶到镇江去看新兵。那时"双拥"工作有个传统，镇里领导班子成员每年要去慰问家乡的子弟兵。我到陈行镇两年了，一直没去过。说起来也巧，我本来打算3月26日去的，如果去了镇江，因为当时的交通和通讯不像现在这么发达，BP机只能在上海用，"大哥大"在省市之间是不能漫游的，除非我打电话回来，否则组织上就联系不到我，援藏的任务也可能轮不到我了。因为武装部副部长27日家里有事，希望推迟一天去。结果我就碰上援藏的任务了。

3月28日，组织部部长找我谈话。他们是临时从干部档案里把我找出来的。因为援藏有年龄条件限制，所以就挑选了我和另一位同志。我当场对罗部长说，如果我和另一同志身体都及格，那就我去。

3月30日，我们到医院去体检，时间紧迫。因为上海处级干部的名单、去西藏担任县委书记的名单要在31日报中央组织部。另外当时江孜县在召开党代表大会，所以名单要得非常急。

当时，一些亲朋好友觉得西藏和上海相距太远，人生地不熟，另外身体能否适应也是问题。我倒觉得，无论是从一个党员干部，还是从一个男人的角度来讲，援藏任务就像适龄青年应征入伍一样，一切要听从组织的召唤，一颗红心，两手准备。后来我开玩笑说，我这一生没有当过兵，就当是去体验一下。还好当时家里也没有什么太大的困难，小孩在念初中，作为本地人，父母还可以照顾家里，爱人也能理解和体谅。

## 志在必得"援根本"

1995年4月7日，已经被确定选派到西藏的同志接到上海市委组织部的电话，要开座谈会。到了那儿才知道，是让我们学习孔繁森同志的先进事迹。正好当天《人民日报》《解放日报》刊登了长篇通讯《领导干部的楷模——孔繁森》。5月3日至5日，市委还给我们办了培训班，请了一些老西藏给我们讲当地的风土人情、西藏的重要性以及特别能吃苦、特别能战斗、特别能忍耐、特别能奉献的精神等，主要是让我们做好应对艰苦条件的思想准备。

5月17日，我们从上海出发，到了西藏后我的高原反应很大，第一个晚上头痛得怎么也睡不着，第二天整个人软绵绵地好像生了场大病。我们是5月20日到日喀则的，日喀则地委、行署精心安排，让我们一边休养调整，一边接受"区情培训"。江孜县是日喀则乃至西藏自治区的一个大县，它既是自治区人口最多的县，又是交纳商品粮最多的县，更是一座有着抗击外来侵略光荣历史的英雄城市。同时，从稳定的角度来讲，江孜还是一个非常敏感、重要的地区。我觉得自己肩上的责任格外重大。

5月25日，我们到达江孜，援藏工作正式步入轨道。作为第一批援藏干部，上海市委、市政府派我们过去时，没有明确要带多少资金、做什么项目，去了之后，根据实际情况再决定。联络组组长徐麟同志对我们有明确要求，开始的项目要选准，借此打开在西藏的工作局面，立稳脚跟。我作为县委书记，先要去调研掌握第一手资料，既是为了了解实地情况，也是一个任务，以决定我们干什么、怎么干，有针对性地确定一些援藏项目，并通盘考虑怎么来改变江孜的面貌。

第一个项目，无论是从当时还是现在来看，都是选对了。调研之后，我和县委办公室主任经常在一起探讨从哪里入手，逐步聚焦到教育问题。他是一名老援藏干部，还专门写过一篇《援藏援根本　兴县兴教育》的文章。江孜县的教育在西藏74个县里面算是好的，主要问题是经费紧张，整个县只有一所中学。尽管通过前几年的积累，各乡逐步建起了小学，基本可以容纳农牧民的孩子，但小学毕业生上中学的比例仅为18∶1，打击了农牧民送孩子上小学的积极性。因为当时在西藏，找一份像样的工作，起码得读到中专，才能算是一个有知识、有文化的人。更严峻的问题是，除了在县城的小学，全县至少有80%以上的小学生没有课桌椅，上课都坐在泥地上，面前只放着一个简陋的小木箱，他们写字就趴在小木箱上。这个小木箱上课时是课桌，天黑了就在上面支一盏酥油灯或蜡烛照明，睡觉时又成了孩子们的枕头。我与县长格桑扎西及援藏干部商量，着手筹建江孜第二所中学，不但要让江孜的孩子们有学上，还要让他们能同上海孩子一样用上课桌椅。

▲ 江孜闵行中学

　　建学校，首先要解决资金问题。我想到了我们的"大后方"，闵行区委书记听了我们振兴江孜教育的情况汇报后立即拍板，建设新学校的300万元援助资金全由闵行区承担。区委一声令下，区内企业和党员干部、职工纷纷慷慨解囊。没过多久，带着闵行人民深情厚谊的300万元钱汇到了江孜县财政局。我们在江孜这边也抓紧筹备，一边积极争取西藏自治区教委的300万元配套资金，一边同步开展规划、腾地、立项、设计等一系列工作。格桑扎西县长主动提议，为了体现沪藏两地的友谊，新建学校命名为"江孜县闵行中学"。1995年9月6日，江孜县委、县政府为学校举行隆重的奠基仪式，闵行区党政代表团也赶赴现场。后来的发展进程证明，江孜县闵行中学的建成打开了县内"小升初"的升学通道。学校建成不久，自治区开始普及小学六年制义务教育。1997年，江孜县成为自治区第一批通过验收、能够普及六年制义务教育的地区。在援建江孜闵行中学的同时，我们还从上海各区、各部门筹集了近100万元的援藏资金，用于实施"屁股离地工程"，购买了数千套课桌椅，让全县小学生上课有了课桌椅。

第二个项目，是解决江孜与外界联络的问题。1995 年，上海的通讯已经比较发达了，有了"大哥大"，电话也开始进入千家万户。虽然上海的家里已经装了电话，但是我们所有的同志都不能和家里通电话，因为江孜没有电话。西藏自治区是 1965 年成立的，1995 年正好是自治区成立四十周年大庆，中央决定把通信光缆从拉萨铺到日喀则。我们知道这个消息以后，就想争取把通信光缆延伸到江孜。当时在全西藏，我们这样做也是第一次。我去找自治区邮电局第一副局长张胜利，他是北京来的援藏干部，听了我们的想法后，非常支持。在我们的努力下，徐汇区、虹口区、长宁区共援助 170 万，再加上其他的一些资金，江孜成为西藏第一批用上程控电话的县。

这些援藏项目做出来后，当地老百姓的反响很好，他们认为上海干部来江孜是实实在在为他们谋福利的。

## 势在必行"换脑袋"

那时，西藏的财政靠自身还有很大的困难，主要是依靠中央的财政拨款。1994 年江孜县的财政收入是 125 万元左右，财政支出要 700 万—800 万元。但就是这种情况，在西藏的 74 个县里还是相对好的，有的财政收入才几万元。而要真正过好日子，必须依靠自身的力量。要培养江孜经济自身的造血功能，依靠科技进步，抓内涵发展，才能增加财政收入，少向国家要钱。

西藏自治区党委书记陈奎元说过，解决西藏的财政问题要依靠工业发展。但西藏这样的"净土"，发展什么样的工业好呢？在调查研究的基础上，我们有针对性地提出了建设矿泉水厂和水泥厂的设想。我们去的时候，前面的同志已经做了一些建设矿泉水厂的基础性工作，包括水质的勘探、测定。江孜县委的老书记平措当时在日喀则地区任行署专员，他也对这件事相当关心。这个厂投资 180 万，很快就开工、上马，到 1997 年，产值 250 万，获利 25 万。另外，我们考虑到，江孜的发展过程中会涉及很多基础设施建设，对水泥有大量的需求，但现有的江孜水泥厂生产的水泥质量不过关，自治区计委还下过文件，说江孜水泥厂生产的水泥无法盖房子。于是，我们投资 170 万对这个亏损大户进行了技术改造，解决了水泥配方不达标、质量不稳定的问题。到1997年，该厂实现产值700余万，获利100余万元。

两个项目很快就上去了。项目的成功，究其原因，一方面是上海同志的积极工作，另一方面也是充分依靠当地干部群众和老进藏干部。

要改变西藏地区相对落后的面貌，还要培养起市场经济和商品意识。鉴于当地对于改革开放后的中央重要精神和改革举措学习领会相对滞后，我就着力宣传邓小平理论和社会主义市场经济等，利用各种机会宣传"毛泽东让西藏人民站起来，邓小平让西藏人民富起来"。我曾发现一户农家囤了起码够四五年吃的粮食，养了很多牛羊，把羊毛织成卡垫放在沙发、床头，认为这是"富有"。我就开导他们要转变观念，留一点口粮，多余的可以出售转换为货币，也不会因为保存不善而损失，有钱了，可以添置其他东西改善生活质量。我离开江孜之后，还有西藏的同志包括闵行派出的同志来看我，说我讲得对，做得好。

## 运筹帷幄"谋长远"

农牧民喜欢住在山坡上，因为那里有泉眼，可以解决生活用水，也能长牧草，但是自然气候、地质变化无常，泉眼时有时无，从长远角度来看并不适合生活。当时西藏正在建设满拉水利枢纽工程，它是实现西藏"一江两河"（雅鲁藏布江和拉萨河、年楚河）地区综合开发目标、带动西藏自治区经济腾飞的关键性控制工程。"满拉工程"位于江孜县境内年楚河流域，龙马乡有几个村受工程影响较大，必须搬离。我们也想借着这一契机，鼓励山上的村民搬迁到河谷平原地带，让他们有一个更好的生存环境。我们在江孜县城附近的江热乡选择了一个地方，建好房子，开出荒地，作为龙马乡村民的移民点。可是等到水库准备蓄水时，龙马乡村民却不愿转移，因为他们以牧业为主，不擅长种植业。当时负责这项工作的藏族干部找到我，希望我能出面协调。于是，我们把村民召集起来，和他们一起分析利弊：现在整个江孜，农区村民的收入都比牧区要高；龙马乡位置偏远，很多人连县城长什么样子都不知道，但是江热乡离县城很近，可以看电视、逛商店，县城设施齐、绿化好；而且"满拉工程"完成以后，可以不用为农田灌溉发愁、也不会时不时地断电了，我能理解安土重迁的难舍之情，但是以发展的眼光来看，移民安置不管是对西藏建设还是对当地百姓，都是有好处的。或许，我的话说到了他们的心坎上了，龙马乡村民迁移问题最终得以圆满解决。

与此同时，我们从文化领域着手，激发当地群众的爱国热情。江孜人民自古以来有着反帝爱国的光荣传统。电影《红河谷》描述了在江孜的宗山，藏军抗击英国殖民者入侵的事迹。我们萌发了一个念头，应当让这段历史永久让人铭记，把他们的精神发扬光大。我们决定挤出一部分援藏资金，在宗山脚下建一座"江孜宗山英雄纪念碑"。"三个臭皮匠，顶个诸葛亮"，找不到专业的设计师，副县长许建华带领几个建筑骨干，硬是把纪念碑的建筑图纸画了出来。在大家的努力下，纪念碑于1996年建成。纪念碑有三个面，分别刻有中文、藏文和英文，西藏自治区政府主席江村罗布为纪念碑书写了汉字碑文。出生于江孜的自治区政府常务副主席列确站在纪念碑前感慨万分，他说当地藏族同志自己都没有想到的事，你们上海干部居然想到并且做成了，上海援藏的同志做

▲ 第一批援藏干部江孜小组在学习研讨

了一件有着重要政治意义和历史意义的事情。

江孜是农牧业大县、工业小县，除了农牧业现代化，光靠几个工业项目仍然无法改变落后的面貌，只有调整产业结构才能走得更远。1995年8月，日喀则地区科委主任胡胜昌带回来一个重要消息，国家科委准备在中西部地区选择一个县，建立国家级星火技术密集区。当时，离论证会议召开还有五天的时间。我那天调研结束晚上9点多回到县里才知道这个消息，赶快把常务副县长王建民、乡镇企业局局长施汉荣、县计经委主任饶风趣、县府办副主任张正行从被窝里拖出来，熬了一个通宵，赶出了一万字左右的《西藏江孜国家级星火技术密集区可行性研究报告》，第二天让科委副主任赵荣善带上报告直飞昆明申报。我们成功了，这个项目成为江孜实施科技兴县战略，建设小康社会的主要抓手。通过我们的努力，江孜三大产业的结构从1994年的75∶10∶15调整为1997年的55∶24∶21。

俗话说："铁打的营盘，流水的兵。"联络组组长徐麟同志当时就指示我们：要通过对江孜的调研和了解，留点我们的思考和规划给下一届援藏的同志。我们很快就执行徐麟同志的这个要求，这项工作得到徐汇区规划局、上海城市规划设计院以及城开集团的支持，为江孜编制了县城的建设规划。这也让江孜成为全西藏74个县中唯一一个编制了县城建设规划的县。援藏是一个大局，是一个长远之计。我们对口援藏的干部，都是按照中央的部署，按照当地党委、政府的要求来开展工作。有了这样一个规划，就为后面同志的工作起到了奠基和铺路石的作用。2012年，我又去了一次江孜，欣喜地看到，整个县城基本上是按照我们当年的规划来进行建设的。

参加援藏对我整个人生来说，是一种磨炼，也是宝贵的财富。江孜的三年，我个人在得到历练成长的同时，也感受着江孜的变化，感受着国家的安定祥和。回顾国家对口援藏的历史，愈发觉得党中央在西藏问题上进行的战略布局是高瞻远瞩、深谋远虑的。西藏的稳定发展，不仅涉及当地藏族及其他少数民族百姓的福祉，更是国家安全的战略保证。

## 甘为援藏"孺子牛"

林湘，1961年7月生。曾任闵行区副区长，中共奉贤区委书记、区人大常委会主任，中共上海市合作交流工作党委书记、市政府合作交流办公室主任，中共上海城投集团党委书记，上海市第十四届人大农业与农村委员会副主任委员。现任上海市政协常委、人口资源环境建设委员会副主任。1998年5月至2001年6月，为上海市第二批援藏干部，担任上海市第二批援藏干部联络组组长，中共西藏自治区日喀则地委副书记。

口述：林湘

采访：赵龙芳　汤建英　徐晓彤

整理：徐晓彤　陈　艳

时间：2019 年 5 月 26 日

　　2020 年是脱贫攻坚决战决胜之年，在这个时候，做口述对口支援的事情很有意义。说起来，我跟对口支援工作很有缘，我是上海第二批援藏干部，从 1998 年至 2001 年在西藏工作了三年。回来后没几年，又调到市合作交流办，从 2005 年 1 月到 2014 年 9 月，在市合作交流工作党委书记、市政府合作交流办主任的岗位上工作了将近十年，合作交流办有一项主要职能就是负责上海对口支援工作。所以我对对口支援工作有着非常特殊的感情，对三年援藏的经历，至今记忆犹新，难以忘怀。

## "我要去"

　　1994 年 7 月，中央召开第三次西藏工作座谈会，做出了由经济较为发达地区支援西藏建设和发展，并实行"分片负责、对口支援、定期轮换"的重大决策。上海和山东承担对口支援日喀则地区的任务，日喀则共 18 个县，其中上海与江孜、拉孜、亚东、定日这四个县对接，2001 年增加到五个县，增加了萨迦县。

　　从 1995 年首批援藏开始，按照"三年一轮换"的原则，第二批上海援藏干部是 1998 年进藏的。我们第二批共 50 人，来自全市 33 个委办局和区县。上海坚决贯彻中央决策，广泛宣传发动，在前一批援藏干部和老西藏的精神感染下，当时大家报名很踊跃，我记得有 2000 多人报名援藏。选拔的要求也蛮高的，先是初选，再按照 3∶1 的比例进行排序、体检。第一批的时候，闵行的援藏干部在江孜县任职，我们第二批，因为我作为领队，担任日喀则地委副书记，所以我和王备军我们两位闵行的同志都没有安排到江孜县，王备军担任日喀则地委秘书长助理、后担任副秘书长。

去之前，我们专门进行了培训，内容很丰富、很实用，有关于宗教、民族方面的，也有关于领导艺术、管理方法方面的……大家的热情很高，决心很大，白天集中授课结束后，晚上还要分组讨论。最让我们感动的是，上海第一批援藏干部的领队徐麟同志特地从日喀则赶来，给我们介绍日喀则地区的经济、社会、民俗、风情、气候和环境等各方面情况。当时由于交通不便等各种原因，大家对西藏这个神秘的雪域高原了解得还不多。听过徐麟同志的介绍后，因为即将去西藏工作、要适应当地生活，所以大家还有很多很具体的问题要问，他留下来——解答，深夜才回家。徐麟同志给我们培训完以后，马上又要赶回西藏，准备第一批援藏工作收尾，并准备接我们进藏，与我们进行交接。西藏海拔高，进进出出对身体伤害比较大，所以他来我们很感动。

我们是 1998 年 5 月 17 日正式出发的，这是一个特殊的日子，一个令我终生难忘的日子，"517"谐音即"我要去"，恰好表明了大家的决心。那天，上海市委、市政府在上海展览中心为我们第二批援藏干部举行了一个欢送仪式。作为领队，我在仪式上表了决心：请市委、市政府领导放心，请上海人民放心，绝不辜负大家的期望，我们一定会视日喀则为第二故乡，用我们的智慧和力量，贯彻落实好中央的精神，把日喀则建设得更加美好。这些话并不是口头上说说，而是要记在心里，后面也一定要落在实处的。

一到西藏，我们就受到当地干部群众的热烈欢迎，欢迎队伍有好几里长。由此我深切感受到三件事：一是当地干部群众对中央第三次西藏工作座谈会的认可；二是当地干部群众对上海第一批援藏干部工作的肯定；三是觉得我们身上的担子很重，这既是对我们的欢迎，也是对我们的期盼。

按照市委、市政府的要求，我们第二批援藏干部是承上启下的，要接好棒、跑好棒、交好棒，保持工作的连续性、稳定性和开拓性。到西藏以后，我们一边尽快调整适应，一边抓紧与第一批进行工作交接，大概用了十天时间，我们就完成了交接，包括部门、岗位、人与人之间的交接。

从我们5月份入藏，到第一批援藏干部6月初返沪，在这十几天时间里，人已经晒黑了。我代表第二批去送第一批援藏干部回沪时，戴着墨镜、毡帽，俨然已经把自己变成了日喀则干部。看着满载第一批援藏干部的飞机升上蓝天，我心中感慨万千，暗自下了决心：未来三年，我们要与当地干部群众同呼吸、共命运、心连心，不辱使命，扎扎实实完成援藏任务。

## 确定"六大工程"

万事开头难，第一批援藏干部是开创者，他们克服重重困难，以顽强的毅力，为后来一批又一批的援藏工作打下了坚实的基础。当时对口支援以干部为主，我们去就是挂职，而且都是担任实职，不管是正职还是副职，都有明确的工作分工。我担任日喀则地委副书记，分管城市经济、科技、教育、卫生、体育、基本建设和地委办公室。我们当中还有不少干部是担任正职的，比如县委书记、县长、经贸局局长、医院的党委书记等重要职务。在西藏三年，我们就是日喀则的干部，大家感到要加快当地经济社会发展，不仅要用我们的工作理念、思路、方式和经验，还要有资金、项目来支撑，都觉得肩上的担子沉甸甸的。

为了尽快推进工作，我们分了六个小组，四个县各一组，地区分成两组，立即着手开展调查研究。几个月跑下来，我们对日喀则地区有了更深入的感受：整个地区人口六十多万，土地面积约十八万平方公里，平均海拔超过4000米。说到高原气候，有这样一个计算方式，海拔每上升1000米，空气中的含氧量下降10%，温度下降6度。亚东海拔低一点，县政府所在地是2800米，但在那里工作要"上山下乡"，上上下下对身体损害很大。还有定日县，在珠峰脚下，那里海拔4300多米，我们在日喀则市，也就是现在的桑珠孜区睡得着，到定日就睡不着，像翻烧饼一样，晚上很难受。那三年，我除了以上海对口支援的几个县为重点，把日喀则18个县全部跑了一遍，定日去了九次。

▲ 援藏干部走访当地村民

当然，在不断适应自然环境的同时，更重要的是了解当地经济社会发展和老百姓生活的实际状况，印象比较深的是，当地缺医少药，小孩子上学困难，交通很不方便，经常断电断水。根据调研结果，按照援助日喀则的总体要求并结合岗位职责，我们形成了对口支援日喀则三年工作规划，提出了实施"六大工程"的目标，并制定了一些相应的专项规划。

"六大工程"排在前头的是教育卫生。第一就是"希望工程"，完成对适龄学生的培养计划，因为要想在根本上脱贫，必须让他们接受教育，有知识有技能，才能通过自身的努力创造财富，否则仅靠外部的输血是无法解决根本问题的。第二是"健康工程"，我们对整个地区卫生系统做了规划，逐渐完善日喀则地区、县、乡三级医疗卫生服务。具体来说就是，地区有中心医院，县有人民医院，乡镇有卫生院，重点放在最薄弱的地方，就是乡镇，加强乡镇卫生院的布点建设。当时闵行区也援建了五六所中心乡卫生院，辐射周边所有乡村。第三是"培训工程"，不仅培训党政人才，还包括专业技术人才。第四是"造血工程"，通过增强当地自身的"造血"机制来进行良性的循环，促进当地自身发展，比如：以突出农牧业结构调整为重点，着重扶持市场前景好、"造血"功能明显的短平快项目。第五是"实事工程"，解决老百姓的基本生产生活问题，比如：改善农业生产条件、丰富农牧民文化生活等。第六是"形象工程"，用现在的要求看，好像这个提法不是很恰当，但在20多年前还是有必要的。这个名称，当时是经过讨论的，就是想通过以"上海"冠名援建项目的方式，让日喀则广大干部群众可以看到、感受到相关省市在用实际行动支援当地发展，让他们认同中央的决策。我们这一批修建了一条上海路，全长5.2公里，是日喀则市里最长的一条主干道，还建了日喀则上海体育场、科技馆、外贸楼等，援建了上海小学、上海中学。上海广场是第一批援藏期间的一个大项目，我们去的时候尚未竣工交付使用。本着工作的连续性和开拓性，第二批主要是进行装修和经营管理，开始部分对外招商。我们回沪的那一年，引进了一个证券交易营业部，日喀则从事股票交易的股民，都在上海广场做。现在上海财政资金援助的项目都不以上海冠名，但当时就是通过这些项目，深深地将"上海"两字印在了当地干部群众的脑海里，一条条路修建开通，一幢幢楼拔地而起，一所所学校、卫生院投入使用，让当地群众感到了上海干部确确实实在为他们干实事、做好事。

正因为有这样深的感受度，当地干部对我们的工作也非常配合，比如上海体育场这个总投资2800万的重大项目，当时我们成立了领导小组，我担任组长，当地分管的专员担任副组长，把相关部门，如发改委、建设局、教体委、质监、消防等的分管领导纳入。领导小组在立项、论证的时候开会讨论，在操作的时候，实际上就是教体委在操作，施工队伍是当地的，负责具体实施，我们派监理过去。按照"资金跟着项目走，划拨跟着进度走"，我会在重要节点上带队检查把好关，当地干部配合推动项目，碰到问题了，我们一起研究解决。还有一个重大项目上海路的修建，交通局是主管单位，也是这样一个体制，我们都是依靠当地同志一起干，同时也在这个过程中培养当地人才。

## 来自各方的支援

当时对口支援以干部为主，还没建立统一的资金筹措机制，如果仅仅依靠

▲ 日喀则地区中心乡卫生院落成典礼

当地的财力，推动工作是有困难的，所以我们实施"六大工程"时，除一部分上海市财政资金外，大部分是援藏干部发挥桥梁纽带作用，把派出单位和个人的资源充分利用起来。援藏干部每年一次休假回上海，都是把需要支援的事项集中带回来，向派出单位做汇报，联系项目设计、项目资金，组织当地人员来沪培训等等。三年里，上海对口支援日喀则建设合计金额1.9亿元，落实项目175个，一批集中体现汉藏民族团结、沪藏两地友谊的标志性建筑相继竣工落成，地区经济和社会各项事业得到进一步发展。2000年日喀则地方财政收入突破一个亿，那个时候，这算大事了。我们上海对口支援的四个县，经济发展速度超过地区平均增速，成为全地区的排头兵。所以，现在回想起来，我依然非常感恩各级党委、政府以及社会方方面面对我们援藏干部的关心和支持。

我至今记得当时闵行区委书记对我说的话："你是领队，既代表上海，又代表闵行，有什么困难和要求尽管说。"那三年，我们用闵行区援助的近800万元资金完成了很多项目，比如援建日喀则中等师范学校综合楼、修建中心乡卫生院、扩建扎什伦布寺（以下简称"扎寺"）藏医院、实施"扎寺"灯光工程等。"扎寺"藏医院就在扎什伦布寺旁边，很受当地老百姓欢迎，每逢重大节日或者庆典活动亮灯的时候，整个"扎寺"以及后山在灯光的勾勒映衬下更加宏伟漂亮，老百姓看到之后，非常喜欢和开心。另外，闵行还出资援建了援藏干部宿舍楼，我们第二批即将期满之前刚刚建好，之前，在地区工作的援藏干部分散居住在各自单位提供的宿舍，生活条件艰苦、相互联系不便，这个楼建成以后，不但解决了援藏干部集中居住的问题，住宿条件也比过去有所改善。那三年，闵行区各乡镇、委办局、企事业单位都对我们十分支持，捐资捐物、走访慰问、提供培训，等等，为了让偏远地区农牧民群众能看上电视，闵行区广电部门还曾三进西藏，援建定日县有线电视台、捐赠全套有线电视设备、开展编辑和摄影技术培训指导……

以前觉得硬投入是实实在在的，西藏方面希望外省市多派党政干部，因为他们能带来较多的资金，但慢慢地大家认识到，人力资源才是第一资源。那时候，上海每年都会派教师、医生去日喀则进行短期支援，时间是两个星期左右，每次大概十个人。为此，我们还特地办了一个教师进修学院，开设课程，援藏教师过去对当地老师进行培训，将上海先进的教育理念、上课方式传授给他们。后来，上海又派了一位校长，到那里一下子就把日喀则上海实验中学带起来了。这个学校现在在西藏各个地市里面升学率位列前茅，产生了很大的带动效应，学生家长都想把孩子送进这所中学读书。所以，智力援藏也是很重要的。像好的校长、院长，能带动一个方面、一个领域的发展。

援藏对上海干部而言，也是一个培养、锻炼的平台。到西藏以后，确实能感受到祖国之大、地区差距之大，还有就是了解了民族、宗教政策，包括参与反分裂斗争，尤其是在西藏高原特殊的环境里，意志得到了磨炼，精神得到了升华，这就是"特别能吃苦、特别能忍耐、特别能战斗、特别能奉献"的西藏精神。我们加了一句"特别能团结"。在这种环境下，团结是非常重要的，不仅我们援藏干部之间要团结，前方和后方也要团结，我们和藏族同胞更要团结。我想这也是对口支援决策的一大深意，通过这一形式，让藏族同志感受到汉族同志对他们的支持，让这个地区感受到上海的温暖。实际上这点资金，中央完全可以通过转移支付的形式去解决,为什么派人过去?一方面是要带技术过去,更重要的一点是通过我们的努力,可以拉近民族之间的感情和距离。

因为有了援藏的这些经验,我在上海市合作交流委办工作期间,也积极调整和创新工作机制。比如,在结对帮扶机制上,上海对口支援日喀则的几个县,以前基本上是一个县与上海三四个区结对,调整为全部一一对应,这样更有利于增强区、县的积极性和责任感,更容易集中发挥各区县在经济、社会、民生等方面的资源优势;在资金筹集机制上,开始的时候,对口支援的大项目是通过当时的市协作办向市财政申请资金,后来建立了区、县两级统筹机制,把区、县资金统筹上来,放在一个平台上,根据一定的基数和要求使用,让援建干部可以把精力聚焦到自己的分管工作上,不需要再为了筹措资金而四处奔波;明确不仅要加大资金投入和管理力度,对项目审定严格要求,还要积极培养人才,以"规划为先、产业为重、民生为本、人才为要"为重要工作方针,协助前方更高水准、更高质量地完成任务。

日喀则气候环境、工作生活环境与上海差异极大,当时对于援藏干部的定期轮换,西藏方面希望时间长一点,但上海市委、市政府考虑到时间太长,干部身体可能会吃不消。确实,一方水土养一方人,对援藏干部的身体而言,援藏三年,第一年是吃老本,大家都是经过体检,挑选出来的;第二年是靠精神,靠精神支撑把各项工作做好;第三年是靠药物,安眠药是离不开的。即使如此,大家从未喊过苦、叫过累,因为大家都明白:援藏是一种担当,更是一种奉献。这三年,我们第二批援藏干部在"老西藏精神"的指引和感召下,以促进西藏地区实现跨越式发展和长治久安为目标,满怀热情,踏实工作,把真情倾注在第二故乡,把奉献弘扬在雪域高原。我们的工作得到了当地党委、政府的认可,老百姓也非常满意。我们回去的时候,在场的所有人都依依不舍,群众献的哈达身上都挂不下,只好拿掉再挂。对于这一段弥足珍贵的人生历程,大家有这么一个共识:"三年援藏,终生难忘;真诚奉献,无怨无悔。"

## 无悔的选择

马顺华，1962年8月生。曾任闵行区七宝镇副镇长，中共浦江镇党委副书记、镇长，中共七宝镇党委副书记、镇长，中共七宝镇党委书记，中共闵行区建设和管理委员会党委书记、主任等职。现任上海南虹桥投资开发有限公司监事长。2001年5月至2004年5月，为上海市第三批援藏干部，担任中共西藏自治区日喀则地区江孜县委常委、常务副县长。

口述：马顺华
采访：汤建英　曹媛媛　陈婧媛
整理：曹媛媛
时间：2019 年 12 月 30 日

我是 2001 年 5 月去援藏的，转眼间回到上海已经整整十五年了，但在西藏的许多往事还历历在目。最近召开的一次闵行区委全会上，区委书记讲到新一批对口支援新疆的干部报名情况，更让我回想起自己在西藏那段激情燃烧的岁月。西藏雪域高原的环境确实比较艰苦，那时的交通、通讯也没有现在这么发达，但三年援藏，不只是艰苦环境的磨砺，更多的是意志的锤炼、能力的培养，使我在历练中成长。那一千多个日日夜夜，是我终生难忘的记忆、最宝贵的财富。

## 难得的机会

1994 年，中央第三次西藏工作座谈会提出了"分片负责、对口支援、定期轮换"的援藏工作方针，要求有关部委和省市对口支援西藏，其中上海市和山东省对口支援西藏日喀则地区。从 1995 年开始，到我们已经是上海派出的第三批援藏干部了。当时我在七宝镇担任副镇长，我们单位进行援藏动员征询，我立即积极响应。我有一种感觉，就是上海非常重视援藏工作，不管是市里、区里还是七宝镇党委、政府，上上下下、方方面面都很支持，既然符合条

▲ 援藏干部下乡调研

件就理所当然要响应号召、主动报名。对西藏和援藏工作的情况，我从前两批援藏干部那里，多少也有些了解，西藏地区海拔高、环境艰苦、语言不通，要在那里工作生活三年，其实心里还是很担心的，但是能够参加援藏是一件很光荣的事情，也是一个十分难得的锻炼机会，我不甘落后，也不愿错过。

我们一共有6位同志参加了体检，最终组织上确定由我去，我感到非常荣幸，马上着手各项准备工作。我特地到新华书店购买了一些介绍西藏的书籍，尽量多了解、多熟悉西藏的经济社会、风土人情和宗教民族政策等，就连《红河谷》那部以20世纪初江孜人民抗击英军侵略的历史为题材的电影，也认真地看了，还每天到莘庄游泳馆游泳，锻炼心肺功能，从各方面为进藏工作做准备。

2001年5月27日，我们第三批上海援藏干部怀着激动而忐忑的心情出发了，先抵达成都，然后转机拉萨，再去日喀则、江孜。组织上对我们非常关心，考虑到高原反应，为了让我们有一个缓冲的时间，当时我们在成都停留了两天，但到达拉萨时，高原反应还是给了我们一个"下马威"。江孜平均海拔4000米，比拉萨高一些，但在西藏不算很高，比起上海对口支援的另外几个县也不是最高,历史上江孜一直是个好地方,它是青藏高原上的河谷平原,又有年楚河在境内缓缓流过,被称为西藏的"粮仓",年产粮食一亿斤。受自然环境、道路交通等各种因素所限,整个西藏2001年的财政收入约10亿元。江孜还是一个出英雄、出干部的地方,当时的自治区人大常委会主任列确、日喀则地委书记平措等领导都是江孜人,是在江孜工作、奋斗出去的。我们来到江孜,就要做江孜人,谋江孜业,为江孜的发展尽心尽力。

为了尽快摸清情况,确立工作规划目标,刚开始几个月,我们江孜小组八名援藏干部,一个个乡、一户户人家,马不停蹄地跑。在田间地头和农牧民家里调研时,当地的干部群众都对我们非常友善,藏族同胞热情地邀请我们喝青稞酒、喝酥油茶、吃糌粑。我们亲眼看见了当地群众贫困的生活,切实感受到当地不仅缺资金、缺资源,办公条件差、生产条件苦,也缺新的理念,市场经济意识薄弱、工作节奏慢。我担任县委常委、常务副县长,最初主要分管卫生、计划生育等,不过没多久就调整为分管计划、国土资源管理、旅游等,刚好是我熟悉的领域,也使我有机会把以前的经验更好地运用到江孜的工作实践中。

## 土地带来财富

在上海,我们经常说"寸土寸金",政府收入的相当一部分来自土地出让金,我就想能不能从培育土地市场入手,想办法引入一些新的理念、一些市场经济的观念。

针对县城土地使用中的遗留问题,首先是抓紧土地清理整顿,清理过程不是很顺利,部分单位和个人以种种理由拒缴久欠未清的土地费,影响了整个工作的进程。我让负责土地清理的当地干部与欠交方沟通,掌握基本情况。在沟通未果的情况下,又与土地局领导商量,决定以清理整顿办公室的名义,再次通知欠交对象,要求限期缴纳,否则将采取强制性措施,同时积极争取有关上级部门支持,共同妥善处理好遗留问题,还与法院加强沟通,做好依法提起诉讼的准备。在清理整顿取得一定成效的基础上,再尝试经营性土地市场化出让,举办了江孜县首次国有土地使用权拍卖会。当时为什么要举办这个拍卖会?第一,主要还是想以此为契机,引导当地干部群众增加一点市场经济概念、土地是有价值的概念。实际上，江孜县城的条件，在西藏的县城里算是非常不错的，开个店还是会有生意、有市场的。第二，当地建设发展缺少资金，土地拍卖可以增加收入。我希望通过拍卖这一做法，至少能够让当地干部相信土地是值钱的，只要用得好，土地是可以给江孜带来财富的。

我特地到西藏自治区国土资源厅向上级领导汇报设想、听取意见，得到他们的认可和支持后，及时做好各项筹备和组织协调工作。为了办好这次拍卖会，我查阅了大量书籍、资料，与相关同志多次进县城现场调研察看、研究分析，确定把县城的两块土地拿出来拍卖。还走访联系了几位有意在县城开店经商或者扩大门面的企业老板，邀请他们参与竞拍。拍卖会的主拍人，我们请的是一位在那曲县国土局任副局长的浙江援藏干部，他是有国家土地拍卖师资格的专业人才。一切准备就绪之后，2003年8月下旬，江孜县历史上首次国有土地使用权拍卖会正式举行，拍卖会所有流程均按照《中华人民共和国土地管理法》《招标拍卖挂牌出让国有建设用地使用权规定》等相关规定及要求进行，共有十多家企业和个人参加了对两幅土地使用权的竞拍。最终两块土地都成功拍卖，其中一块面积为768平方米沿街面的土地，以30万元的价格成交，另一幅地段略偏的地块成交价低一些。后来回过头看，当时对需求的掌握还不够精准，由于土地划块时分割过小，土地的潜在价值没有得到更充分的体现。但这次尝试，开了自治区县级规范拍卖土地的先河，一时成为江孜干部和群众热议的话题，土地有价值的观念也被快速传播。

## 管理提高效益

招商、办厂可以让藏族老百姓能就业、有收入，我们也搞过一次招商活动，但真正要落地其实蛮难的。因为西藏气候特殊、生态比较脆弱，可以用于发展工业的资源比较少，而企业主要看两个方面，要么有资源，要么有市场，否则很难持久，加上按传统习惯，那时候当地不少老百姓还不太适应按规定时间上下班。搞开发造房子的话，由于当地自身工业基础薄弱，水泥之类的建筑材料也比较少，而且一年中只有半年适合施工，单位建筑面积的成本很高。我们去了以后，奉贤一位负责星火开发区的援藏干部，把水泥厂重新建起来了。在农业方面，我们援建了县种畜基地，促进农区畜牧业发展，加快产业结构调整；援建了一个农业机械化维修中心，资助购买几十台拖拉机，加快实现农业机械化。

当地税收来源除了几个小厂，主要靠国家拨款搞水利工程等缴纳一些税收，农业是免税的，那么就只能搞农产品加工、搞旅游业。江孜人民在20世纪初的抗英斗争中不畏强暴，浴血卫国，江孜有"英雄城"之称，宗山又是过去江孜宗政府的所在地，江孜县还是有一些旅游景点的，比如宗山、帕拉庄园、白居寺等，县里在旅游业的开发和管理上也做了不少工作，但是我在对各旅游景点的调研中发现，收费景点的门票售卖效果很不理想。

如何促进江孜旅游业发展？在深入调研的基础上，最终我与旅游条线的干部商议并形成共识，不仅要深层次考量和认识本县的优势与不足，制定旅游发展规划，还要大胆创新，向管理要效益，通过狠抓旅游系统的内部管理，提高景点经营的经济与社会效益。当时正好有一个关于日喀则旅游开发的研讨会在成都召开，我知道以后马上赶过去，在那里找到了北京大学的吴必虎教授，向他请教旅游规划的事情。后来在吴教授的指导和推荐下，请山东旅游规划部门帮助我们做了一个江孜旅游发展规划——那时山东与上海一同对口支援日喀则地区，他们正在做日喀则的旅游规划。在加强内部管理方面，我们提出一方面要明确收费结算规则，严格执行收费制度；另一方面要实行目标责任制，真正做到奖勤罚懒、奖优惩劣。2003年初，旅游局与各景点负责人签订责任书，明确年度工作任务、要求和奖惩措施。虽然当年受"非典"影响，旅游业受挫，但经过努力，景点的环境卫生、安全保卫、服务态度、接待质量、经济收入都有所提升，全年门票总收入达18.6万元，比2002年增加67%，职工人均年收入也比上年增加67%。后来，我们还利用有限的资金，对帕拉庄园进行整修，收集、整理、布置并开放了10个新展厅，增强景点的吸引力，2003年帕拉庄园的门票收入比上年增加了1.5倍。

## 知识改变未来

西藏各级政府包括县政府的办公条件也比较差，我分管的计划经济委员会（以下简称"计经委"）几个办公室连电话机都没有。七宝镇对我很支持，出来之前给了一些经费,我就用来为计经委购买电话机、传真机,甚至添置纸张等办公用品,因为计经委是负责项目的,我要求把投资项目全部梳理汇编。硬件改善了,但事在人为,关键是人。要全面提高人的素质,从根本上加快江孜发展步伐,必须加强教育和培训,这也是"输血"和"造血"的关系。

我们几位援藏干部叫上翻译,轮番和藏族干部促膝谈心、交流思想,帮助他们树立时间观念和终身学习的观念,并在实践中逐步形成规范的工作模式。看见我们援藏干部一有空就在看书,好多藏族干部也经常来问我们借书看,有的同志参加了函授大学的学习,不仅取得就读专业的学历证书,还培养了工作之余的一些兴趣爱好。计经委几个年轻人原来对电脑很陌生,经过学习,比较熟练地掌握了操作技能,成为单位里的"技术控",工作之中积极分担信息技术推广工作。

医疗卫生和教育是与老百姓生活密切相关的民生问题,也一直是我们援藏项目安排的一个重要方向。刚去的时候我曾分管过县卫生局,看到一个村卫生室里的药还没有我自己从上海带过去的多,心里很不是滋味。这固然有缺资金的问题,同时也是缺人才的问题,毕业生不愿意来这个荒凉的地方。我就想能否把这里的医务人员送到上海去培训,帮助他们提高技能和水平。闵行区非常支持,2002年就帮助江孜县7名医务人员到莘庄医院进行了半年的带教培训,效果非常好。

在教育方面,江孜闵行中学是第一批的援建项目。我与江孜县建设局局长任巍和检察院副检察长王建青,我们三位来自闵行的援藏干部就一起商量,如何继续做好相应支援。我们的想法又得到了大后方的支持。2002年,闵行区出资395万元援建江孜闵行中学综合楼,并提供资金帮助18名教师在闵行区接受了半年的短期培训。我们还促成了上海与江孜两所闵行中学进一步开展教育共建。上海闵行中学专门制定对口扶持规划和措施,从师资、学生、设备三个层面实施扶持:一是开展智力扶持,每年安排5名江孜教师来本校培训,每年暑假派出5名骨干教师赴西藏指导;二是全面开展学生之间的"手拉手"帮带活动;三是援助现代化教学设备。2003年,两校有150多名学生建立"手拉手"伙伴关系,经常以通信方式相互鼓励、交流学习方法、心得,上海学生还为江孜学生捐赠了大量图书资料、学习用品、生活用品、健身器材等,增进了沪藏学生之间的友谊,既让上海学生进一步认识到西藏是祖国大家庭不可分

▲ 2003年7月，江孜闵行中学向上海闵行中学送去锦旗

割的一部分，要奉献爱心、关爱西藏，也让西藏学生进一步了解到知识的重要性以及社会发展的趋势，激发他们的学习热情和成才欲望。

　　援藏三年，高原反应无处不在，人们戏说的雪域高原"三个不知道"：睡着没睡着不知道、吃饱没吃饱不知道、生病没生病不知道，也时常困扰着我。同时，藏族群众所表现出来的正直、乐观、善良、坦诚以及对党和政府发自内心的热爱的品质和思想，时时感染着我；以不怕艰苦、勇于奉献为核心和灵魂的"老西藏"精神，时时鞭策着我；沪藏两地特别是闵行区对我们援藏工作和援藏干部的关心支持，时时激励着我。这三年，让我经受了艰苦、特殊环境的考验，加深了对党的各项路线方针政策尤其是新时期西藏工作方针的理解，增长了才干，提高了能力。这三年，与其说是通过我们给西藏带去了沿海地区的一些理念、做法和物质支援，不如说是我们从西藏学到了不少在上海难以学到的东西，更多的是一种精神上的力量。

# 同甘苦　共患难　援藏精神永相传

孙培龙，1965年9月生。曾任中共闵行区委办公室主任，中共闵行区颛桥镇党委书记，中共闵行区建设和交通委员会党委书记、主任、重大项目建设指挥办公室主任，中共闵行区经济委员会党委书记。现任中共闵行区浦锦街道党工委书记、人大工作委员会主任。2004年6月至2007年6月，为上海市第四批援藏干部，担任中共西藏自治区日喀则地区江孜县委书记。

口述：孙培龙

采访：赵龙芳　汤建英　徐晓彤　徐静冉

整理：徐静冉

时间：2020 年 5 月 13 日

2004 年 6 月，肩负组织的信任和嘱托，面对江孜人民的期盼，我同另外 6 名来自闵行、徐汇、虹口、长宁等区的援藏干部一同走进雪域历史文化名城——江孜。三年来，在上海和西藏两地党政组织的领导和关怀下，在江孜人民热情支持下，做江孜人、谋江孜业，为江孜的发展尽自己最大的努力。

## 从小细节做起

那一年我 39 岁，在闵行区水务局任职，恰逢第四批援藏干部报名通知下发到单位，我各方面条件都符合就报了名。经过严格的审核、体检，最终确定我将担任江孜县的县党委书记，不日就启程。说起来，我曾经在第二批援藏干部名单里，那时体检都做好了，但因为其他一些原因没能去成。这一次，终于可以了却心愿，收拾行囊，踏上前去西藏的路。

西藏对于藏外的人来说自带一层神秘的面纱。2004 年青藏铁路还没有通，交通不方便，通信也不发达，去了之后会是什么样的情况不知道，加上高原反应等不确定性因素，大家心里都有些没底。现在，上海的经济得以快速发展，我们有责任，也有义务和西藏当地干部、群众共同建设祖国的西南部。

第四批援藏干部承担着承上启下、继往开来的任务，中央第三次西藏工作座谈会确定的十年援藏工作要由我们画上句号，中央第四次西藏工作座谈会确立的延长十年援藏工作方针，实现"一加强，两促进（进一步加强党在西藏的执政基础，促进西藏经济从加快发展到跨越式发展，促进西藏局势从基本稳定到长治久安）"的目标要从我们这批开局。在这种情况下，大家都感觉到任务艰巨、责任重大。上海市委坚持贯彻中央精神，对援藏工作非常重视，对援藏干部的选拔坚持"好中选优，选优排强"。闵行也向来是认真做到"好中选优，优中推强"，特别是在援藏干部座谈会上，闵行不止一次表示过，要派最好的干部和西藏干部群众同甘苦，共患难，一起并肩战斗。

到达江孜，顾不上休息，顾不上高原反应和生活不适，我就率援藏同伴一起，采取"统分结合，成果共享"的办法走访当地老同志，开展基层调查研究。三个月里跑遍了全县19个乡镇和大部分基层单位，调查民情，了解民意。结合江孜实际和前三批援藏工作的经验教训，按照援藏工作的新思路、新举措、新机制的要求和"打基础、重管理、求实效、树形象、探新路"的方针，起草了《江孜小组第四批援藏工作规划》。

所谓"援藏"，我始终认为并不是说"因为你穷，我才来帮你"。我们都是一个妈妈的子女，都要去奉献蓝天下的至爱，在西藏工作期间，我们基本上不讲"援藏"这两个字，就是希望大家能尽快地融入新的工作环境和群体，能尽早和当地的干部群众打成一片。西藏地区气候干燥，墨镜、草帽、润唇膏基本上是援藏干部和当地干部调研、走村落户时身边常备的"三件套"，但我认为，去村里、乡里调研时戴着墨镜不合适，缺乏亲和力，会产生距离感，我就坚持不戴墨镜、不戴草帽、不涂润唇膏。

为了起到表率作用，我们严于律己，时刻注意自己的身份和形象，内部定下规矩，非休息时间，哪怕当日工作不紧张也绝对不回宿舍。此外，我们非常注重援藏干部的团结和工作标准的一致性。以扶贫为例，干部下乡调研遇到特别困难的家庭，心有所感，难免会自掏腰包捐款，我们就规定了一个合理的数额。还有藏族干部到上海学习，接待标准各区各镇也倡导标准统一，不搞特殊化。这些只是一些小细节、小习惯，我们就是这样从小事做起，从细节做起，

同甘苦　共患难　援藏精神永相传

▲ 在江孜宗山广场学习"援藏精神"

大家心往一处想，劲往一处使，后面的事情才能做得更好。

## 在基础建设上下功夫

　　援藏三年，我们重点加强江孜基础设施的配套和建设，改善当地人的生活条件，提高他们的生活质量。2004年，我们到江孜第一年，恰逢江孜县纪念抗英斗争100周年，借着这个周年庆活动，我们对江孜县城的路灯、道路、绿化和宗山城堡广场进行了全面的改造。

　　相比前几批干部，我们的条件要好得多，项目、资金也已经有了一定的基础，我们没有理由退缩，更不能浪费前辈们的心血。2005年，我们投资了395万元，建设了西藏72县市里面第一座县级公园——江孜上海公园。公园占地11公顷，位置优越，环境优美，名字糅合了上海和江孜两地。园内建筑风格以藏式为主，藏汉结合，设有老年健身活动区、儿童游乐区、历史文化展示区等七个功能区。建造这座公园主要出于两个目的：一是为了增加城市绿地，美化城市环境；二是为了丰富当地干部群众的业余生活，把现代的生活生产方式介绍给当地的藏民。

藏语里把公园叫作"林卡"，平时和家人、朋友去公园，一起休闲娱乐则称为"过林卡"。以前，江孜县没有公园，当地居民闲暇时间无地可去，就只能去寺庙。当我们提出建造县级公园这个想法时，得到了江孜县四套班子领导的赞同，但在策划之初，找遍西藏也没能找到一家可以承包这个项目的团队，最终我们还是邀请上海市绿化和市容管理局来帮忙。自公园建起来了以后，当地干部群众、农牧民也确实经常互相走动，聚在一起唱歌、跳舞、喝青稞酒，到公园里面"过林卡"。

另外，我们推进了县城及周边四个乡镇的有线电视全覆盖。让当地干部群众能时时听到党中央和全国人民的声音，了解中央对我们各民族的关怀和支持。闵行区得知此事后也十分支持，直接捐了400台18英寸的彩色电视机。有线电视通了，能收到40多个频道，当地群众享受到了和城市居民一样的高品质有线电视节目。还有一件比较有代表性的事，我们在县城建起了第一个融合藏汉建筑元素的综合性幼儿园，这是全县条件最好的一所幼儿园，内部还设有儿童滑梯、"游戏角"等，更像是一座"儿童乐园"。这些项目都为加强文化交流，促进民族团结发挥了良好的作用。

为了进一步完善城市功能基础设施，推动江孜县的建设和发展，我们还组建了城市环卫队，制定了《江孜县城市管理办法》，安装了城市交通红绿灯导向系统。在第三批援藏小组试点8个村的基础上，又投入700万元兴建36个"安康村"，每个村建起了村委会、村办加工厂、文化活动室，编制党建和精神文明建设的制度标准，让他们接受爱国主义教育，改掉原本不良的生活习惯，尤其是人畜共居等易引起卫生和消防隐患的行为。我们之所以积极开展这些"普惠式"项目，就是要把援藏项目和资金投入同实现江孜群众的根本利益结合起来，把援藏重心向基层倾斜，向农牧区倾斜，使援藏工作在农牧区见人、见物、见精神。

同甘苦 共患难 援藏精神永相传

▲ 蓝天白云、青山绿水，江孜是西藏的旅游重镇

## 发展旅游经济

想要提高江孜百姓的生活水平，最主要的还是要想办法提高他们的收入，于是我们便把目光转向发展经济。最有效的办法就是结合江孜实际情况，通过挖掘资源，发挥自身优势来提升经济水平。

蓝天白云、青山绿水，这是大自然赋予西藏的宝藏。游客到了日喀则，江孜是必"打卡"的地方，它是西藏的旅游重镇，内有红河谷、宗山城堡、帕拉庄园等，而且江孜的奶渣等特产质量很好，但因为市场意识不强，宣传不够，这一资源没有用好。于是我们提出发展当地旅游业，首先让农牧民将奶渣、藏鸡蛋等当地特色食品学着内地的方法进行一定的包装。其次因为当地饲养的多是牦牛，出奶量极低，无法满足制作乳制品的条件，我们就在当地建了一块种牛场，经过调研和对比，最终从陕北、山东等地引进了优质产奶种牛，并形成生产流水线，解决了产奶量低的问题。除此之外，我们又联系工匠，做了两辆马车，用藏族特殊的元素进行装饰，把江孜及江孜周边的几处经典景点串了起来，供游客乘坐体验。这样，既发展了当地的旅游经济，游客来江孜也有了新的体验。

江孜地区有个独具藏族风格的传统节日——达玛节，"达玛"藏语意思为跑马射箭，据说第一个达玛节是为庆祝江孜宗山的白居寺和八角塔落成而举行的跑马射箭比赛。一年一度的达玛节里，穿着盛装的农牧民，喜气洋洋，从四面八方汇集起来，有赛马、赛牦牛、射箭、足球、篮球、拔河、负重、民兵实弹射击、专业和群众性文艺演出、物资交流等，盛况非凡。但当地举办达玛节的时间非常不确定，全看天气。我们认为要想更好地发展旅游业，打响旅游品牌，达玛节就是一个很好的资源，节日的时间必须固定下来，让人们形成记忆习惯，形成江孜的民俗文化品牌。最后经过多方探讨，定下在每年7月20日举行，一般为期一周。

随着2006年青藏铁路的开通，一批批游客走进了西藏，为当地的经济发展带来了希望。

## 千里送鹅毛

闵行在援藏工作上的热情很高，无论是领导，还是区里的企业家们都给予了很多支持，组织慰问、捐资、捐物，是我们开展援藏工作最强有力的保障。有一次，区水务局代表团和几位企业家到江孜，临走时突然听闻热龙乡一个山沟里的村落被泥石流淹掉了，就改变了次日启程的计划，决定去现场查看情况，并表示愿意出资30万元援助该村落的村民房屋重建。得知这个消息，热龙乡乡长感动得热泪盈眶，率村民站在相对平坦的山坳一起迎接，场面很是感人。

西藏冬天严寒难耐，很多山区的农民家里很贫苦，缺衣少穿。为此，区民政局组织筹集了四大卡车的新衣服，还有工青妇组织捐的一些衣物都送进了江孜。当时，我们组织当地几百名干部群众，在宗山广场夹道欢迎，借用的几辆军用卡车上挂着"感谢上海闵行人民的关心支持，向党中央国务院致敬"等横幅标语。送物资的车一到，我们藏族同胞就身着盛装，载歌载舞，那种热情是发自肺腑的，那样的景象我至今记忆犹新。

我们到江孜几个小学、中学，尤其是江孜闵行中学调研时，了解到他们的校图书馆非常小，说是"图书角"都不为过，而且书本质量也是参差不齐、破旧不堪。我把这件事向"大后方"汇报后，梅陇镇的相关负责人立刻发起了捐书活动，花费了几十万，买了《十万个为什么》等一大批新书，大大解决了江孜学生无书可读的窘迫。另外，莘庄镇捐了一百多台电脑，组建起了江孜闵行中学的计算机教室，让学生对电脑的认识不再局限于书本当中。

事实上，闵行一直十分关心和支持江孜的教育事业。自中央第三次西藏工作座谈会以来，先后援建江孜闵行中学，改建江孜县一中，不断提高当地的教育条件，为江孜教育更上一层楼打下坚实的基础。我们第四批援藏干部江孜援藏小组，继承和发扬了援藏事业的优良传统。2004年9月，闵行区委、区政府援助江孜教育资金150万元，用于改善江孜县各乡镇小学生用餐食堂及其设施，彻底解决学生用餐时"屁股着地"的问题；2005年3月，闵行援助价值达120万元的教育物资；5月，闵行吴泾镇党政代表团又不畏艰辛，带着全镇人民的爱心与嘱托，为江孜县教育事业捐资50万元，用于兴建日星乡希望小学。

点点滴滴，不仅能反映出我们闵行对援藏工作的高度重视，也见证了两地人民的深厚友谊。有了"大后方"的支撑，即便面临众多困难，我们也不会被任何事情压垮。我们深知领导重视着，群众也在期待着，我们唯有做出成绩，才能对得起当地民众的期望，才能让上海人民满意。

前些年，我回到江孜，想再看看这片我曾经"战斗"过的土地，发现年楚河沿岸原本是荒地的地方，已经成长为一片树林，还有人来这里"过林卡"，我的心中感慨万千。年楚河是江孜的"母亲河"，河岸的这片树林正是我们当年种下的，那一棵棵小树苗，如今已是郁郁葱葱、枝繁叶茂。而江孜的发展也像这片树林一样，充满生机，未来也必将繁荣昌盛。

## 做江孜人　谋江孜福

许天海，1976年1月生。曾任中共闵行区城市建设投资开发有限公司党组成员、副总经理，中共闵行区闵盛投资发展有限公司党组成员、纪检组组长、副总经理，中共上海南虹桥投资开发有限公司党委委员、副总经理等职。现任中共闵行区房屋土地征收中心党组书记、主任。2007年7月至2010年4月，为上海市第五批援藏干部，担任西藏自治区日喀则地区江孜县城乡建设管理局局长。

口述：许天海
采访：汤建英　曹媛媛　陈婧媛
整理：曹媛媛
时间：2020 年 1 月 22 日

不知不觉，对口援藏已经是十多年前的事情了。依稀记得初到江孜时，可以说是一无所知。仅凭着一腔热血，就来到这远隔千山万水的地方。现在回想起来，这段经历也甚是奇妙，如电影《肖申克的救赎》中所描绘的那样："生命，不过是从一个地方走到另一个地方，从一个梦想走向另一个梦想。虽然有各种插曲，可终究会活出最好的模样。"尽管十余年之隔，江孜已成为远方，但在江孜的那段时光依旧是我人生中最美好的回忆。

## 且行且进且思

自 1994 年开始，中央采取对口援建机制，上海市和山东省共同对口支援日喀则地区。我清楚地记得 2007 年春节过后，我所在的单位上海广厦集团就开始动员干部去西藏，刚开始组织遴选征询意向人员，就提出了一项标准，江孜缺少的是建设局局长，要自愿参加建设，最好有专业能力，且要有一定的资历。我当时是集团的项目工程师，综合各项条件，觉得基本符合，就报名了。经过几轮体检、筛选，最终被组织选定，对口支援西藏自治区日喀则地区江孜县。

▲ 江孜古城宗山城堡

　　2007年6月7日，我们援藏干部一行肩负上海各级领导的殷切嘱托，满怀上海人民对西藏人民的深厚情谊，在以宝山区大场镇党委副书记陈云彬为江孜小组组长的带领下，奔向雪域高原。一路前行，从上海到拉萨到日喀则，再从日喀则到江孜。抵达江孜时，天空湛蓝、大地广阔，吉普车行驶在道路上，远远就能望见江孜县城中心的山顶上，屹立着一座城堡，它就是江孜古城宗山城堡，那里曾发生过一段可歌可泣的抵抗外侮的历史事件。1904年，英国人的大炮从江孜打开了进入拉萨的通道，当地藏军浴血奋战，坚持抗争到底，江孜因此成为一座"英雄城"。昔日的硝烟已归于尘土，而英雄的精神流传至今，影响着一代又一代江孜人，也感染着我们这样一批又一批的援藏人。

　　和所有援藏干部一样，高原反应我也未能幸免。尽管小心翼翼，不敢洗头洗澡，就连说话都刻意控制音量，但高原反应还是或轻或重地出现，头疼、胸闷、心悸、失眠等各种症状接踵而来，所以在抵达江孜后，我尽力调整自己的身体状况，让自己去适应这种生活环境。与此同时，积极从当地的干部那里熟悉江孜的一些情况。出发前，为了更好地了解西藏和解读西藏的历史，尊重藏族同胞独特的生活习惯，我也购买了各类讲述西藏风土人情的书籍，但真正要做到对当地情况心中有数，还是要融入当地人的生活，多跟他们交流谈心。

身体稍稍恢复后，我便与同行的援藏干部、藏语翻译一起开展调研工作。当时正是由我牵头制定上海市援藏干部江孜小组三年工作（项目）规划，经过两个月的实地调研，结合前四批援藏同志的资料参考，确定了七个方面的主题：一是前四批援藏项目的选定和产生的效益分析；二是农牧民生产生活发展的出路在哪里；三是城乡经济发展的抓手在哪里；四是城市发展和基础设施的现状；五是社会事业发展的瓶颈是什么；六是机关部门的工作效率及干部队伍的工作作风；七是社会治安的现状和反分裂斗争的形势。围绕以上问题，我们和县四套班子领导交流探讨，到有关单位和部门调研，并走访农牧区、农牧民，认真听取各方面意见。

掌握了大量的第一手资料后，按照联络组提出的"实事求是，普惠性，可持续性"援藏项目建设原则，经江孜小组研究上报，决定在八个方面加大投入，一是加大对城市基础设施的投入；二是加大对教育卫生文化事业的投入力度；三是继续扩大"安居工程"的效果；四是积极扶持农牧区产业结构调整和特色经济发展；五是加大对支柱产业旅游业的投入；六是整合土地资源；七是加大对专业技术人才队伍的培训；八是加大对政法机关的投入，搞好军政军民关系。

依据实际情况，并结合我的专业和特长，我主要负责的是援藏项目的建设与管理工作。在调研中我们发现，随着对口援建政策的持续深入，部分藏民的生活已经得到了极大改善，但依然有不少藏民的饮水、住房等还存在问题，所以事情需要分轻重缓急解决。

## 从民生实事开始

首先是"安居房"工程。在去西藏之前，我也多多少少了解过西藏地区居住困难的问题。其中，就查阅到一份历史档案记载，1950年的西藏有100万人口，其中没有住房的就达 90 万人。农牧区群众的住房多为黑色的帐篷、低矮阴暗潮湿的土坯房和石板房，"夏不挡风雨、冬不抵严寒"。改革开放后，得益于中央的大力支持和扶助，西藏的居住条件改善了很多，不少藏民们住进了楼房。但随着时间的推移，旧有的住房也陆续出现了抗震差、面积小、生活设施不配套等一系列问题。2006 年起，西藏实施了以农房改造、游牧民定居、扶贫搬迁和"兴边富民"安居为重点的农牧民安居工程。安居工程以"政府扶一点、援藏帮一点、银行贷一点、群众筹一点"的方式，最大限度降低了农牧民群众建房成本。刚好我对口的专业就是建筑，且安居房建设也是当下迫在眉睫的事情。找准方向后，便是针对性地征求意见，经过逐户调研，最终我们统计出 100 套的需求量，然后便是设计、施工，一一推进。

在初步设计阶段，我们组织邀请专业设计人员与受援单位领导共同商讨设计方案，希望能集思广益，使设计方案更为全面，以便满足今后的使用；在招投标阶段，我们对各投标单位的资质、业绩情况和施工单位的管理人员的整体素质进行反复研究，筛选确定优秀的施工队伍；在项目实施阶段，我们经常性地去工地现场进行检查，同时每两个星期组织一次工程例会，以便对工程进展情况、施工质量、施工安全等情况有进一步的了解，也可以及时发现施工过程中存在的设计问题，能够在第一时间得到解决，避免由此产生的经济损失。

西藏地区不同于平原，有其独特的土质和地理环境，为进一步确保项目的施工质量，我要求所有工程项目做到六个"必抓"，即基础验槽必抓、大方量砼浇捣必抓、主要隐蔽工程验收必抓、过程的安全管理必抓、农民工工资和各项税费缴纳情况必抓、初验终验工作必抓，同时多次协调组织人大、政协等现场监督。最终，我们共同建造了 40 套安居房，所有住房均按照小别墅的规格施工，满足了调研中大部分藏民基本的住房需求，一家人居住在一起，其乐融融。

安居房解决了，再就是自来水工程。在江孜县，自来水的问题也一直困扰着当地人的生活。由于西藏地区地势较高，水压供应困难，且受自然气候影响，冬季气温低、冻土层厚、封冻期长，供水管道和设备冻害严重，供水保证率低，直接影响农牧民取水、用水。部分农村供水水源水量变化较大的，造成

▲ 上海第五批援藏重点项目之———江孜县供水工程

季节性供水不足也是常有的事情。所以，供水困难的问题也必须尽快解决。之前，江孜地区的领导干部们也曾考虑过解决供水难的问题，但由于种种原因，还是止步于初始方案。也许是对专业的自信和对工作的责任感，我决定大胆试一试，于是便找来当地最好的设计院、勘测院，一同勘测、设计、起稿，然后再将设计图纸拿到上海找自来水方面的专家论证指导，几易其稿，确定了最终方案，即通过增压的方式，缩小自来水厂和藏民家中的坡度差，使水源供应上去。自来水喷涌而出的那一瞬间，我的内心再也抑制不住激动。

　　基本的住房、饮水问题解决了，接下来就是解决公共厕所的问题。其实关于公共厕所倒是源于我的亲身经历，我们抵达江孜的那天，当地的干部群众在江孜影剧院为援藏干部组织了迎新晚会，欢迎我们的到来。喝青稞酒、吃当地的糌粑，载歌载舞中大家异常兴奋。等到中途去解决"急需"问题时，突然发现影剧院的公共厕所实在无法下脚……后来我们了解到，影剧院厕所卫生之所以差，是因为没有自来水冲洗，好在前期的自来水工程完成得差不多了，公共厕所的脏乱问题也就顺利得到了解决。除了新建公共厕所，我们还增加了会议功能厅和歌舞功能厅等相应的配套设施，让影剧院的基础设施更加完善和充足。

表面看来，这些似乎只是一件件不起眼的小事，但我知道每一件小事都和当地百姓的生活息息相关，日子过得好了，大家生活舒心了，这不就是我们最想看到的吗？同时，我们也相信"小改变"必将产生蝴蝶效应，于潜移默化中影响当地干部的工作观念和工作方式，提高当地群众的生活水平，为江孜带来大发展。

## 就得像个藏族人

西藏是高原地区，缺氧、季节性温差大，所以假期长、工作时间短，这里整体工作节奏稍慢，也没有特别严苛的上下班概念。虽然有其特殊的原因，但制度建设仍然不可忽视。

就建设局而言，要加强内部管理我认为还是要从制度规范着手。于是，我便逐步建立起层级管理网络，制订规章制度，逐层落实责任，同时通过对各科室的管理、考核，增强各项措施的贯彻和落实力度。其次，我在建立各科室岗位责任制的基础上，还在建设局醒目之处设立"办事指南"，将外来办事人员来建设局所办各项事宜的流程、注意事项公布于众，使各项事务公开化、透明化、避免"机关人员动动嘴，外来人员跑断腿"的现象。

此外，还完善了"局长办公会议"和"局务会议"等议事制度，将其张贴在"政务公开栏"增强决策的科学性和有效性。再次，在工作策略上，注重培养当地青年干部，增强单位"造血"功能。单位有为数不少的非专业人员，虽然在建设局供职多年，但在建筑专业的业务能力还是比较欠缺的。为确保建筑行政管理工作可持续发展，我定期举行业务培训，从建筑行政管理工作入手，结合当地实际情况，进行建筑知识的普及，绝大多数干部经过培训，都能胜任自己所担任的工作。

除了制度建设，促进各民族交往交流交融、巩固发展民族团结也是我们援藏的重要职责，就是要将自己当西藏人，把西藏各族群众当亲人。我们刚去的时候，也很担心如何融入当地的生活。这里的气候、语言、食物等对我们来说是那么的陌生，也存在着诸多的不习惯、不适应，而我们必须要尽快地融入其中，因为我们带着任务而来。时间是最好的"敲门砖"，我们用脚步一点点丈量土地，用坚守一点点融入其间。高在岗率和走访率，让我们很快融入了江孜这个大家庭。进藏之后，因为气候、高原反应等原因，每个人都黑了不少，脸上有了高原红，还都瘦了不少。但在我看来这是好事，在西藏工作，就得像个藏区人。

到农牧区走一走，到藏民家中看一看，国家的概念在心中越来越明晰，分量也更重了，何况我们是在这样一座"英雄城"。援藏干部们就应该成为桥梁和纽带，把西藏和我们派出单位紧密地联系起来。虽然我的力量很小，但是再小也要发挥出自己的力量，真正将"亲如一家"的原则贯彻落实。作为援藏干部，我始终坚持理想信念，坚定自己的政治立场，维护祖国的统一和民族团结，坚持"三个不离开"原则。最终，我们也与藏族干部结下了深情厚谊，嘹亮的藏歌、浓香的酥油茶、洁白的哈达，是江孜人民最深情的表达，也是对上海援藏干部最高的褒奖。

三年来，我们严格按照上海市合作交流办和第五批援藏干部联络组确定的投资规划和项目安排，共投入援藏资金3800万，"行政服务中心改扩建工程项目""农牧民安居小区""江孜县城市供水工程""影剧院装修与附属工程""白玉兰路与拥军路新建工程""基层政权建设村委会建设""特色经济扶持项目——农牧民增收项目"等大小项目38个，10%的项目建成并投入使用。入藏时我还从上海带了大量建筑方面的专业书籍，充分利用业余时间学习，继续攻读工程硕士课程，完成了工程硕士的论文。

时光如驹，时至今日回想起来，援建江孜竟是十余年前的事情了，往事历历在目。那巍峨的雪山、纯澈的湖泊、淳朴的藏民，一切都已经深深烙印在我的脑海之中。江孜是他乡，更是故乡。未来的日子里，无论身处何方，我必念兹在兹，须臾不忘。

## 有志而去　有为而归

张伟，1971年9月生。曾任中共闵行区虹桥镇党委委员、副镇长，区政府办公室副主任，中共莘庄镇党委副书记、镇长等职。现任中共虹口区委常委、副区长。2010年6月—2013年6月，为上海市第六批援藏干部，担任中共西藏自治区日喀则地区江孜县委书记。

口述：张　伟
采访：赵龙芳　汤建英　徐晓彤
整理：徐晓彤
时间：2020年6月23日

我们第六批上海援藏干部的选拔是个人自愿报名和组织委派相结合的，2010年6月份从上海出发来到西藏。我对西藏没有陌生感和心理障碍，在闵行工作期间我曾经两次进过西藏，一次是2004年，在区政府办公室工作时，随区领导一起去慰问援藏干部；另一次是2008年，去看望我们莘庄镇的一位副镇长，他是第五批援藏干部，在西藏挂职江孜县委副书记。而且闵行区一直对口支援西藏江孜县，我在办公室做联系工作，与江孜县一直有联系，再加上莘庄镇的同事在江孜挂职，当地干部每年也会到上海来学习交流，所以江孜县的很多当地干部我都比较熟悉。

## 融入当地，尽快推进工作

我到西藏担任江孜县委书记，跟我以前的工作区别很大。一是这个地方是高原地区，又是一个少数民族地区，还是一个宗教地区，并且是我们祖国的边境，地理环境、自然条件等各方面都比较特殊。二是工作重点同内地差别比较大，整个西藏，给我的感觉是，相对于全国其他地方还是欠发达地区，幅员辽阔，120万平方公里，占国土面积的八分之一，虽然只有300万人口，却是少

▲ 上海第六批援藏干部江孜小组视察项目实施情况

数民族和宗教比较集中的地方。作为县委书记，我不仅要把上海交给的援藏任务做好，还要把当地的工作做好。

刚过去的时候，从低海拔到江孜县的4100米，说和在平原没有什么两样，没有任何反应，这是不可能的。说实话，这期间有一个漫长的生理适应过程，同时还有一个生活适应的过程，两者都克服了，才能够融入当地，否则就没法工作。每年的6至8月份，西藏的气候条件还算可以，绿化、气压各方面条件都不错，我们的身体反应相对而言不会很大，这也是为什么从上海去西藏旅游，或者是上海的领导到西藏去慰问援藏干部的时间一般都安排在这几个月。西藏真正比较艰苦的时期是在一年的两头。每年一过10月，西藏的气候条件马上就变差，一直要持续到第二年的4月底，我比较佩服的是当地的干部，他们从小到大都在那里，还有很多长期进藏的汉族干部，他们可能要待几十年，他们的子女长期也在那里，真正辛苦的是他们。

上海的援藏任务，从工作安排上来说，一般第一年进去以后，先要搞调研，按照上海市委、市政府的要求，结合当地的实际情况，决定我们这一批援建要做什么,第一年的半年时间基本上是在调研和确定援建任务。最后一个半年,就是2013年的上半年,基本上是在搞项目收尾、审计工作,和新一批援藏干部交接,真正在那里能够做项目的只有两年时间,就是2011年全年和2012年全年。

西藏有一个特殊情况,因为海拔比较高,每年的施工工期最多只有6个月,不像在上海全年都可以施工,基本上没有太恶劣的天气,而西藏就是每年的4月15日至10月15日之间,只有六个月的工期,真正能够施工的其实也只有五个月。4月15日开始做开工准备,10月1日后马上要做停工的安排,5月至9月可以正常施工,两年加起来也只有十个月。我们援藏三年,真正能干活的就是这十个月。工期非常紧张,所以每个时间点都要踩准。第一个半年的调研,确定项目后要报上海,上海决定了以后要和自治区一起确定,然后我们还要做准备。项目管理很严格,要报建、立项,才能开工。很多项目必须要在第一年的5月份开工,不然的话援藏任务就会完不成。所以项目这块我们是排了一些计划的,抓紧时间,确定的项目马上开工,特别是一些基本建设项目。当然,援藏也不单是基本建设项目,但基本建设项目如果做不好的话,援藏的其他工作也就很难说做好了。

## 科学规划,发挥最大效益

江孜县的援藏项目有22个,实际总投资1.28亿元。这些项目主要投向了三个方面,也是最能发挥援藏资金社会效益的地方。

一是新农村建设。江孜城镇化的程度较低,虽然在历史上号称西藏的第三大城市,拉萨、日喀则之后就是江孜。江孜县总共有7万人口,3800平方公里,城区只有8平方公里,县城有近3万人口,在西藏已经算是很大的地方。中央和上海市对于援藏工作的总体定位,就是"向农牧区倾斜,向农牧民倾斜",我们在改善农牧区生产生活基础设施,农牧民生活条件方面做了一些新农村建设的项目。包括开发一些荒地,搞一些水利设施,乡村道路的改建,农村综合环境的整治,还有一些就是安居工程。虽然在新农村建设上,安居工程占整个上海对江孜的投资比例不算很大,大概在12%—13%,但是我们觉得安

▲ 上海援建的西藏江孜县安居工程项目

居工程做下来，是西藏农牧民感受最深的项目。从中央对西藏的援助来说，安居工程有一个普遍的政策，就是国家给你补贴，自己再出点钱修房子。还有一个政策是"沿路"建房，就是补贴在国道边上造房子。但是西藏有部分农牧民不具备这个条件，一是在山沟，不在路边的；二是家庭条件不是很好，拿不出这笔钱去建房子的。我们上海的援建项目资金相对来说比较灵活，可以对国家投资的安居工程拾遗补阙。我们重点解决的就是贫困户的住房问题，将集中点建设和分散户补贴相结合，对于居住相对集中而且周边有土地资源和水电优势的贫困户，安排施工队集中新建，而对居住较为分散且无集中新建条件的贫困户发放现金补贴以改善居住条件，尽量扩大贫困户受益规模。将贫困户家庭情况与建设补贴标准相结合，就是根据贫困户家庭困难情况、人口数量多少，合理安排援藏资金，将安居工程建房面积和补贴标准分为上中下三档分层实施。我们对安居工程补贴的标准要比国家确定的标准适当高一点，老百姓拿不出这么多的钱，就由我们上海来出。我们不是直接给他们钱，是通过项目资金把它建好，帮他造，自己出一部分我们再补贴一部分，可能面积上稍微小一点，但是这样他们也很欢迎，通过安居工程能够解决他们的居住问题。

二是新城镇建设。江孜是一个历史文化名城，《红河谷》的故事也发生在江孜。我们去了以后，上海联络组、上海合作交流办，给我们提出改善历史文化名城江孜古城新面貌的要求，希望把历史文化名城的效益发挥出来，发展旅游业，增加当地的收入。在历史文化名城的打造方面江孜是有条件的，江孜也是上海援建的五个县的重点，援建资金是最多的，我们在这方面投入了不少，包括一些基础设施、城镇管理等方面。

我以前在基层工作的时间比较长，我所在的闵行两个镇，虹桥镇、莘庄镇都属于城市化建设地区，以前是农村，后来逐步城市化了。所以，我在城市城镇管理方面也积累了一点经验，到江孜正好用得上。我们在管理上花的钱不多，在新城镇的投入上，管理只占了五分之一，其他的还都是硬件投入，比如店招店牌的整治、道路设施的改建、一些环卫设施等，各个方面的投入。我们组建了一个江孜的城镇管理中心，实行网格化的管理，分了几个组，建立城管队伍。不管是从管理、服务、宣传还是执法方面都加强了，我们后来搞了一点奖励，分片包干，环卫工人以前每个月只有 300 元，只要考核下来地面整洁，工作认真，500 元一个月，他们也很高兴，很开心。因为西藏的整体收入不算很高，到 2012 年为止，整个自治区人均年收入是 4600 元，我们江孜大概是 6200 元。应该说从第二年开始，江孜的面貌还是有了一定的变化，我觉得这样做是比较值得的。

三是对社会事业和党建方面的援助。包括文体设施、医院、有线电视这些方面的投入。基层党建工作方面，我们着重加强人才培训，让他们在观念上有所转变，提高发展能力，才能改变西藏的面貌。这就是我们平常说的"输血"和"造血"的问题，只有靠自己才能长远发展。另外，西藏的教育是很普及的，那边的义务教育率可以达到 99% 以上，而且措施还比较严格。这也主要得益于国家的援建政策，西藏的上学是"三包"，包吃包住包学习用品。但是他们那边义务教育结束以后，就会有孩子读书读得好却可能读不下去的问题，因为当地人均年收入只有 4000 多元，好的也只有 6000 多元，比如家里一个孩子读高中一个孩子读初中，这个家没有劳动力了，没有劳动力赚钱，还要负担这些孩子读书，怎么办？很多孩子只能回家干活去。我们闵行区领导非常支持帮扶学生，在我援藏期间，这里共扶持了将近100个孩子，有高中的有大学的，每个孩子最高一年9000元，最低也要四五千元。西藏的大学生如果在内地读书，这四年就没钱回家了，家里给他钱吃饭，开销已经差不多，所以我们再加1000元是路费，你能够读得好，还能回来看看父母，这方面我觉得还是挺有效果的。

总之，我觉得援藏项目一定要有针对性，能实实在在解决他们的问题，有些问题国家政策覆盖不到，比如安居工程、教育工程，总归有一些政策的局限，但是援藏项目能够做一些拾遗补阙的工作，我觉得我们援藏，这方面做得是比较合适、比较妥当的。

## 情系高原，自觉历练人生

说到我个人的一些体会和感受：一是我们对西藏千万不能"怕"。其实那里的环境比我们想象中的要好。1994年中央决定全国各地开始对口支援西藏，从1995年开始，经过二十多年的援建，西藏和内地的交流比较多，各方面的环境有了很大的改善。我2004年、2008年进藏，和我2010年去援藏，都很有感触。举一个简单的例子，2004年我去西藏，从拉萨机场开车到拉萨市要两个半小时，因为拉萨机场在比较远的地方，而且是盘山公路，车很不好开。2008年去的时候，从拉萨机场开车到拉萨市，需要一个半小时，因为有了一个穿山隧道。到2011年，西藏和平解放六十周年，建成了西藏第一条高速公路，从拉萨机场到拉萨市区只要45分钟，这就是变化。西藏的生活条件、工作环境，包括自然条件等每年都在改善。以前西藏的绿化不是很多，我们每次援藏都在搞，中央都是支持搞环境建设，绿色多了代表氧气多了，唯一不能改变的是海拔，别的自然条件还是慢慢在改变的。所以我觉得，你如果怕，心理上先承受不了，那么生理上就会承受不了。这个高原反应很怪的，越怕越厉害，稍微放松一点、平衡一点就会好一点，心态很重要。人基本的生理条件，每个人都不一样，高原反应可能更多的是看你血液里的血红蛋白的带氧能力，这个每个人不一样。我们后来都有很明显的感觉，就是西藏不管怎么样，肯定要比我们想象中的好，城市的建设、住宿条件、饮食条件都比我们想象中的好，你要怕那个地方的话你就做不好工作。

第二是不能当"救世主"。你是来帮助西藏当地干部群众提高发展水平的，要带动他们一起去做，一定要融入当地，融入他们的工作，融入他们的习惯，融入他们工作的方式方法，我觉得只有融入，才能做好事情。在工作和生活当中的每一件事情都要记住，不仅是做项目要依靠当地干部群众，其他的事情还是要依靠当地。

三是不能有"优越感"。作为援藏干部，感觉他们非常尊重我们，大家也比较融洽。毕竟援藏干部给当地带来了一些新鲜的东西，带来了资金，带来了项目，而且援藏资金比较灵活，能够解决当地一些很实际的问题。而且我们藏族的干部群众也比较纯朴，他们会有一种发自内心地对我们党、对我们援藏干部、对我们援藏工作的感恩。我觉得我们援藏工作除了要依靠当地干部以外，还要处理好和他们的关系，大家都是一家人，不能有"优越感"，援藏干部受尊重以后不能飘飘然，不要觉得你可以指挥一切，你带钱带项目来了，要想想这个钱和项目是谁给你的？更要想想如何把这些钱用好，把项目做好，不要留下遗憾。

三年援藏，我觉得是一段很不错的人生阅历，除了对家庭有所亏欠，我们在思想修养、政治觉悟和作风素质等方面都有了较大的进步，驾驭全局、协调各方、应对复杂局面、解决复杂问题的能力有了较大的提高。

# 让新疆人民高兴　让上海人民放心

金士华，1956年8月生。曾任中共闵行区委常委、副区长，巡视员等职。2002年7月至2005年7月，为上海市第四批援疆干部，担任上海市援疆干部联络组组长、中共新疆维吾尔自治区阿克苏地委副书记。

口述：金士华

采访：周文吉

整理：周文吉

时间：2020 年 6 月 30 日

    天山南麓、塔克拉玛干沙漠北缘，阿克苏——这块镶嵌在雪峰与金沙间的绿洲，素有"塞外江南"的美誉。早在 20 世纪 60 年代，5 万多上海知青响应党的号召，来到阿克苏这片广阔而富饶的土地上工作、生活。1996 年，为推动新疆在新的历史时期实现跨越式发展，党中央果断做出"培养和调配一大批热爱新疆，能够坚持党的基本路线和基本方针，正确执行党的民族政策和宗教政策的汉族干部去新疆工作"的重大决策，开启了全国对口支援新疆工作的伟大事业。按照中央部署，上海对口支援阿克苏地区的阿克苏市、温宿县、阿瓦提县和乌什县。从 1997 年起，上海选派了一批批党政干部和专业技术人员来到阿克苏地区，为东西部"双珠合璧"的梦想各尽所能。

    第四批 51 名援疆干部来自 27 个选派单位，是各级党组织按照市委"好中选优，选优挑强"的原则，从全市 3000 多名志愿报名者中精心挑选出来的"佼佼者"。尽管有的夫妻刚刚团聚又志愿到新疆工作，有的上有年迈多病的老人、下有刚进校门的孩子亟须照顾，但是大家都胸怀着奉献边疆的壮志豪情。三年援疆，说长不长，说短不短。笑迎漫天风沙，尝尽甜酸苦辣，我们积极融入阿克苏各民族的大家庭中，黑了，瘦了，却干劲十足，无怨无悔。

## 听从召唤，踏上边陲援疆路

时间指针回拨到 2002 年 7 月 14 日下午。当时，闵行区委书记黄富荣同志通知我，第二天上午到市委组织部去接受援疆工作任命。乍听这消息，我一时茫然。那年我已 46 岁，家里正遇困难。父亲患病手术，出院不久，需要照料；一个弟弟重病住院半年，尚在康复之中；另一个弟弟遭遇车祸，还未痊愈。但是，使命使然，应抛杂念。当市委组织部领导找我谈话时，我毅然表示："坚决听从组织召唤。"

从接受任命到带队出征，相隔仅短短 12 天。7 月上旬，组织部举办为期 3 天的第四批援疆干部培训班以及赴疆体检，我都没能赶上参加，只是拿到了一份 51 位援疆干部的名单。面对新的任务，新的使命，新的环境，作为援疆领队，我深感使命光荣，责任重大。

7 月 26 日，我率领第四批援疆干部从上海出发，途经乌鲁木齐，飞到了 5000 多公里之外的阿克苏，循着上海知青和前三批援疆干部的足迹，牢记"让新疆人民高兴、让上海人民放心"的承诺，踏上了这片遥远而神奇的土地。

援疆三年，我一刻都未敢懈怠。对口支援是一项创造性的工作，需要投身于这项事业的人们去不断开拓。到阿克苏后，我在认真吸取前三批援疆干部成功经验的基础上积极探索、勇于实践，保持了对口支援工作的连续性、稳定性和开拓性，走出了一条符合中央要求、从西部地区实际出发、取得一定实效的援疆工作新路，得到了地区和市领导的一致认可。简单来说就是处理好"四个关系"——处理好整体与局部的关系，处理好"造血"与"输血"的关系，处理好政府支持与社会援助的关系，处理好量力而行与尽力而为的关系。正是基于处理好这四个关系，对口援疆工作渐入佳境。

第四批援疆干部平均年龄 38.2 岁，分布在阿克苏三县一市和 11 个地直机关的岗位。作为领队，我以联络组为核心，发挥好联络组的决策、指导、激励、协调、凝聚作用，把全体援疆干部团结起来，形成坚强集体。定期召开联络组成员和全体援疆干部会议，抓好对中央、自治区和市委有关对口支援方针政策的学习贯彻，通报各小组援疆干部的工作、思想、学习、生活情况，研究一个阶段的重点工作、援疆项目等重要事项，商讨加强对口支援和队伍建设的具体措施。整个团队形成了个体合格、群体合拍、整体合力的优势，充满了积极进取、奋发向上的蓬勃朝气。

阿克苏地区下辖八县一市，有 13 万平方公里。我任地委副书记，分管宣传、教育、医疗、文化、体育、科技、广电、报社、计生、档案等十多个意识形态和社会事业部门。我紧紧围绕地委、行署的工作部署，把握实情，三年期间先后到地区八县一市的 60 多个乡镇和 40 多个部门进行调研；抓住主线，深入推进意识形态领域的反分裂斗争教育；突破难点，认真解决群众普通关注的热点、难点等突出问题；推进改革，消除主管部门中影响地区发展的许多体制、机制弊端；争先创优，强化目标考核对各部门工作的激励鞭策作用。三年期间，阿克苏地区反分裂斗争形势一直处于向好态势，自治区农村精神文明建设现场会、自治区文化建设现场会先后在阿克苏地区召开，教育、卫生、文化、体育、科技、计生、档案等工作都进入了自治区先进行列。

阿克苏地区地震、山洪、沙尘暴、传染病频发，又是反分裂斗争的前沿阵地。由于地域环境的不同，两地气候条件、风俗礼仪、饮食习惯、思想观念存在很大差异，给我们的工作和生活带来了不小的挑战。作为援疆干部联络组组长，我深知自己承担的使命和责任，始终保持严谨自律的工作作风和奋发向上的工作激情，经受住了复杂的政治环境、特殊的民族环境、恶劣的自然环境、艰苦的生活环境的锻炼和考验。

## 扶贫济困，沪阿人民心连心

初入新疆时，恰逢阿克苏遭受百年不遇的特大洪灾，地区农业生产、水电、交通设施等遭受巨大损失。援疆干部每人从未及解开的行囊中掏出 1000 元钱，第一批 5.1 万元捐款当天就送至阿克苏民政局，大红的纸包上只留了"上海与阿克苏心连心"九个大字。援疆干部联络组及时向上海市委组织部等部门汇报阿克苏的受灾情况，上海市委、市政府向阿克苏地委行署发来了慰问电，并捐赠救灾款 100 万元。

2003 年 3 月，第四批援疆干部在沪"稍息"，听说新疆巴楚、伽师两县遭遇强烈地震，大家心急如焚。巴楚、伽师虽不是上海对口支援的地区，但一种本能让大家又各自摸出了1000元，通过上海红十字会把5.1万元送达抗震前线……对此，我仅用了四个字概括——患难相依。

第四批对口支援任务在原来"一市两县"的基础上，又增加了乌什县。阿克苏地处库车-拜城、乌什-柯坪两条地震断裂带上，地震多发。在开展抗洪抗震救灾活动的同时，联络组也积极配合自治区推进抗震安居工程。

乌什、柯坪、新和是国家和自治区的贫困县，农民收入低、地方财政困难，成为抗震安居工程的重点和难点。当上海市闵行区委、区政府了解到这一情况后，挤出200万元资金，加上地县配套资金260万元，为三县年人均收入在670元以下的特困家庭进行"抗震安居房"建设。为了将好事办好，联络组指派专人从设计施工、协调进度和质量把关等方面全面参与项目建设，400户住房仅用了三个月就全部按标准要求建成。

因灾害、残疾、患病、失业等原因，需要救助的贫困家庭有不少。在联络组的倡导下，大家发扬了前三批援疆干部的传统，与各自工作的县乡村51个特困家庭结成帮扶对子，连续三年每人每年捐款1200元，由民政部门转给"结对子"的贫困家庭。此外，大家还主动伸手援助、关心生活困难的群众，为建房、助学、治病捐资，甚至直接购买牛羊等牲畜……三年期间共为贫困群众捐款达41万元，这还不包括自己掏钱购买慰问品等实物捐赠的数字，因为，这实在难以统计了。

当地许多普通高中生，尽管成绩优秀，但因家贫无法继续学业。2002年全地区的高中入学率仅为23%。"再穷不能穷教育，再苦不能苦孩子。"怀揣着这个信念，我们从闵行区旗忠村争取到60万元，建立了"高中贫困学生助学金"，从2003年开始，连续三年，每年资助1600多名品学兼优的贫困学生，让他们可以心无旁骛地求学。地区高中升学率逐年提高，2004年比上年高出3.4个百分点。

知识改变着命运。来自上海的激励和帮助，也让因家贫而辍学的女童走进课堂，给予她们实现梦想的勇气和力量。

我们在下乡调研时了解到，部分边远地区农牧民因家庭生活困难，以及受

▲ 到学校看望春蕾女童班学生

"重男轻女"思想的影响，少数民族女童辍学情况较为突出。2004年初，我们从上海嘉定区徐行镇人民政府及黄浦区龙建实业有限公司募集到50万元，用于实施"春蕾计划"。连续三年，每年20个"春蕾女童班"，为全地区3000多名未满16岁的女孩儿营造了一个衣食无忧、安心学习的环境。

受气候、生活习惯等影响，阿克苏地区是白内障高发区之一，听闻还有孩童因患病失明被迫中断了学业。2003年11月，我发起并组织援疆干部利用回沪探亲的时间多方联系，获得了闵行区房地产系统的大力支持，捐赠了140万元，用于购置先进的医疗设备和国外进口晶体。在两个半月里，上海眼科专家完成手术1000例，手术成功率100%。"复明行动"规模之大，复明手术人数之多，在整个自治区还是首次。

援疆医务人员为当地百姓排忧解难，为缓解部分乡镇村寨医疗条件差、农牧民看病难的问题动了真情。三年期间先后10次携带仪器、药品下乡村寨开展巡回义诊，医治各类病患10278人次，为2384人做了B超、心电图检查，开具处方 8654 张，向患者免费发放了 200 多种、总价值达 35 万元的药品。

当时，阿克苏地区的偏远山区还有 1.2 万户"无电户"、4.5 万"无电人口"。根据当地电力部门规划和电源电网建设条件，这些无电人口大多数在五至十年内仍不可能被电网覆盖。普陀区政府捐赠资金 150 万元，加上地县配套资金 50 万元，购置了 1000 套由德国、荷兰联合研制开发的太阳能光伏户用系统，免费为偏远山区的 1000 户贫困农牧民安装太阳能照明设备。"光明工程"的实施，在农牧民中引起了强烈反响。农牧民接过太阳能发电设备时，拉着下乡赠送同志的手不放，流着热泪称赞他们是"光明使者"。太阳能发电设备效果良好，不仅帮助农牧民告别了"油灯时代"，还改变了无电地区农民封闭、落后的生产生活方式，对于促进地区"两个文明"建设起到了非常积极的作用。

## 项目援助，求真务实谋发展

从实际出发，多办实事，促进阿克苏地区的发展，是第四批援疆干部孜孜以求的"初心"。在项目援助上，联络组按照市领导的要求，坚持贯彻切合当地社会经济发展的现实需要和注重可持续发展的方针，规划建设了一批强基础、利长远、惠民生的项目。

为全面提高民族素质，当时自治区政府要求所有少数民族中小学到 2010 年都要实现"双语"教学目标，然而我们调研的结果是，有相当一部分少数民族老师不仅普通话水平不达标，而且学历也不达标。如何加强培训提高教师队伍素质，如何加快教育事业发展？联络组经过缜密思考和认真分析，提出援建地区教师培训中心的建议。在施工期间，联络组全方位把关。我多次召集工程建设专题会议和现场办公，协调各方面关系，解决工程建设中遇到的困难和问题。教培中心竣工后，一改过去每年仅有上百名教师在沪进修的"僧多粥少"局面，仅 2005 年寒假期间就培训教师 2000 余名。

阿克苏地区一中是地区民族教育的"龙头"学校，长期以来办学条件受财力所限得不到改善，已经一定程度上影响了学校的招生规模、教学质量和办学水平。2004 年，上海投资 1000 万元用于学校新建图书办公宿舍综合大楼，既

▲ 上海援建的阿克苏地区第一人民医院外科病房大楼

解决教师办公条件差的问题、满足广大师生阅览图书的需要，同时还能合理使用教学资源，优化办学条件。

经联络组牵线搭桥，上海社会力量在阿克苏地区"一市三县"先后援建了九所希望小学以及学生公寓、电子阅览室等，捐赠了白玉兰远程教育网、大量电脑、图书资料、教学器材等设备，改善了当地学校的教育设施，提升了现代化教学水平。

与此同时，当地医疗办公条件和群众就诊环境的改善问题，也被列入联络组的工作日程。地区第一人民医院外科病房大楼、阿瓦提县人民医院医技楼、阿克苏市托普鲁克乡卫生院综合楼等相继建成。上海还向多家医院捐赠了呼吸机、B超机等医疗设备以及麻醉机、C臂机等普外、创伤急救治疗设备，完善了当地医院诊疗手段，增强了综合服务功能。

学有所教，病有所医，老有所养，幼有所依。在社会事业方面，上海援建的温宿县敬老院和地区儿童福利院综合楼，大大改善了地区各族孤寡老人、弃婴和孤残儿童的生活条件，有效促进了地区社会福利事业的发展。

增进文化认同是稳疆固边的关键之一。上海援建的地区电视台综合演播厅，可承担各类专题节目的编辑制作、直播录播、维吾尔语电视节目的译制等工作，对推动当地广电事业发展、宣传党的路线方针政策等具有极其重要的意义。援建的地区歌舞团综合排练厅，为歌舞团开展正常业务活动创造了条件。他们排演的民族歌舞，多次参加自治区和全国的文艺会演，获得了不少奖牌；还多次受自治区和有关国家部门的委派到国外参加演出，均获得国外观众的好评。

夯实文化根基，离不开精神文明创建。联络组与地区精神文明建设指导委员会一起，自2003年起，连续三年实施"精神文明建设十个一亮点工程"，得到了地区各族干部群众、农一师广大职工、驻军干部战士的积极参与，获得自治区党委宣传部、文明委的高度评价。活动每年组织一次评选表彰，经费由联络组提供。

针对地区人才短缺、技术力量管理薄弱问题，联络组依托上海人才集中、各类培训资源丰富的优势，开展智力援助。三年期间为阿克苏开办各类培训167个班次，培训12136人次。其中，在上海组织培训68个班次，培训1050人次；邀请上海专家学者来阿克苏举办培训班61个班次，培训5809人次；援疆干部发挥"传帮带"作用，在受援单位举办培训38个班次，培训5277人次。此外，地区机关及县市级的60名科、处级干部被选派到上海进行为期三个月的挂职锻炼。多渠道、多形式的培训，为当地培养了一大批各行业急需的人才。

在涉及当地群众切身利益的"急难愁"逐一破题之时，联络组在生产增收和城市建设等方面持续发力。100台大马力四轮拖拉机被捐赠到地区八县一市部分乡镇、农一师团场和军分区农场，大大提升其机械化耕作能力。捐赠的先进牛羊屠宰设备，改变了乌什畜牧业传统落后的屠宰方式；捐赠的室内环境质量检测设备，帮助地区建立了南疆第一个建筑工程室内质量检测中心；捐赠的城市道路交通标识系统，提升了阿克苏市城市建设管理水平……

在市委、市政府的领导下，在各级组织和社会各界的大力支持下，第四批援疆三年间，上海支援阿克苏经济和社会各项事业的资金、物资援助总额达到1.075亿元。

## 交流交融，合作共赢开新篇

阿克苏地区虽然在资金、人才等方面存在短板，却拥有着丰富的矿产、农业和旅游资源。我们意识到，只有让上海、让全国了解阿克苏，实现市场经济条件下的优势互补、共同发展，才能将阿克苏的资源优势转化为经济优势。为此，联络组设立专项资金支持阿克苏地区的对外宣传工作。

我们配合地区宣传部，邀请全国28家省报记者举办了"环塔里木行"和"龟兹杯""看新疆"30家省级电视台大型异地采访活动。我们还促成了由新疆电视台、上海东方电视台联合举办2004年新春联合晚会，并在新疆电视台、上海东方电视台和中央三套卫星节目播出。我们还多次邀请上海新闻媒体团到阿克苏进行实地采访活动。此外，我们配合地委宣传部编辑出版了《阿克苏史话》《阿克苏民歌》《阿克苏文物》《阿克苏诗词》等系列书籍，让更多国内外人士了解阿克苏的悠久历史、灿烂文化、美丽风光和丰富资源。

在推动经济合作方面，我们坚持"政府引导、市场运作、企业合作、社会参与"的运营机制，通过多种形式，鼓励两地企业积极携手、联动发展、合作共赢。

我们帮助阿克苏地区在沪举办了四次经济技术项目推介会，宣传阿克苏的投资环境、资源优势、发展前景、优惠政策，先后推介了石油化工、矿产资源开发、农产品深加工等80多个项目。我们走访考察了上海工商联、中小企业服务中心、台商企业联合会、上海华谊集团、上海电器集团、上海金田集团等一批企业和企业服务机构。其间，在市领导的直接关心下，上海电器集团及时解决了当时市场供不应求的库车电厂的发电设备。上海企业家受邀来阿克苏考察，其中部分企业家对当地发展商机产生了浓厚的兴趣。上海汉融投资公司投资2亿元用于乌什铅锌矿的开发，建成后年销售额5000万元，每年可为地方财政上缴上千万的税收，不仅能拉动该国家级贫困县的地方经济发展，而且可以解决农村富余劳动力就业，对带动周边农民脱贫起到积极作用。

同时，为使阿克苏地区农产品尽快进入上海市场，我们积极推动地区农产品保鲜技术的运用，推动地区农产品标准化生产及经营模式的改革，增强地区农产品参与市场竞争的实力。在"上海绿色农副产品博览会""新春农副产品大联展暨优质农副产品交易会"等多个活动中，我们为阿克苏优质农产品的展示展销争得一席之地，并借助广播、电视、报纸、网络等媒体做宣传介绍，出现了供不应求的可喜局面。我们还与上海果品批发企业及上海华联、联华等大型超市总部广泛接触，商讨合作事宜。功夫不负有心人，阿克苏的果品源源不断地进入上海销售主渠道，苹果、香梨、红枣、核桃等深受上海市民追捧，对地区产业调整、经济发展、农民增收、农业增效具有重要意义。

实质性的合作交流迈上新台阶。我们再接再厉，配合地区组团参加2004年上海国际旅游交易会。经援疆干部的精心策划、多方协调，在上海市旅游委的大力支持下，此次参展活动获得了圆满成功，地区参展团接待中外旅游客商的咨询和洽谈合作达到13503人次。中国最大的国内游旅行社之一——上海春秋旅行社，第一次把阿克苏作为旅游目的地列入国内最大旅游销售网络，并分别与地区的两家旅行社签订了旅游合作协议。根据协议，从2005年起，每年将有华东地区1万人左右的旅游团队到阿克苏旅游，仅旅游直接收入一项就将给地区带来近1亿元的收益。

为尽快提升旅游服务质量，我们又争取到锦江国际集团的支持，选派4名酒店管理方面的资深专家赴阿克苏进行为期10天的系统讲学。我们还选派阿克苏地区星级酒店高级管理人员到锦江国际酒店挂职锻炼三个月，进行高星级酒店管理全程培训。

相互间真诚的交流交融，让沪阿两地的合作领域不断拓展，为阿克苏的改革、发展和稳定注入了生机和活力。

## 牢记使命，锤炼过硬新团队

援疆干部作为一个特殊的群体，担负着光荣而崇高的使命，一言一行受到社会各界的广泛关注。面对新的环境、新的任务，我们时刻牢记上海人民的重托，坚持"学为先、干为本、和为贵、廉为要"，在援疆实践中锤炼出了一支善于学习、能干实事、团结友爱、清正廉洁的援疆干部队伍。

从东海之滨到西部边陲，从发达地区到艰苦地方，从熟悉环境到陌生的民族地区，巨大的差异对援疆干部是一个考验。联络组定期开展主题教育和学习考察活动，通过开展"开好局，起好步，谱写援疆工作新篇章""学习党的民族宗教政策，坚决维护祖国统一，不断增进民族团结""学习吴登云，边疆做贡献""弘扬屯垦戍边精神，继承艰苦创业传统"等特色鲜明的活动，学习党的民族宗教政策和民俗风情知识，学习党中央、国务院关于新疆改革发展稳定的重要指示，学习"老兵团""老支边"为建设边疆保卫边疆"献了青春献终身、献了终身献子孙"的高尚情怀，学习当地各族人民在恶劣的自然环境条件下努力改造家园、建设美好生活的创业精神……大家对援疆的政治责任感和历史使命感进一步增强，形成了共同的思想基础、工作目标和团队精神，讲政治、讲大局、讲责任、讲奉献成为每个人的自觉追求和行动写照。

援疆干部来阿克苏地区后，真正把阿克苏当作自己的"第二故乡"，帮群众之所急，送群众之所盼，排群众之所忧，解群众之所难，认真寻找援疆工作的切入点，先后开展了一批让当地人民直接受益的事情，赢得了各族干部群众的信任和支持。如"结对帮困行动""送医送药到农村行动""贫困学生助学行动""白内障患者复明行动""边远山区送光明行动""抗震安居援助行动"等，都在当地群众中产生了积极影响。在为各族群众办实事好事、解燃眉之事过程中，援疆干部的思想和心灵也得以锤炼和升华，更积极融入当地环境、融入当地生活、融入当地事业、融入当地群众之中。

两地在工作、生活、语言、习惯等方面都存在较大差异，特别需要彼此之间的理解和支持。我们注意处理好与地区各族干部群众的关系，并没有因为我们来自国际大都市，就以老大自居；并没有因为有一技之长而高高在上。坚持做到谦虚谨慎、戒骄戒躁，对主管的工作尽职不越权、尽责不出错；对领导大事多汇报、小事不打扰。注意处理好与地区驻军（警）部队、兵团农一师的关系，我们走访慰问驻阿部队官兵、组织"军营一日"学习活动、参观考察兵团建设成就、邀请"老兵团""老支边"做报告，与驻阿部队、兵团农一师建立了深厚的友谊。坚持处理好与河南援疆干部的关系，我们组织棋牌比赛、开展工作交流、沟通援疆信息、举行联合义诊,增进了两地援疆干部之间的密切关系。坚持处理好上海援疆干部内部之间的关系,大家思想上互相关心,生活上互相关照,工作上互相支持,精神上互相勉励,培养了真挚的同志情、战友情、兄弟情。和谐的环境和氛围,为我们顺利完成三年援疆任务奠定了扎实基础。

为配合地委规范对援疆干部的管理,我们在总结前三批援疆成功经验的基础上,建立健全了《上海援疆干部守则》《重大事项汇报制度》等十项内部管理制度。我们还要求援疆干部严格遵守边疆地区的工作纪律和阿克苏地委、行署的各项工作制度,定期对援疆干部遵守纪律的情况进行督促检查。经常开展谈心活动,及时了解掌握援疆干部和思想动态,研究分析可能出现的问题,制订出切实可行的预防措施。经常开展讲评活动,注意挖掘和弘扬援疆干部队伍的闪光点,激励和鞭策援疆干部为边疆的改革发展稳定事业多做贡献。

三年期间,全体援疆干部像爱护自己的眼睛一样珍视上海援疆干部良好形象,始终以"只有特殊的环境,没有特殊的干部"自警自励,牢牢守住党性原则、思想道德和党纪国法三道防线。管经济的援疆干部在项目洽谈中,严格按有关产业政策秉公办事;管工程的干部拒绝宴请,抓质量、抓安全动真格;援疆医生为各族患者治病,拒收礼金;援疆教师主动免费为学生补课,还自己掏钱资助贫困学生;在地县市领导岗位上的援疆干部,下基层调研工作轻车简从,从不给基层添麻烦。

在阿克苏的一千多个日日夜夜,我们在从事对口援疆的崇高事业中比作为,在与阿克苏各族群众并肩奋斗中比成效,在忠实履行各自岗位职责中比才干,在直面挑战、勇于战胜困难中比奉献,一步一个脚印,以自己的人格、人品和工作实绩赢得了阿克苏各族人民的赞誉和肯定。11名非党同志全部光荣入党,51名同志被自治区、地区、县(市)授予87项各类荣誉称号,援疆团队也被自治区党委、人民政府授予第四批援疆工作优秀集体。

三年援疆,为我们创造了锤炼信仰、磨砺才干的机会,让我们亲身经历、亲眼见证了阿克苏的巨变。我们将铭记在心,以此为荣、以此为豪。

## 这一抹亮丽的金色

张鼎灵,1973年12月生。曾任上海房地产行业教育培训中心经济教研室讲师、团委书记,闵行区经济贸易委员会(旅游局)旅游咨询服务中心主任、旅游科科长等职。现任闵行区文化和旅游局产业发展科科长。2008年7月至2010年12月,为上海市第六批援疆干部,担任新疆维吾尔自治区阿克苏地区温宿县招商局副局长。

口述：张鼎灵
采访：汤建英　徐晓彤　李步青
整理：李步青
时间：2019 年 12 月 20 日

说起援疆的经历，很多具体细节随着时间的流逝，已经开始渐渐模糊，但有些沉淀在自己内心的东西，不论岁月如何侵蚀也无法抹去。初次了解援疆的相关情况，正好是汶川大地震发生那天——2008 年 5 月 12 日，即使过去十几年了，迄今仍然记忆犹新。后来，当新一批援疆干部选拔正式开始时，我便毅然报名，并最终从众多报名人员中脱颖而出，成了上海市第六批 61 名援疆干部中的一员。回首援疆 3 年，我始终这样认为，每个人的人生之路都是自己选择的结果，既已踏上征途，我就会坚定地走下去，决不轻言放弃。

## 新一代"援疆人"

提及新疆，人们往往谈论更多的是新疆的自然风景和风土人情。素有"塞外江南"之美誉的伊犁、塔克拉玛干沙漠与野生胡杨林的完美融合、冬季天池胜地的迷人雪景以及一年四季不绝于市的干鲜瓜果……可于我而言，新疆是另外一幅画面。

在我童年的记忆里，新疆是一块既熟悉又陌生的土地。熟悉是因为母亲就是第一代的"援疆人"。20 世纪 60 年代，她曾前往新疆喀什地区的巴楚县支边，儿时我经常能从母亲那里听到有关新疆的种种情况；陌生是因为自己从来没有去过新疆，所以对于那片陌生的土地萌生出了一种向往之情，小小的我在心中种下了一个梦想：有机会一定要去母亲曾经支边的地方看看。如今，作为新一代的"援疆人"，自己也将踏上去往新疆的路途，支援祖国边疆的建设，一股自豪之情不禁在心底喷薄而出。

2008年6月正式确定援疆干部名单，明确了我即将前往新疆阿克苏地区温宿县挂职，闵行区委组织部领导通过家访等多种形式关心着我的家庭，将我的援疆工作及时通知了所在居委，并送上了援疆补贴，便于我第一时间做好进疆准备。区经委领导还专门为我配备了一台可以视频的新电脑，经委副主任、投资发展局局长同时也是第四批援疆干部，与阿克苏地区招商局做了沟通，为我今后三年的援疆工作奠定了良好的基础，并表示2009年会带队进疆支持我的工作⋯⋯组织上这一系列周到深入、仔细入微的关心，令我感动不已、铭记在心，成了我援疆工作的动力和不竭的源泉。

7月26日正式入疆。每到一个地方，当地政府和百姓都是载歌载舞地热烈欢迎，让我切实感受到了新疆对我们援疆工作的支持。7月29日下午，我们温宿小组一行来到了目的地温宿，进入当地组织部门为我们准备的房间，第一感受就是我从上海带的生活用品太多了！当地有关部门已经为我们的新疆生活做了充分准备，小到牙膏、牙刷，大到空调、电视都全部准备齐全，这些都让我实实在在地感受到了当地政府对我们援疆干部的关心。

## 初到温宿

初到温宿时，我们成立了一个由来自公安、党校、卫生、教育等条线组成的温宿小组，共9个人，可以说是"麻雀虽小，五脏俱全"的工作团队。按照组织的安排，我担任的是温宿县招商局副局长一职，主要分管县招商引资工作的专题研究，开展经济技术合作项目的咨询、参与重大项目的论证、负责上海等地企业来温宿考察的安排接待等工作。

起初，对工作内容的不适应经常让我犯难。同样是招商工作，温宿和闵行的工作内容却大不相同。上任之初，我就认真学习县委县政府的招商政策，翻

▲ 温宿小组的援疆干部在学习讨论

阅招商局历年来的年底总结、年度工作计划以及其他与招商相关的资料，熟悉当地的招商重点和招商环境，做到对县招商工作的全面了解。熟悉和明确了招商目的后，我就认真思考如何改善当地落后面貌，实现"输血"到"造血"的转换，提高自我发展的能力。

当年，我参与了招商局的两项工作：一是积极准备参加9月1日的"乌洽会"（乌鲁木齐对外经济贸易洽谈会），其中招商画册的重印工作需要对天然气的产品及其衍生品进行重新确定；二是希望能够在资金缺乏的情况下建立温宿县的招商网站。

接下工作任务后我就积极与上海"大后方"联系，寻求石化相关企业的支援，及时调整了招商宣传册中有关天然气生产乙醇项目及其衍生品项目；积极为招商网站的建立出思路、做规划，建立温宿县自己的招商网站等。另外在有企业上门咨询的过程中，只要我在办公室，我就抓住机会，主动参与进去，了解情况、分析情况，等客户走后再与局长交换信息，积累自己的工作经验。仅

2008年下半年，我先后接待来自上海市工商业联合会、上海金山企业代表和上海龙人石业装饰有限公司等3批企业代表团，共计20多位企业家，从中也锻炼了自己协调沟通、驾驭工作的能力。

总的说来，尽管大家都非常努力，全心全力做好招商工作，但仍旧面临诸多难题。

## 更直观的认识

2008年8月13日，援疆干部联络组召开了"上海市第六批援疆干部第一次会议"，会上明确了下一阶段的工作重点是——为第六批援疆项目做好调研。在联络小组的安排下，我积极参与温宿县第六批援建项目的调研工作，我们先后赴县扶贫办、县委组织部、县卫生局、教育局、发改委、文广局、财政局，听取各部门的"十一五规划"和对于第六批援建项目的初步想法，并在相关部门领导的陪同下分别来到县二中、恰格拉克乡、托乎拉乡、吐木秀克镇和温宿镇等地，实地察看了第五批上海援建的"白玉兰工程"、村级阵地建设、有关学校的新建扩建和乡村卫生院（所）等项目，后又去温宿县高级中学、县人民医院、恰格拉克乡、托乎拉乡和吐木秀克镇的相关村实地了解了申请第六批上海援建项目的基本情况。

短短二十几天，早出晚归，让我对上海援建项目有了一个更加直观的认识，耳闻目睹援建项目为新疆人民带来的便利，让我进一步认识到上海援疆工作的重要性，也更加坚定了自己援疆工作的责任心，更加坚信自己当初选择来新疆挂职锻炼的正确性。

作为温宿小组的联络员，我负责联络工作和了解各个项目的进度，及时注入资金。在上海援建的共性化项目上，我积极服从联络组安排，做好监督管理工作。当时，我们第六批援疆干部援建项目主要集中在民生问题上：一是乡村的新农村建设，改善当地农民的生活环境；二是改善当地的卫生环境，对温宿县人民医院、乡镇卫生院、县疾控中心等的卫生基础建设、设备项目和人才培训进行扶持；三是改善当地的教育环境，包括非抗震房改造更新项目、农林牧场薄弱学校建设、职业教育、高中建设项目等。

▲ 上海市援建的阿克苏地区启明学校综合楼

　　新农村建设，是当地很需要的。当时，温宿县农村的居住条件普遍较差，大部分是四面透风的土房子，所以我们希望能进一步帮助他们改善居住环境。当时的新农村建设可以采取两种形式，一是放弃旧的居住地，新建一批抗震安居房；二是在原来的居住地进行道路硬化、庭院硬化、围墙美化等，通过这些措施改善他们的居住条件。

　　从调研中反馈的结果来看，放弃原来的居住环境，搬到新建的砖瓦房子里，当地村民不太能接受。所以最终我们还是选择在原来的居住地上对房屋进行美化，铺设围墙，进行人畜分离，并给每家每户新建厕所；同时做好道路硬化，打通村里的公共道路，进行村容村貌整治。2009—2010年，我们"按时按期，保质保量"地完成了温宿县恰格拉克乡、克孜勒镇、佳木镇等6个乡镇的新农村建设工作。

## 实实在在的课题

　　为贯彻落实好中共上海市委书记俞正声同志于2008年11月在上海市第六批援疆干部座谈会上指出的"做好援疆工作，关键要拓展工作思路，要以科学发展观统领援疆工作，通过开展多方位、多层次的合作交流，促进受援地区自我发展能力的提高，推进援疆工作再上新台阶"，除了市里统筹的一些援建项目外，我又积极参与上海对口支援个性化项目的调研工作。

当年12月，我上呈了一份报告给闵行区政府，主要建议有：确定新形势下援疆工作的目标与思路、开展党政机关派出单位与受援单位之间的共建、开展两地之间的经贸合作交流、引荐闵行区内企业率先到阿克苏投资兴业等。这些建议为今后两年闵行区对温宿县的对口支援提供了一定的决策和规划依据，便于区政府合理安排并加大对口支援工作的力度。

有一次，我向第六批援疆干部温宿县联络组组长、县委副书记马嘉槟汇报招商工作时，马书记提议说："温宿县是水稻之乡，二、三产业招商有一定的难度，不如结合当地实情，在第一产业的招商上争取一些项目资金，造福温宿人民。"

"温宿"在维吾尔语里意为"多水"，经过调研，我了解到温宿县是南疆四地州水资源最为丰富的一个县，也是南疆唯一种植优质水稻的县，是南疆的"水稻之乡"。而温宿县的优质水稻供应不仅要满足南疆百姓的生活需求，同时还要承担近25万亩水稻种子的供应工作。温宿原来的水稻品种是进口的，如果不培育新的品种，会慢慢变异和退化，所以当地每年都要投入一定的资金和科研力量培育水稻。了解了这些情况后，我撰写了《闵行区关于贯彻落实俞书记讲话精神和联络组援疆工作三年规划的建议草案》，并建议把温宿县良种场作为良种繁育基地。

2009年年初休假，我专程向闵行区有关部门领导做了详细汇报，分管副区长看完后对此项目非常感兴趣，认为是实实在在的课题，亲自与科委联系，同时让区合作交流办实施前期项目分析。我当时上报的项目资金是10万元，因为项目好，区科委也很支持，又追加了5万元。

2009年，温宿县5000亩水稻良种繁育获得成功，繁育出来的种子，可以覆盖南疆15%的种子供应。新繁育出来的良种，具有成熟期提前、更加抗病毒、口感好等优点，深受广大水稻种植农户的欢迎。年底，我回沪向闵行区科委领导汇报水稻良种繁育成果，科委主任听了我的成果汇报后表示赞许，说要亲自带队到新疆温宿县实地验收。我趁机提出了第二轮良种繁育计划，繁育经济价值较高的水稻品种"黑糯米"，得到了主任的全力支持。

2010年5月，中央召开了新疆工作座谈会，根据中央对新一轮援疆工作的决策部署，上海援疆对象由阿克苏转向喀什，相应项目资金也要转移，原则上援疆资金不会再投放阿克苏。我极其担心第二轮"黑糯米"项目得不到批复，有愧于温宿人民，于是多方努力，并直接向分管副区长打长途电话："虽然我们援疆对象转移了，但我们援疆的目的没有变，造福一方的决心没有变，第二批'黑糯米'项目不能放弃！"领导被我的执着和认真所打动，在电话里当即同意，按照年初制定的温宿县水稻原种场"黑糯米"改良项目计划，继续给予扶持资金。

援疆三年，闵行区在当地留下了一批个性化的援助项目。我也认真做好"沪温"两地的使者，为上海的援疆事业尽自己最大的努力。刚开始听到"援疆"二字时，周围人的第一反应就是"条件一定很艰苦吧"，但现在回想起来，自己其实并不觉得苦，反倒是家属，为此承受了很多。那时候孩子还在上幼儿园，妻子平日也忙于工作，根本无暇看顾，只能将小孩托付给爸妈照顾。我在新疆期间，每天和家人的联系，就是靠一通电话。组织上也时刻关心着我们援建干部的家庭，给予了很多支持。

2010年下半年，上海调整了援疆工作方向，我们因此成为上海最后一批援建阿克苏地区的援疆干部，工作重心也开始转向喀什，为新一批援疆干部做前期调研。2010年12月，原定于2011年6月返沪的第六批援疆干部，提前半年结束了对阿克苏的援建。在结束援疆返沪前夕，我再一次来到了温宿县良种场。此时的稻田已是满地金黄，我的思绪也如同稻浪一般起伏。又是一个收获的季节，我的援疆工作行将告一段落，在这里工作和生活的这些时光，让我深深地爱上了这片肥沃的土地，当地人民的淳朴也让我深深感动。我永远也不会忘记自己生命画板上这一抹亮丽的金色，正如这成熟饱满的水稻，让我沉醉，让我踏实，永生难忘。

## 真情永相依　真爱永留传

甘泉，1977年2月生。曾任中共新疆维吾尔自治区喀什地区疏勒县牙甫泉镇党委书记，疏勒县阿拉力乡党委书记，疏勒县委组织部副部长，县交通运输局局长等职。现任中共新疆维吾尔自治区喀什地区泽普县委常委、组织部部长。

口述：甘泉

时间：2020 年 7 月 27 日

近年来，泽普县在党中央的亲切关怀下，在自治区党委和地委的坚强领导下，在上海援疆的大力支援下，在各族干部群众的共同努力下，社会改革和经济发展平稳有序，特别是上海援疆发挥了重要作用，给予了有力支撑。如今的泽普，团结和谐、繁荣富裕，文明进步、安居乐业。

## 真情援泽，情定泽普

2010 年年底，中央做出开展新一轮对口支援新疆工作的重要决策，随着对口援疆工作的持续推进，泽普也在这场援疆大潮中得到了实惠。自 2017 年年底，我到泽普县任县委常委、组织部部长，在这三年多的时间里，我接触了两批上海援疆团队，他们主动挑担子、担责任，"激情援疆、热情援疆、真情援疆"的精神给我留下了深刻的印象，这也是历年各批援疆干部传承下的优良作风的集中体现。他们在最短的时间内克服气候关、生活关、思想关、工作关，艰苦奋斗、无私奉献，进一步密切了党群干群关系；他们通过自己的言行，传播新知识、带来新思想、宣传新理念，积极推动我县干部群众思想解放和观念转变；他们识大体、顾大局，尊重少数民族风俗习惯，自觉维护民族团结，进一步增进了民族友谊；他们围绕实现泽普社会稳定和长治久安总目标，不当外人，求真务实，积极贡献智力，促进工作开展。他们把个人理想价值的实现融入泽普的和谐、稳定、发展之中，真正将泽普当成了自己的"第二故乡"，将泽普的老百姓作为自己的亲人来关怀，荣辱与共，真情相依。

援疆干部满怀激情，肩负使命，在聆听叶河涛声中规划蓝图；在感悟万家灯火中开拓前进；在点滴生活中情定泽普，用行动书写了泽普的发展答卷。

## 真心援泽，情系泽普

上海援疆始终秉承"科学援泽、真心援泽、持续援泽"的理念，按照"规划为先、民生为本、产业为重、人才为要"的总体工作思路，坚持以第七次全国对口支援新疆工作会议提出的"干部人才、产业发展、民生领域、民族团结、文化教育"等五个方面的援疆工作重点，立足泽普实际，坚持把保障和改善民生放在首位，在倾情服务各族群众、推动两地合作交流、促进就业产业发展、维护社会和谐稳定中不断创造新的业绩。

上海援疆始终聚焦新时代党的治疆方略特别是社会稳定和长治久安总目标，助推泽普全面落实自治区党委系列维稳组合拳和地委各项安排部署，帮助解决维稳工作中的资金短缺问题，不断完善社会治理体系，为泽普实现社会稳定和长治久安总目标提供了坚实保障，泽普社会政治大局呈现出更加和谐稳定的局面。

▲ 泽普县果农将采摘下来的苹果装上发往上海的集装箱卡车

上海援疆紧紧围绕高质量打赢脱贫攻坚战，助推泽普县产业发展、转移就业和基础设施建设，并给予了智力支撑、人才支撑和资金支撑。围绕泽普54万亩林果业这个优势，引进上海"老大房"等一批优质农副产品加工企业，促进了林果业产业化发展进程，提升了产品附加值。通过搭建产销对接平台、统筹线上线下资源，助推农产品销售，真正帮助农民鼓起了"钱袋子"。围绕泽普劳动力富裕这个优势，助推泽普建成了电子产业园、轻工产业园、呼叫产业园、7个乡镇产业园和67座乡村生产车间，积极引进入驻企业30余家，助力泽普8.5万名劳动力实现全部就业，真正实现了"人人有事干、月月有收入"的格局。紧盯泽普基础设施薄弱这个实际情况，对全县1.3万套安居富民房建设给予不同程度的补助，真正让农民住上了好房子。正是有了上海援疆的无私援助，泽普县于2018年如期实现脱贫"摘帽"目标。现如今，泽普正朝着全面建成小康社会的康庄大道阔步前进。

上海援疆坚持将援疆项目和资金向基层和民生倾斜，倾力在教育和医疗民生领域下功夫。先后对七中、三小等14所寄宿制学校进行改扩建，实施就业基础设施及产业配套房建设，对贫困家庭大学生进行常态化资助。现如今，泽普的教育教学质量不断进步，各族群众的教育文化水平显著提升。连续实施"三降一提高"公共卫生项目、全民免费健康体检设备购置项目，搭建上海闵行—新疆泽普多学科远程会诊中心，实现闵行区13个社区卫生服务中心与泽普县13个乡镇卫生院"一对一"结对共建、会诊，帮助提升了边疆基层医疗机构医疗服务能力，努力打造出"强基层、广覆盖"的医疗援疆新格局。正是有了上海援疆的无私援助，泽普县在教育、医疗等民生领域有了长足进步，有效搭建了服务群众，凝聚民心的强大载体。

上海援疆大力助推泽普以旅游业为主的第三产业高质量发展，完善提升了金湖杨景区、古勒巴格景区、梧桐天堂景区等景点的基础设施和配套功能，促使金湖杨景区成为南疆首个国家5A级旅游景区，这亦是上海产业援疆的一大亮点。上海援疆深入贯彻实施"引客入喀"和"旅游兴喀"战略，积极推进叶尔羌河流域旅游集散服务中心建设，助推打造全域旅游示范区，直接和间接带动了一大批人就业，使得泽普县全域旅游得以高速发展，真正把以旅游业为主的第三产业发展为泽普经济发展的支柱产业。

上海援疆积极动员各方面力量参与建设泽普的工作，推动两地在文化教育、医疗卫生、招商引资、产业科技等各个领域的合作。坚持结对共建机制，积极推进14个街镇（工业区）与泽普县15个乡镇场"一对一"结对，实现合作交流无缝对接。积极开展交流学习活动，组织泽普县老师、青少年学生和优秀基层干部赴上海开展交流学习活动，开阔了眼界、增长了见识、提升了素质、深化了感情。援疆干部主动投入"民族团结一家亲"活动中，积极与本地老百姓结对子、交朋友，进一步增进了各民族之间的相互了解、相互尊重。援建的叶尔羌河民俗文化博物馆、"全国十大最美村官"刘国忠先进事迹展示馆及编排的"泽普版小苹果"登上人民日报头版等，都为开展民族团结教育助力增色。各民族的交流交往交融促进了各民族之间的交流学习，深化了扶贫与扶志、扶智融合，阻断了贫困的代际传递，实现了各民族同呼吸、共命运、心连心的和谐画面。

今年以来，新冠肺炎疫情突袭，传播速度之快，感染范围之广，防控难度之大，令人猝不及防。上海援疆干部不畏艰难，毅然决然远赴祖国边疆，在帮

▲ 闵行区爱心物资捐赠仪式

助泽普统筹疫情防控和经济社会发展工作中起到了重要作用，充分体现了援疆干部的大无畏精神，展现了援疆干部对泽普各族干部群众的深情厚谊。

"桃李不言，下自成蹊。"援疆干部扎根泽普，情系泽普，倾情奉献，与泽普各族干部群众共同谱写了"浦江叶河水相映，闵行泽普心相连"的美丽篇章。

## 真诚援"泽"，情恋泽普

"无怨无悔援疆路，一生一世泽普情"，这是每一名援疆干部在踏上返沪之路时，发自内心的感慨。近年来，上海市委、市政府和闵行区委、区政府领导多次到泽普县指导考察工作，从政府部门到各领域、各行业都对援疆工作都倾注了极大热情，给泽普留下了深刻印象。俞正声、韩正、李强及上海市"四套班子"的领导先后赴泽普考察工作；闵行、杨浦两区党政代表团曾多次赴泽普检查、指导工作，科学制定泽普的援建项目；上海社会各界先后近万余人次来泽普考察对接，捐款捐物近亿元。著名作家余秋雨先生曾来泽普考察，对泽普的发展前景和生态环境高度肯定，给予了"生态福地、前景无限"的美好祝愿；上海社会科学院享受国务院特殊津贴的旅游经济学家王大悟，来泽普后给予了"度假一天、增寿一年、幸福一生"的高度赞许；国家一级演员马兰老师带队来泽普做义工，指导泽普县文体事业；法国华侨池爱芬等人两赴泽普，为泽普县孤儿院捐款 100 余万元……

这一桩桩、一件件、一幕幕无不饱含着上海人民对祖国边疆的真情牵挂；无不体现着上海人民对泽普的真诚援助；无不洋溢着"沪泽一家人"的浓浓亲情；无不展现着援疆干部对泽普的深深眷恋。

数载援疆之路，援疆干部是最美的风景。栉风沐雨砥砺行，春华秋实满庭芳。愿曾经艰辛的岁月，熬成一碗清茶，等待一场芳香四溢。

前方路浩浩荡荡，未来事尽可期待。未来的征程上，我愿与一批又一批援疆干部一起，不忘初心、牢记使命，积极作为，共同坚守祖国边疆，共同维护社会稳定。

我相信，有上海援疆的大力支持，有援疆干部的倾情奉献，泽普的未来一定会更好。

# 新疆，我的第二次大学

陈靖，1964年3月生。曾任共青团上海市委书记、闵行区区长、市政府副秘书长、市人大常委会秘书长等职。现任中共上海市委副秘书长、市政府秘书长、办公厅主任。2010年6月至2013年12月，为上海市第七批援疆干部，担任上海市对口支援新疆维吾尔自治区工作前方指挥部总指挥、中共喀什地委副书记，中共新疆维吾尔自治区人民政府党组成员、副秘书长。

口述：陈　靖
采访：赵龙芳　徐晓彤
整理：徐晓彤
时间：2020年6月15日

2010年3月，中共中央召开全国对口支援新疆工作会议，做出组织开展新一轮对口支援新疆工作的决策部署，上海市新一轮对口支援新疆地区由原来的阿克苏地区"一市二县"调整为喀什地区的莎车县、泽普县、叶城县、巴楚县。同年5月，国务院召开新疆工作座谈会，对推进新疆跨越式发展和长治久安做出战略部署。由此，上海对口支援新疆工作揭开了新的篇章。我们第七批援疆干部正是在这样的大背景下出发的。

2010年6月16日，这一天是端午节，晨曦中我带精干小组离沪赴疆，长空飞渡，黄昏到达祖国最西的边陲城市喀什。

在我们先期的组织动员下，那天，上海有三批企业来喀什考察，其中既包括市属大型企业电气集团、光明集团、建材集团、纺织控股等，也有复星集团、紫江集团、均瑶集团、衣恋集团等民营和外资龙头。当晚我分别和先期来喀什的调研组、企业代表团等长谈。

大家都感到，喀什具有"五口通八国、一路连欧亚"的独特区位优势，随着中央决定在喀什设立经济开发区，在喀什投资将可以直接辐射至庞大的中亚市场。时间漫过子夜，心潮却激奋不已。

喀什地委、行署为援疆干部的生活、工作尽了最大的努力。首先，我们以最快的速度成立了经济社会发展"规划调研组"，由30名上海各界专家、委办局成员和援疆干部骨干组成。调研组深入上海对口的喀什四县，了解当地经济社会发展情况，为制定对口支援四县的总体规划、富民安居工程规划、产业发展规划、文化发展规划等一系列专业规划并启动试点项目。那半年我们几乎没有休息日，晚上也排满研讨会，那些最静的夜，是西域最亮的星星陪伴我们度过。特别感动的是，以上海市规划局老局长毛佳樑、夏丽卿为首的援疆专家顾问组一次次进疆，全过程指导规划的制定完善和落实。

"民生为本，产业为重，规划为先，人才为要"，是我们在广泛调研和探索后形成的援疆总体思路。在实践中，我们还形成了"爱国爱疆、拼搏奉献、共创辉煌"的上海援疆精神，实现了援疆资金、工程、人身安全。

## 群众利益是永恒的主题

援建工作并非一帆风顺。安居工程这件事让我印象尤为深刻。

▲ 在泽普八乡富民安居工程现场

喀什广大群众的居住条件比较简陋，但是对于拆旧房建新房，刚开始老百姓并非都积极、踊跃，甚至还有投诉。居民投诉的重点正是安居工程中拆80平方米棚户简屋还80平方米新房子的有关政策。当时我们也很纳闷，被拆掉的面积一平方米不少地还给他们，而且更整洁更舒适、水电齐全，国家和援疆资金补贴大头，银行贷款还贴息，怎么还不满意呢？和老乡们深入交流后我们才知道，原来，拆掉的那80平方米不仅代表了房屋面积还有其附加价值。他们家原来的房子坐落在老城区的街市，屋后有个小院，种着蔬菜和果实累累的核桃树，养着鸡鸭羊，还有一个馕坑，在院子的外面是自家开的小卖部，可以补贴家用。但是新规划的80平方米，不仅小卖部开不了，连平日里能够唠唠家常的熟悉邻居都没了，原有的社交圈子也被打破了。而且，那段时间建材价格、人工费用还涨得厉害……他们认为不合算。

经过进一步深入沟通和实地走访后，规划设计人员根据不同家庭情况设计了畜禽、棚圈、蔬菜大棚等，并提供了十几套方案进行比选，同时逐步推行群众可选择新城区或老城区、实物或货币安置、带或不带商铺，充分尊重群众的意愿，让群众自己做主。

还有，有的安居房屋顶原本设计为斜坡顶，铺上经典的红色瓦楞板，相当漂亮。但征求群众意见时出现了不同意见，因为这里常年少雨，斜坡屋顶虽好看却不实用，还要额外花一大笔钱，于是安居房设计的斜顶改为平顶，群众满意了，主动参与了，工程也更顺利了。

群众是一切成功的主体，从群众的身上我们总能学到很多，而这些收获只坐办公室是永远无法习得的。安居项目启动后的日子里，我们不断在路上，"告别黄昏炊烟，又在戈壁赶路"是我们的常态。记得2010年初冬，有天傍晚，我从喀什去莎车再到泽普，天不亮再从泽普出发赶往巴楚，晚上还要回到喀什。我们为了节省时间，饿了路边买几个冷硬的烤包子。即便如此，当我们到达巴楚毛拉乡时已近黄昏，只见几百上千的群众正热火朝天地动手在建安居房，群众可以自己出工出料，老房子的砖头木头都重新利用了起来，群众都动起来了，又冷又饿的我们顿觉温暖和激奋。

从中我们悟到，群众利益是永恒主题，为群众做好事、谋福祉的过程中真不能脱离了群众的实际需求、影响群众的利益,不仅要考虑到群众的物质利益还要考虑他们的精神利益,显性利益和隐性利益,眼前利益和长远利益等等。维护群众的利益,是我们做好群众工作的出发点和立足点。从实际出发,尊重群众的意愿,发挥群众主体作用,这是我们做好工作的基础,也是我们在实践中得到的重要收获。后来我还专门写过一篇体会文章,并且很荣幸,被《人民日报》(2011年7月13日)做了刊载。

## 工笔文章写给苍茫戈壁

援疆工程,特别是"交钥匙"工程,质量上乘,这些项目经受了几次地震的考验和时间的检验。以莎车城南新城为例,安居工程将原本"垃圾靠风刮,污水靠蒸发"的5.8平方公里变成如今南疆先进和生态的现代城区,这里高质量兴建了居民新区、教育园区、城南医院、福利中心、八方商业……3000多户居民乐居其中。特别是上海"交钥匙"项目的莎车县市民综合服务中心(图文信息综合服务中心)工程获国家"鲁班奖",这是南疆获得的第一个"鲁班奖",其他"交钥匙"项目还获"天山奖""白玉兰奖"等。莎车县这个"交钥匙"项目,在

▲ 在莎车县城南新城工程现场听取群众意见

县委县政府支持下，克服了建材和人工涨价的困难，从选址、设计、建设、竣工、使用、完善，我和同事们前后不少于50次去往现场，随时解决各种问题。

援疆三年半，真可谓"餐风浴雪，星云作衣"。作为领队，我常常庆幸援疆人员全部安全回来，因为真的有太多危险光顾我们。交通事故、来势迅猛的疾病……曾经有一次喀什大雪，喀什机场关闭多日，我为了赶回上海参加援疆领导小组会议，便想着天亮前赶往600公里外的和田搭乘飞机。公路路面结冰，天还未亮，正好一辆重型卡车闪着大光灯从风雪中迎面驰来，车扬冰晶起，我的驾驶员本能地刹车，车子立即打滑飞转起来，倒8字形地打了七八个圈，一辆又一辆车子迎面狰狞驰来，我与死神捉着迷藏，还好车子最终在路边停了下来……又躲过一劫。经历过生与死的考验后，我更珍惜在新疆的每一分秒，争取为新疆做多一点事，做得更好一点，我们也更珍惜上海的良好条件、创业环境。

## 浦江情涌暖昆仑

上海与新疆的情谊深厚，强大坚实的"大后方"给予援疆莫大的支持。上海几乎所有的委办局、区县、社会组织、团体都积极响应。当时指挥部在上海发起征集援疆"金点子"活动，短短10天之内，几十条各类建议如雪片般飞来，最终编制成《上海援疆"金点子"100例》。

莎车市民综合服务中心的硬件由上海援疆资金支出，而设备等则体现了上海多方支持，上海世博规划模型原物和600多件世博物品一同赠送给了市民综合服务中心；在市委统战部的引领下，上海的各民主党派提供了音乐室、图书室、艺术室等；学生素质训练室，双语教育设施，则由上海总工会、团市委和市妇联提供；上海斯米克建筑陶瓷股份有限公司赠送了瓷砖；均瑶集团捐资1000万援助购置教师进修学校设备，设立了奖教基金；吉祥航空给援疆干部家属送来了免费机票，上海市人社局为莎车职校捐赠了全套服装实训设备；上海市老年基金会为莎车市民综合服务中心提供了800万……

为把喀什地区第二人民医院创建成为三级甲等综合医院，上海16家三甲医院你追我赶、合力共建，一个曾被认为是不可能的目标实现了！泽普金湖杨国家森林公园，全国援疆项目中南疆第一个国家5A级景区诞生；拍摄纪录片、

▲ 2010年8月，中国东方航空公司率先开通上海往返喀什航线

录制歌曲，让"胡杨望雪、驼铃声扬"走向全国；齐心协力地代建巴莎高速公路，喀什大学的创建设想和规划；对口上海各区公共卫生部门高效顺利开展"三降一提高"：即降低新生儿死亡率、降低孕产妇死亡率、降低传染病发病率、提高平均寿命，不仅如此，老年白内障康复手术、少年儿童先天性心脏病康复手术、成年妇女两癌筛查和孩童先天听力筛查，这些"额外"的自选动作上海各界都带着情感顺利完成。而指挥部建立之初，刚刚完成重建任务的都江堰灾后重建指挥部，将原上海汽车集团捐赠的车辆转送给万里之外的喀什援疆指挥部。

三年半，上海社会各界提供了2亿多元资金或物资，聚沙成塔、汇爱成梦，浦江两岸的爱心支持着援疆工作，也温暖着喀什老百姓。正是充分汇合全上海资源，两地齐心协力，丝路古镇华丽嬗变。援疆三年半，莎车、泽普、叶城、巴楚4县人均生产总值增长68%，城乡居民纯收入增长72%，地方财政一般预算收入增长142%，绝大多数群众分享了援疆成果……

援疆三年半，群众和实践给我上了一课又一课，我们进一步认识了东西部迥异的国情，认识了民族、宗教和文化的丰富多彩，深入感悟了党的群众路线，三年半援疆，干部是最大的受益者，犹如又上了一次大学。我们深深眷恋，并永远祝福那片神奇的国土。

# 回得去的"故乡"

陈冬发，1971年9月生。曾任中共闵行区委宣传部副部长，区委统战部副部长，区人民政府台湾事务办公室主任，中共颛桥镇党委副书记、镇长等职。现任中共梅陇镇党委副书记、镇长。2010年8月至2013年12月，为上海市第七批援疆干部，担任上海市援疆工作前方指挥部泽普县分指挥部副指挥长，中共新疆维吾尔自治区喀什地区泽普县委常委、副县长。

口述：陈冬发
采访：赵龙芳　徐晓彤
整理：徐晓彤
时间：2019 年 12 月 30 日

新疆维吾尔自治区，简称"新"。1878 年，左宗棠平定外犯，收复新疆，力主在此地建省，并以"故土新归"之意赋予了新疆另一层含义。三年援疆路，一生新疆情。对我而言，去新疆便是回故土。

## 而今迈步从头越

2010 年，全国新一轮对口支援新疆工作启动。与之前的援疆工作不同，新一轮对口援疆不仅对援疆地区做出调整，上海市对口援疆地区还由过去的阿克苏调整为喀什地区四个县，闵行和杨浦两区共同对口支援四县之一——泽普县。而且由原先单一的干部人才援疆转变为经济、干部、人才、教育、科技、文化援疆等协同推进，是全方位的，多层面的。那一年恰逢上海举办世博会，党中央要求上海发扬城市精神，以海纳百川的胸怀服务全国，在艰苦奋斗中追求卓越，这就对上海援疆工作提出了更高的要求。市委、市政府对此相当重视，为了实现"开门红"，率团到喀什四县进行调研考察，形成上海市"十二五"对口支援喀什地区四县的总体规划和若干个专项规划，确定了"民生为本、规划为先、产业为重、人才支撑"的援建原则，为闵行区进一步做好援疆工作指明了方向。

一切都是全新的开始，无论是对全国援疆工作，还是对我个人而言都是如此。当时，我援疆对应的岗位是泽普县委常委、副县长，分管招商、项目建设等，已经做了十多年党务工作的我，想趁着年轻，锻炼自己，为国家和社会多做一些有意义的事，实现工作转型和人生翻页。还有一个更朴素的想法，就是背起行囊，走一走那"梦中故土"。记得小时候，村里有个人在乌鲁木齐当兵。有一次，他带着他的维吾尔族妻子回村探亲，大人们说他们路上花了整整10天的时间，光是走出新疆就坐了好几天的车。听了这话，我心里直犯嘀咕："那得多大，多远啊！"从此，那片广袤土地便在我心里多了一层神秘感，让我心生向往。一纸援疆报名通知书，是挑战，是机遇，也是圆梦。没有任何犹豫，我就立刻主动报了名。

2010年8月22日，我们上海第七批援疆干部告别家人，坐上从上海到喀什的援疆包机，怀着奉献青春的满腔热血、驰骋大漠的边塞情怀，踏上了援疆的奋斗之路。第二天下午四点，我们终于到达目的地。一下车，就被当地人的热情周到所感染。县委、县政府举办了隆重的欢迎会，铺着大餐布的桌面上摆满了瓜果茶点，抓饭、羊肉、曲曲等地方特色美食依次排开，舌尖滋味内化于心的是泽普的甜蜜和温情。"泽普总面积998平方公里，是典型的沙漠绿洲地貌，全县辖11乡、2镇、2场、153个行政村（社区），总人口约20万，有维吾尔族、汉族、塔吉克族、回族等19个民族，少数民族人口占79%，属于上海对口支援四个县中，汉民族比例较高的县城。"在一片欢笑声中，县委书记耐心、细致地向我们介绍道。这些数字被我们深深牢记，它们承载着这片土地上数代人扎扎实实的生活，记录着数代援疆人的艰苦奋斗，也印证着国家一直以来对新疆工作的支持和关心。欢送会结束时已是晚上8点，太阳还高高挂着，直到晚上10点才开始落山。回住处的路上，夕阳一路伴行，如同君子，终日乾乾，毫无惰怠之意，大家不禁热血沸腾，浑身充满干劲。这之后的三年五个月，我们在泽普实施援建项目74个，总投资6.32亿元，实现资金100%到位，项目100%开工，项目100%优良的目标。

### 小枣金丝系万方

泽普红枣栽培历史悠久,早在1988年该县就被自治区命名为"红枣商品生产基地县",在大部分泽普人的记忆中,枣树是从出生就在房前院后陪伴着的。不少农户家枣林成片,每到成熟季节,连片的红枣如同日出红霞,壮美而灿烂。我们援疆第一步便是在这片红色中开始的。

9月2日,进疆刚刚10天,县委书记找到我,希望我们能筹划2010年"红枣节"的活动。"红枣节"是泽普规格最高、规模最大的节庆盛会,也是展现当地丰富的人文生态资源,彰显泽普淳朴的民俗风情的重要节日,此前已经成功举办过两届。接到任务后,压力还是很大的,我立刻向前方指挥部汇报了这件事,他们非常支持,认为这不仅可以丰富当地百姓的文化娱乐生活,还可以借此机会推广泽普红枣,提高红枣知名度。"给你这个任务,你就大胆做。"简单的一句话,大家备受鼓舞,决定在这些"宝贝疙瘩"上做文章。

当地政府搭建平台,上海"大后方"也全力配合。10月18日,"走向幸福"第三届泽普"红枣节"隆重开幕。白天,"红枣王"拍卖会、精品果园风情游、果园拍卖、红枣论坛等十余项活动,在大家群策群力之下一一呈现出来,当天我们还组织了70名百岁老人来到现场,宣传泽普是名副其实的"长寿之乡";晚上的大型文娱晚会,邀请了上海主持人施琰和当地维吾尔族姑娘一起主持节目,更有来自上海的歌唱家杨学进、华东师范大学拉丁舞舞蹈团等,和泽普文工团欢聚一堂,共庆盛典。可以说,那一年的"红枣节"相当成功,现场近5万人观看,莎车、叶城等周边县城居民也纷纷前来参与。第一年的良好开端给我们很大的鼓励,2011年第四届"红枣节"以"叶河情,浦江爱"为主题的文艺晚会更加精彩纷呈。世界著名抒情花腔女高音歌唱家迪里拜尔·尤努斯、国家一级演员孙青、上海著名主持人黄浩等明星倾情加盟,闵行区文化广播影视局副局长姜忠民还为此写歌庆祝。

从2010年到2013年,连续四届,"红枣节"一年比一年热闹,在欣赏文化盛宴之余,我们也始终不忘"红枣牵线,文化搭台,经济唱戏",将小小的红枣和文化结合,为枣农架设对外交流与合作的桥梁和平台。这里要特别说一

▲ 闽龙达干果产业有限公司有机红枣精深加工生产线投入生产

下上海闽龙实业有限公司,作为上海援疆项目之一,公司2010年8月就组团到泽普进行了首次考察,10月18日的泽普红枣拍卖会上,更是独家中标,成功拍得了金银铜奖三种红枣,并以5.3万元的高价拍下2010年"红枣王"金奖红枣,也正是那次契机,促成我们与该公司正式签约,在泽普成立闽龙达干果产业有限公司,使之成为当年首批上海对口产业援疆的企业之一,这意味着泽普红枣产业化发展将更加规范化和规模化。最难能可贵的是,闽龙公司不仅助力脱贫攻坚,溢价收购红枣,还坚持打"泽普"牌,提升泽普影响力。在戈壁滩上建设现代化生产工厂,在沙漠边缘开垦有机红枣种植基地,将种植基地、产区采购后的红枣通过初级加工,运至上海精加工、包装,最终走向市场终端。这一流程看起来流畅清晰,运行起来却是困难重重。戈壁滩上满目沙石,肃杀的寒风说刮就刮,挖土、换土、1万平方米的厂房耗费了近两年的时间才建成。厂房建好以后,开始招聘以当地百姓为主的员工队伍,对生产卫生、规章制度,以及各种设备工具的使用培训,同样需要倾注大量的心血。

可喜的是，这种"授人以鱼不如授人以渔"的援疆成果十分乐观。"公司＋基地＋农户"的经营模式，不仅解决了当地的就业问题，其中有不少优秀精干的员工走上中层以上领导岗位，成为企业运转的中坚力量，还通过高价收购农户农作物，间接带动几千户农户脱贫致富。在奎依巴格乡、阿克塔木乡、阿依库勒乡、图乎其乡、布依鲁克乡，枣农年收入3万—5万元的比比皆是。

一颗颗小小的红枣，铺就了当地百姓致富的"财路"，也拉近了我们和农户的感情。在一次"红枣节"活动结束后的小型总结会上，泽普分指挥部指挥长蒋争春提出："现在正是红枣收获季节，是老乡们最忙碌的时候，我们何不利用双休日去帮老乡们捡红枣？"这一提议得到大家的一致响应。下乡的那一天，天刚蒙蒙亮，我们16个人简单地吃完早餐，驱车18公里来到阿克塔木乡3村，根据村主任的安排，我们两人一组，共分成8个组，每组负责一家红枣的分拣。

我和挂职泽普县城乡建设局副局长的吴岳俊分在吐鲁洪家。到了他家枣林，来不及休息，就赶紧忙活了起来。枣树的树叶基本已经落光，只剩下满树红枣，随风飘荡，阵阵枣香扑面而来，沁人心脾。掉下来的红枣铺满地面，一片灿红。后来实在忙不过来，我们又请了3个小工，有来自叶城的，有来自石油基地的，还有一个远的来自阿克苏。来自叶城的小女孩古丽只有16岁，但做起事来非常利索，而且会简单的汉语，她耐心地教我们分拣的技巧，并示范给我们看。半天时间，我们分拣了20多筐红枣，地里成片的红枣被我们基本"消灭"。临近中午，我们各组又把分拣好的红枣一筐筐地搬到马路边，由采购商进行过磅、装车。大半天的忙碌，虽然累得直不起腰来，但从老乡朴实的笑容中，我们体验到了劳动带来的情谊和乐趣。

"小枣金丝系万方"。从打响品牌到产业化发展，从红枣种植到买卖销售，每一颗红枣都牵动着我们的心。在与严酷大自然的抗争中，甜甜的红枣加上泽普人的智慧和勤劳开启了一条致富路，这条路充满艰辛，却也是幸福的，甜蜜的。

## 吹尽黄沙始见金

刚到泽普，就听说了一件趣事。县里有一位领导去内地学习，不停有人问他："你们上班是不是骑骆驼？回家是不是住帐篷？"他听了哭笑不得，又有点无奈,只能反复解释,我们那里有汽车、有楼房、有干净的饮用水,也有各式各样现代化的生活用品。听了他的讲述,我心里有点不是滋味,还有很多人并不了解新疆、不了解泽普,同时也感受到他的期待,希望借全国新一轮援疆的契机,全力推动泽普与外界的交往。

要想让更多的人走进泽普、喜欢泽普,充分挖掘和利用好当地的旅游资源是重中之重。泽普,美景天成,自然资源得天独厚,最令人心驰神往的还属胡杨林。泽普金湖杨国家森林公园坐落在泽普县西南40公里处的亚斯墩林场境内,镶嵌在叶尔羌河冲积扇上缘,三面环水,景色宜人。景区内天然胡杨林面积达上万亩,金色的胡杨与绿水相映成画,美不胜收。

2005年,泽普金湖杨国家森林公园被评为国家3A级旅游风景区,2011年,在各方努力下,升级为国家4A级旅游风景区。随着泽普被越来越多的人知晓,泽普金湖杨国家森林公园的游客量也不断上升,我们多次讨论,觉得还可以再接再厉,争取将其打造成5A级景区。当时,南疆还没有任何景点能达到5A级标准,在泽普打造南疆第一个5A级景区的愿望就更加迫切了。时间紧急,2012年年初,创5A正式进入实质性阶段,规划先行,我们充分整合全县旅游资源,邀请上海社会科学院经济研究中心共同编制了《新疆泽普县金湖杨国家森林公园景区提升总体规划与5A创建计划》,而后便是对规划的进一步细化和落实。

首先是基础设施的改善,建设了大型停车场、客服中心、民俗文化展示区、游步道、监控中心等设施,实现了景区建设与生态保护、安居富民、文化传承的统一。再者是长寿民俗文化村的建设,帮助村民规划设计,建设外观古朴典雅、村落功能齐全、旅游特色鲜明的村庄,逐渐形成以土陶、手工艺品、铁器、木器等特色旅游产品为主的服务业,成为"户户搞经营、家家有特色"的旅游热点村落。

都说"铺摊子容易,守摊子难"。要让砸下去的钱产生效益,必须浇上市场的"活水"。于是,我们从两方面入手,一是"练好内功",通过不同层次、不同种类的学习、考察、培训,提升景区从业人员的服务与管理水平;二是打通市场,为景区注入文化内涵,开通喀什到泽普的旅游专线,强化泽普在上海

▲ 金湖杨景区长寿民俗文化村

等客源地的知晓度和美誉度，涵养客源和培育市场。

　　2013年10月18日上午，在泽普第六届金湖杨旅游文化节开幕式上，泽普县委书记刘四宏分别从上海市副市长赵雯和新疆维吾尔自治区旅游局局长伊那木·乃斯尔丁手中，接过国家旅游局颁发的国家5A级景区的证书和铜牌，泽普金湖杨国家森林公园正式跻身国家5A级景区行列。那一刻，台下的我们激动不已，一切付出都是值得的。这不仅是上海产业援疆，富民兴业的典型项目，还是胡杨精神的生动传承。

　　大漠黄沙上，胡杨顽强生长，微风吹拂，金灿灿的胡杨林摇曳着希望，我们来到这里，满怀信心，要把这片"金"变成真正的"金"。

## 榴枝婀娜榴实繁

　　"各民族要相互了解、相互尊重、相互包容、相互欣赏、相互学习、相互帮助，像石榴籽那样紧紧抱在一起。"习近平总书记在2014年5月第二次中央新疆工作座谈会上如此强调。三年的援疆经历让我对这句话有了更深刻的体会。

闵行对口支援的重点之一是泽普的卫生系统，闵行区卫生局对口支援泽普县卫生局，上海市第五人民医院对口支援泽普县人民医院。2010年，涉及普外科、妇产科、儿科、心内科、骨科等多个科室的援疆医生来到泽普，市五医院放射科副主任庄玉忠还担任了泽普县人民医院的院长，成为上海对口援疆医生中唯一担任过援建医院正职院长的人。

医疗是一条看不见的战线，在这条战线上，无论是援疆医生还是社会各界人士，无论是前方指挥部还是上海"大后方"，都留下了闪光的足迹。2011年，闵行区卫生局、市五医院先后九次委派局、院领导和科室相关负责人赴泽普深入调研，形成了《泽普县卫生事业发展2011—2020年补充规划》，通过对规划的广泛宣传，全县形成了"卫生信息化是造福泽普各族人民突破口"的共识。为了进一步让卫生信息化落到实处，市五医院副院长黄陶承到泽普进行了近一年的协助援建工作，闵行区卫生局局长许速更是在两年多的时间里来到泽普十余次，为当地医疗人员授课，发动闵行各街镇卫生院与泽普各乡卫生院结对，并与援疆干部人才一同出谋划策，通过上海市互联网经济咨询中心的评估，最终形成泽普县的卫生信息化建设的详细方案。

"众人拾柴火焰高"，当所有人齐心协力的时候，再艰难的任务、最遥远的梦想也会一点点变成现实。在泽普，心脏病和手脚畸形病儿童发病率极高，且手术技术难度大、费用高昂，很多家庭会因此放弃治疗。为此，我们定期请上海著名专家、教授来义诊，为患病儿童解除疾病痛苦。2010年底，上海复旦大学附属儿科医院委派心血管中心主任贾兵教授、骨科主任马瑞雪教授以及骨科医生王达辉等医护人员一行5人来到泽普进行义诊。义诊小组日行近百里，深入农民家中为患儿开展诊断，发现两名患有先天性心脏病和两名患有先天性马蹄内翻足的儿童病情严重，而当地医院还无法提供相应的治疗设备，他们商量后决定将4名患儿带到上海进行手术。其时，在由复旦大学附属儿科医院主办，上海市慈善基金会、上海市精神文明建设委员会办公室、上海市红十字会等发起的2011年"蓝天下的至爱——爱心全天大放送"慈善活动上，各界人士纷纷捐款捐物，4名儿童得以免费治疗。

在互相帮助、互相学习、互相交流的过程中，像石榴籽一样紧紧抱在一起。这样的例子还有很多，特别是在文化援疆方面，要为大众呈现出一派全新的泽普风貌，多方联动必不可少。借助泽普红枣节暨金胡杨文化节的机会，多次邀请上海文艺界人士参加演出；组织泽普"西域枣都边疆情"文艺演出团赴上海演出；与国家旅游局、上海有关部门、中央电视台、旅游卫视等联系接洽，推动央视《乡约》栏目走进泽普；与上海大世界吉尼斯总部多次对接，荣获"中国有机红枣种植面积最大县""华夏·梧桐第一县"两项吉尼斯纪录；更获"中国十大休闲小城"殊荣；上海市旅游局为泽普旅游提供了所有户外宣传的栏目和载体；举办全国百家晚报媒体聚焦泽普、全国网络媒体聚焦泽普的活动……大家渐渐知道泽普变了，无论是偏居一隅的村落小镇，还是隐于绿洲的静谧小城，泽普焕然一新，也将愈加年轻。

援疆期间，只要有人回沪休假，那些天，我们说得最多的话就是感谢，若不是每一颗"石榴籽"的鼎力相助，又何来那些实实在在的改变？如今，曾经的"梦中故土"已成为我的"第二故乡"，人虽离开"故乡"，但我对那片热土依旧充满热忱与向往。

# 用使命真情砥砺援疆路

杨峥，1968年7月生。曾任中共松江区委常委、宣传部部长、副区长；中共闵行区委常委、组织部部长、区委副书记。现任中共上海市市级机关工作党委常务副书记。2015年4月至2015年8月担任上海援疆工作前方指挥部副总指挥、党委副书记、纪委书记，新疆维吾尔自治区喀什地区行署副专员。2015年8月至2018年9月担任上海援疆工作前方指挥部总指挥、党委书记，中共新疆维吾尔自治区喀什地委副书记。

口述：杨　峥

采访：赵龙芳　徐晓彤　周皓彦

整理：周皓彦

时间：2020 年 7 月 8 日

面积 16.2 万平方公里的喀什有 25 个上海的大小，我们上海援疆对口的莎车、泽普、叶城、巴楚四县占到这片土地 42% 左右的面积。从最东边的塔克拉玛干沙漠到最西边的帕米尔高原，从有感地震到漫天沙尘暴，三年半的援疆经历，现在回想起来仍然是那么深切难忘。

那是一片可爱的土地，老百姓淳朴善良，对美好生活心生向往。如果说一开始把喀什作为"第二故乡"，把当地老百姓当作亲人是一种要求和愿望，现在我可以真诚地表达，喀什就是我的"第二故乡"。如果现在问我是否愿意去援疆，我仍会毫不犹豫地说："我愿意。"

## 援疆先要过三关

说起来也许是缘分，第一次到喀什是 2014 年 10 月，我以闵行区委组织部长的身份去慰问闵行的援疆干部。闵行区对口支援的泽普县是有名的红枣之乡，我给援疆干部出了个题目：请大家谱写好"枣·恋"这篇文章。想不到半年之后我也加入了援疆队伍，和他们一起共谱"枣·恋"篇章。慰问时我是带着组织的关怀去的，可这次去我肩负着组织的信任和嘱托，怎样抓好工作，带

▲ 走访结对贫困户

好队伍，是我无时无刻不在思考的问题。我在喀什的办公室墙上挂了四张地图，一张世界地图、一张中国地图、一张新疆地图和一张喀什地图。上海在东海之滨，喀什在中国的最西部，从最东部到最西部，这个差距不仅是地理上的差距，还有思想认识上、风俗习惯上的差距。在我看来，援疆首先要过好"三关"，才能更好地融入当地，搞好工作。

首先是"心理关"。就是在心理上要有勇气，有主动性，保持一种积极乐观的心态面对陌生的环境和人群。在感情上，不能单纯地把援疆仅仅当作一项工作任务来完成，要真正地对当地老百姓关心关怀，把喀什作为"第二故乡"来对待。这将从根本上决定你援疆的工作状态和工作成效以及当地干部群众对你的评价。援疆干部要回答好你的工作究竟干得怎么样，很重要的一点就是你的感情是不是和当地干部群众融合在一起。所以摆正位置，态度很重要，一定要有真情实感，否则是不可能真正干好的。

其次是"生活关"。喀什三面环山，既有高海拔地区，也有中海拔地带。当地的水质较硬，有段时间我就感觉头很胀，掉头发也是常事，喀什地区的饮食以牛羊肉为主，有的同志会吃不习惯，但要融入当地，就要试着去改变一下自己的饮食习惯。此外，喀什属于地震多发带，还时有"沙尘暴"。2015年，我刚去的那年，平均每月都有有感地震，在叶城分指挥部，地震把电梯都震坏了。有一次我先到莎车县调研，第二天走巴莎公路去巴楚。车开到半路，"沙尘暴"来了，一开始看到空中沙带飞舞，感觉既新鲜又有美感，但到了巴楚，漫天风沙，本来安排要走访几个点，但是风沙大得根本不能出门。巴楚是风口，风沙排山倒海地刮过来，如果办公室开着窗户，一会儿鼠标就被风沙掩盖，看不见了，条件的确很艰苦。所以援疆在生活方面必须要随俗，要适应。

还有就是"工作关"。要和当地的干部群众坐在一起、想在一起、干在一起。工作上也要融入当地，将援疆干部的积极性和当地干部群众的积极性结合起来，不能让当地的干部群众被动地来配合我们，而是我们要主动融入当地群众，与当地干部群众商量着干，引导着做。刚开始，我们开展工作时有的地方可能会遇到当地百姓不理解，后来大家注重互动和交流，也搞了几次党建联建，大家互相交流、互相学习，工作推动起来就容易多了。

## 把脱贫攻坚作为首要任务

当年援疆占上海援建的比例是比较高的，大致来说有"两个60%"：一是援疆干部人才数量占援建干部人才的60%，另一个是援疆资金占援建资金的60%。而且新疆是上海唯一一个以"前指"和"分指"作为组织架构开展对口支援的地方。这说明市里非常重视援疆工作，作为其中的参与者，我们感到使命光荣、责任重大。这几年，正值党中央决策部署打赢"脱贫攻坚战"的关键时期，在沪、疆两地党委和政府的坚强领导下，我们始终把助力脱贫攻坚作为对口援疆工作的首要任务，以脱贫攻坚为主线，统筹安排各项援疆工作。

援疆资金项目向脱贫攻坚倾斜。南疆四地州包括喀什地区、和田地区、阿克苏地区以及克孜勒苏柯尔克孜自治州，属于全国"三区三州"深度贫困地区，脱贫攻坚任务很重。喀什是四地州的重中之重，上海援建的四个县又是喀什的重中之重，这四个县的贫困人口占到了喀什贫困人口的40%，贫困程度高，脱贫任务艰巨，当时我们考虑两个80%，一个是援疆资金的80%到基层，即要到县和乡、村；另一个是 80% 的援疆资金要用于民生。后来我们又提出，将其中不少于 50% 的资金用于脱贫攻坚，这是我们工作上要重点把握好的。

那么脱贫攻坚，具体该怎么做？总的要求，是要落实党中央提出的解决好"两不愁三保障"目标任务。我们主要从以下几方面来开展。

首先是建设"安居富民房"。我们请专门的规划团队来负责设计不同类型的房型，让当地居民来挑选。至 2018 年底，"安居富民房"项目，总共涉及改造的有 20 多万户，惠及 100 多万人。但光是改造房屋还不够，道路、用水、用电、用气各项配套设施都要跟上。所以我们又设立了打通"最后一公里"项目，支持道路建设、"美丽乡村"建设、天然气管道以及 CNG（压缩天然气）加气站建设等"最后一公里"性质的农村基础设施和公共服务配套项目，改善了当地老百姓的人居环境。同时，我们支持发展"庭院经济"，因地制宜，支持小庭院"做出大文章"。利用援疆资金为建档立卡贫困户每户提供"庭院经济"发展补助，发展小果园、小藤架、小菜园、小禽舍、小棚圈等"五小"致富项目。这些都是城乡面貌改变最快的，也是和老百姓切身利益最关联的。为此，上海援疆前方指挥部成为 19 个援疆省市里唯一一个获得了自治区人民政府表彰的指挥部。

在增加老百姓收入方面，我们提出了"宜农则农、宜工则工、宜游则游、宜养则养"，多途径发展生产。喀什地区主要以传统的农业经济为主，如种植核桃、棉花、瓜果、小麦等农作物或者经济作物，但收益都不高。因为该地区水资源匮乏，在深耕细作方面受到条件限制，要规模化植树都要先挖井、铺管道。所以要改变贫穷的面貌，单纯靠农业是不够的。怎样帮助农户增加产出？我们从农作物的品种上下功夫。比如闵行区对口支援的泽普县就在支持培育优质红枣种植上大做文章，建起了国家级标准化的百万亩红枣有机种植基地，后面又引进种植了小南瓜，通过改良现有的种植品种和引进新品种相结合，让当地的农民增收脱贫。另外，我们积极发展农产品深加工产业，把当地资源优势和我们的技术管理优势结合起来。比如从上海引进的闽龙实业公司，在泽普做红枣产品的深加工。该企业从 2010 年开始投入，做了近十年，期间遇到了一系列的困难，比如劳动力来源、销售、税收等方面的问题，我们都想方设法帮助他们一一解决。2018 年的时候闽龙实业公司在喀什的产值是 5000 万，我离开喀什的时候对他们说："你们要稳住，稳住就是真本事。"因为喀什的交通、物流方面成本较高，劳动力素质也有待提高，所以在这边企业要发展下去很不容易，闵行区在这方面做了大量的工作，后来我们支持闽龙达做茶叶、伴手礼、枣夹核桃等产品，都做得很不错。

设立"卫星工厂"，也是我们上海援疆的创举之一。纺织服装业是新疆的传统支柱产业，通过引进、培育、扶持一些服装企业，设立总部，然后让它辐射出去，在交通比较方便、人群比较聚集的地区设立"卫星工厂"。"卫星工厂"的建设我们也是和当地合作，有些是通过对当地的废旧厂房进行改造，有些是依托原来的村部，在附近建立生产车间，吸引周边的村民去务工。当地妇女本来有纺织、做女红的技能，加之离家不远，她们中午还能回家做饭、干家务，我们还配套建设了一些托儿所，为女工们解决后顾之忧。"卫星工厂"大大解决了喀什当地村民的就业问题，很受老百姓欢迎。所以后来我们大力扶持这样的模式，泽普就做了好几个很规范的"卫星工厂"。我们测算过，喀什一户人家平均 4.5 口人，一人进工厂，一般刚进去收入在 1500 元左右，之后会慢慢增加到 1800 元、2000 元甚至更多，这样就能实现一人就业、全家脱贫。

在产业援疆方面，不仅要因地制宜，我们还将上海的经营模式搬过去，实现经营模式的就地复制。我们扶持了上海新跃物流企业管理有限公司到喀什开展呼叫中心业务。他们意识到"丝绸之路"经济带的机遇，同时也看中了"中巴经济走廊"，喀什是"走廊"的起点这样的优势，将物流需求和货运平台两者连接起来，利用当地人的语言优势，在当地招聘优秀人才，这不仅带动了当地的人才就业，更将上海的产业援疆模式提升了一个台阶。我亲眼看着这个企业一步步从 1.0 版本成长到了 4.0 版本，从 2015 年开始时在简陋的地下室办公，升级到了在喀什经济开发区拥有整栋大楼、建筑面积达 3 万平方米的呼叫产业园，并在泽普县率先设立了分"呼叫台"。

2018 年 8 月，新疆呼叫产业园建成并投入使用，该项目是上海市产业援疆的重点项目，呼叫产业园以"呼叫中心＋"的理念，将呼叫业务与通讯、保险、金融、物流等服务性行业相结合，进一步拓展到农产品销售、旅游咨询推介、教育医疗、公共事业、物流运输和政务服务等领域。预计到 2020 年底，目标呼叫中心座席 3000 个，按照 1∶1.5 配比标准，可解决就业人数 5000 人，

▲ 新疆智慧呼叫信息科技有限公司泽普分公司

其中每6平方米就解决1个人的就业，在五年的时间内，计划建成"一带一路"沿线主要国家多语种智慧呼叫中心和呼叫产业生产性服务业功能区。

## 从数"砖头"转向数"人头"

2015年下半年，我们的工作重心发生了转变，从数"砖头"转向数"人头"，数"砖头"与数"人头"并重。数"砖头"是对住房、学校、医院等基础设施建设的形象说法。"人头"就是指当地的就业人数、旅游输入的人数，还有一个就是培养一支带不走的队伍，"师傅带徒弟"，带出的当地人才人数。其中就业人数的提高主要靠产业援疆来实现，另外两个方面则需要在旅游援疆、教育援疆和医疗援疆上发力。

旅游业方面，我们重点打造了泽普的金湖杨景区等一批旅游景区。这个景区的打造模式创造了新疆的典范：就地改造，所有当地居民没有一户外迁，就地成为景区工作人员，闵行区的第七批援疆干部以及后来的援疆干部们对此做了非常大的贡献。我们后续也持续开展"包机""包专列"等活动，把推进旅游专列、旅游包机、旅游专机游喀什作为"送客进喀"的重要内容，2017

年全年开通至喀什旅游专列 8 趟、旅游包（专）机 4 趟，组织游客共计超过 3000 人。积极推进喀什国家级"旅游就业富民示范区"创建工作，积极拓展"农家乐"产业链和服务品质，使部分农民实现从农业向服务业的初步转型。

社会稳定，长治久安，教育是根本，这一直是我们援疆的重点。一是抓好基础设施建设，建学校、幼儿园。二是组建援疆教师团队。当时闵行区的组团式教育援疆取得了良好的成效，不仅形成了行之有效的上海经验，还渐渐成为当地学校教育教学管理的基本制度。通过小、中、大多维度组团方式，为泽普教育精准注入上海资源。三是职业教育。我们打造了一个"沪喀职教联盟"，把两地的教育行政部门、人力资源和职教机构、企业联合起来。由上海市群益职业技术学校校长担任第一任"沪喀职教联盟"秘书长，牵头做了大量的工作，在学科体系建设、课程开发、教案教材、实训等方面都有了改善。这也是我们上海援疆工作的一个亮点，后来，我们和喀什地区职业技术学院进行合作，打造纺织服装教育培训基地，将生产和教学相对接，成为解决就业、提高劳动力素质、促进纺织服装产业发展的一个有效途径。

在医疗卫生方面，我们创新开展组团式医疗人才援疆，由上海多家市级三甲医院，每批选派二十几个医生到喀什二院，进行精准帮扶。目前喀什二院已经是当地知名的三甲医院。我们在此基础上还组建了南疆"医联体"，将喀什二院和我们四个帮扶县连接起来，形成"医联体"，进行点对点精准扶持，大大提高当地的医疗水平和医务人员的职业素养。2017 年，喀什二院上海医疗队接诊量超过 11000 余人次，开展手术 1150 余台，其中三四级手术超七成；新开设儿童哮喘、中医内分泌、妇产科内分泌、中医呼吸 4 个专病门诊，部分过去做不了的手术现在可以做了，部分过去治不了的病现在可以治了。我们援建喀什二院的发展目标，是建成南疆医学中心。同时，通过"医联体"的建设，努力打造当地群众家门口的好医院，让群众看得了病、看得好病，为喀什乃至南疆各族群众增添福祉。

## 严格管理带队伍

都说"一人援疆，全家援疆"，每个援疆干部身后都是全家老小的支持和牵挂。我中途交接棒，带过第八批和第九批援疆干部队伍。在万里之遥的南疆工作，首先要保障的就是援疆干部人才们的人身安全。为此，我们制定了严格的"晚点名"和"请销假"制度。我们以党支部为单位，共分14个点名单位，每天晚上11点前，每一位援疆干部向本支部负责同志报告自己的位置，然后由负责人上报到指挥部纪委设立的"晚点名"报告微信群，由专人负责汇总，然后集中报告给我。我每天晚上也带头将自己的位置报告到我所在的点名组。我们还会随机抽查核实上报的情况。另外，援疆干部要离开集中居住地，就要履行请假制度。用车方面，也有一套严格的制度。鉴于喀什地震频发的特点，我们组织大家进行了一些逃生演练，在每个人的房间里配备一个逃生安全包，床头放一瓶矿泉水，以应对可能到来的地震。同时每个房间里还配备防身器具，用来应对突发情况。

对援疆干部而言，要把援疆的最后一天当作来疆的第一天，以不忘初心，保持好一种状态，不能"虎头蛇尾"，同时也要把在疆的每一天当作援疆的最后一天，要珍惜时间，只争朝夕，抓紧每一天，用好每一天！我们援疆干部也需要在思想上摆正自己的位置，工作上才能更好地发挥积极作用。为此，我常说三句话：没有喀什当地干部群众的支持，我们将寸步难行；没有上海市委、市政府的正确领导和全市各方面的大力支持，我们将一事难成；没有每一个援疆干部人才的努力工作，我们将一事无成。

有一件我到基层走访时遇到的事让我难以忘怀。当时我是去考察当地的"安居富民房"还有"庭院经济"的发展情况，在和当地一户人家交流了半个小时后，我们就上车离开。但车刚开动，我看到他家的邻居，一位中年妇女倚靠在大门旁，眼睛里流露出期盼的神情。我的心旋即"咯噔"了一下，马上让司机停车，临时决定去这位妇女家走访一下，当我走上前去，她的表情一下子就亮了起来，热情地介绍家里情况，带着我们宅前、屋后地看，走的时候还送我们到门口，不停地向我们挥手。从这个眼神我看出了我们的援疆工作会带来什么，会改变什么，我还看到了当地人民对援疆干部的支持和信任。民生连着民心，民心关乎政治，第八批闵行援疆干部临走时，在他们居住的泽普县宿舍楼外墙上，曾出现过一行虽然不太工整但是直抵人心的汉字："上海的人们，谢谢！"我想这就是对我们援疆工作最高的评价。

## 牢记于心的那八个字

张珺，1968年8月生。曾任中共闵行区莘庄镇党委委员、纪委书记，中共莘庄工业区党工委副书记、管委会副主任（正处）等职。现任闵行区人大常委会党组成员、机关党组书记、办公室主任。2013年8月至2017年1月，为上海市第八批援疆干部，担任上海市援疆工作前方指挥部泽普分指挥部指挥长，中共新疆维吾尔自治区喀什地区泽普县委副书记。

口述：张　珺
采访：汤建英　徐晓彤　张玉琴
整理：徐晓彤
时间：2020年4月7日

2013年上半年，组织部发出号召，动员大家积极报名参加对口支援新疆工作。我觉得这件事很有意义，在和家属打好电话后就直接报了名。事实上，之前区里也多次发布过援藏的征询通知，我都报名了，各种原因没能如愿，所以这次报名援疆算是愿望的延续，而且比以往更加坚定。

在所有的报名人员中，我算是"大龄青年"了，因为援疆有年龄限制，必须是45岁以下，而我正好在这个年龄段里面。另外，我是上海市第八批援疆干部，与前一批相比有其特殊性。因为前面是闵行和杨浦两个区共同对口支援新疆喀什地区的泽普县，而从我们第八批开始实施"一区一县"政策，即一个区对口支援一个县。我作为上海援疆前方指挥部泽普分指挥长，同时兼任泽普县委副书记，压力还是比较大的，不仅要做好自己条线上的工作，还要带好一个团队，要对与我同批次的党政干部、医生、教师等每一个人负责。

2013年8月，上海援疆总指挥长带着我们20名援疆骨干提前半年进疆，开展压茬交接工作，其他同志也在2014年2月22日全部到位。2014年3月，我们成立党支部，并提出援疆的团队精神："情系泽普，不辱使命。"这八个字被我们制作成条幅，挂在了指挥部的驻地，每天工作、开会，甚至是去食堂吃饭都会看到这句话,这几个字不仅仅是挂在墙上,更记在我们心里。

## 民生是落脚点

"民生为本,产业为重,规划为先,人才为要",自全国新一轮援疆工作开启,上海积极响应号召,将这十六字方针贯穿始终。"民生为本"就是要把落脚点放在民生上。同时,2015年是"十二五"规划的收官之年,2016年又是"十三五"规划的开局之年,安居富民工程自然成为我们援疆工作的重点之一。

既然要安居,让百姓居有定所,住得舒服,住得安心,那就必须要因地制宜,对当地房屋特色和生活习惯进行充分调研和考量。动工前,我们组织上海甲级规划设计院的专家和设计人员,深入乡村和农牧民家庭,广泛听取他们对房屋新建、改扩建、庭院经济及配套设施的意见,按照每乡统一规划、每村方案多选的原则,制定农村"安居富民"创建方案。作为援疆工作最大的民生工程,县委、县政府和分指挥部高度重视,调整充实了"安居富民工程"建设领导小组,下设办公室、工程规划组、资金筹措组、工程建设与质量监督组、资金使用监督组、物资保障组"一室五组",还从县直单位抽调工作人员,安排到各乡镇做好基础性的服务工作,形成"党政一把手负总责,分管领导具体抓,各部门协调配合"的工作格局。

"安居富民房"以两层楼或平房为主,并且保留"前庭后院"的建筑风格,即房前规划庭院用来种植蔬果,房后留下充分空间用于养殖牲畜。这样的设计一方面是考虑到当地老百姓的生活习惯,另一方面则是想把安居富民与发展设施农业结合起来,在住房周边修建葡萄架、蔬菜园、种植果树等"庭院经济"以及畜牧棚圈,帮助村民致富。另外,根据农户自身的经济情况,实行分类指导,统筹推进。对相对富裕的农民,鼓励他们修建两层楼"别墅",将一楼用作商业经营,二楼作为居住空间,让他们有机会在家门口就能多赚取一份收入;对于贫困户,政府帮助其建设不少于50平方米的平房,满足安全住房需求;对于一般户,鼓励其按照"两层设计、分层建设"的原则,先建第一层,有条件后再建第二层。

扶贫的目标是脱贫,如果村民住进新房之后还要承担经济压力,那就不是真正的脱贫。为了不给入住村民造成经济负担，国家、自治区提供每户1.85万元的补贴，上海援疆资金每户补助1万元，钢材、水泥、砖块、黄沙等主材均由"安居办"统一招标采购每户配给，村民还能申请最高5万元的贴息建房贷款。我记得布依鲁克乡布依鲁克村的阿不力米提·达吾提一家六口人从土坯房搬进了崭新的"安居富民房"，虽然房间不大，但看到房子焕然一新，柏油路通到了家门口，天然气也进村入户，他们脸上洋溢着幸福的微笑。还有奎依巴格镇建设"安居富民房"后，散居的村民集中连片，维吾尔族、汉族、回族等多民族村民靠得近了，关系也更融洽了，各族居民文化上兼收并蓄、生活上相互依存、感情上相互亲近，形成了"民族团结一家亲"的良好氛围。

把民生工程做成民心工程，就是我们心中所愿。从村民自愿报名建房开始，直到让他们开开心心住进新房，我们扎实推进相关工作，并进行全过程跟踪，力争把好事做好、做实。三年里，我们先后实施了12600户"安居富民房"建设，完成水电气路一系列配套设施，还拓宽了老百姓致富渠道，积极扶持发展畜禽养殖、林果种植、民族手工艺等特色经济，因为除了安居，更要富民。

在第七批援疆干部的努力下，2013年10月，金湖杨国家森林公园正式获评南疆首个5A级景区，景区内的"长寿民俗文化村"便是安居工程与旅游发展结合的一个成功范例。近百户亚斯墩林场的原住民不仅搬进了颇具维吾尔族特色的新院落，还依托景区日益增多的游客量，实现了在家门口就业，凭自己的劳动创造出了财富。曾经赋闲在家的古丽，到景区当起了导游，为四面八方的游客介绍泽普的美景；曾经日出而作、日落而息、靠天吃饭的务农"巴郎"（维吾尔语音译，孩子），在景区里当起了游览车司机；长寿村里高龄老人阿达西，在颐养天年的同时，为远道而来的游客弹奏木卡姆，养老生活充实而充满快乐。2014年国庆假期，景区林场13辆马车，平均每辆每天收入850元，其中有一个叫热合曼的维吾尔族青年，最高一天收入1500元，假期7天的马车总收入为8400元。普通的马车成为通向美好生活的"快车"，大家都笑着说："马车就是泽普的'马迪拉克'，越跑越快。"

安居而后富民，一砖一瓦筑起的不仅是遮风挡雨的房子，更凝聚起奔向幸福生活的希望。当我漫步在泽普的大街小巷，看到这座城市越来越漂亮，公共设施越来越完善，生活环境越来越舒适，心里特别温暖。

## 产业是着力点

产业援疆、促进就业是全国对口援疆工作的核心任务，经过多次深入探讨和广泛征求意见，围绕"发展产业促进就业"一号课题，三年来，我们着力推进以就业为优先目标的产业援疆工作，有力地带动群众就业增收，泽普"民生创业孵化园"是其中重点项目之一。

通过调研走访，我们了解到很多返乡大学生创业时都会面临办公场地、启动资金等一大堆问题，如果能为他们提供办公场所和临时储存仓库，并给予一定的资金支持，他们的创业激情也会有所提高。这不仅能帮助他们实现自身事业的发展，还能提供大量的就业岗位，帮助更多人就业，创建"民生创业孵化园"的想法便是在这种情况下诞生的。"孵化园"2014年9月开工建设，2015年10月建成并投入使用，截至2016年年底，共吸引了8家民族手工艺企业、6家农产品合作社和5家电商企业入驻，扶持了8名返乡大学生自主创业，吸纳农村富余劳动力900多人。

印象比较深的是泽普有一位同济大学毕业的学生，他叫努尔艾力·阿皮孜，做了一段时间的"上班族"之后，他想创业。最初，他单枪匹马在乌鲁木齐做外贸生意，但由于种种原因，第一次创业失败了。偶然的机会，努尔艾力·阿皮孜得知国内著名食用油品牌在喀什地区市场占有率只有20%，他想依靠自己在本地的优势，打通销售渠道。于是，他就和同学西尔扎提·海米提一起拿下了某著名食用油品牌在喀什地区南四县的代理权，干起了粮油批发。门店就设在泽普县"民生创业孵化园"内，"孵化园"给了他们两间免费门面，作为他们的总部和仓库。同时，"孵化园"还给了他们10万元无息贷款，并安排上海老师传授创业知识，帮助他们分析市场和降低风险。

两个年轻人有学识、有能力、眼界开阔，接受系统的创业培训，加上良好的创业平台和创业政策，经过不断努力，公司代理的几个食用油品牌在南疆的市场占有率提升到了33%，第一年便赚了20多万元。后来，越来越多像努尔艾力·阿皮孜一样的返乡大学生，怀揣创业梦想入驻"孵化园"，电子商务、

▲ 泽普县民生创业孵化园古丽绣公司车间

民族服饰以及家庭手工艺等众多创业项目在这里结出累累果实，为家乡经济发展贡献力量。

要在援疆工作中抓好产业，将本地企业"带起来"无疑也是一条行之有效的途径。泽普民族手工业发达，2014年，我们投入近50万元援疆资金，打造"古丽绣"手工刺绣和"娜姿宁"民族服饰等品牌，发展壮大富有鲜明"民族融合"特色的手工业产业。这两家企业在民生创业孵化园建成之初就已入驻，一方面我们支持员工走出去开阔视野，进行系统培训，另一方面也引荐上海优质营销广告公司，为其产品包装和商品标识进行设计，支持企业做好产品体系设计，形成自己的品牌。为了拓宽销路，提升影响力，支持这两家企业开展营销活动，我们帮助建立模特展示团队，推荐其参加商品展销会，打通终端销售市场，将现有的直销店继续提升改造，并协调在孵化园内设立展示销售大厅，配合旅游宣传，不断拓展对外市场渠道，将其打造成泽普旅游特色品牌。

扶持一个企业，助推一个产业，带动一批就业。我们还建设了妇女刺绣编织服装实训示范基地,依托上海优势、当地职教和企业自身培训优势,提升当地专业人才技能,培训更多的妇女加入刺绣编织服装产业,辐射带动更多妇女就业。支持泽普刺绣编织服装行业更好占据市场,做优、做强产业,成为对口泽普援疆工作的品牌项目。

喀什地区被称为"中国毛驴之乡",毛驴保有量占全国总量的一半,为生产传统药材阿胶产品提供了优质的原料。有基于此,我们又将目光投向了本地企业金胡杨药业,其生产的阿胶品质优良、生产工艺先进,但苦于打不开市场,企业甚至一度陷入半停工状态。我们认为如果运营得当,金胡杨药业将是个好项目。经过多方努力,2015年通过上海援疆指挥部的牵线搭桥,金胡杨药业与上海医药集团进行了对接。

上药集团把"淡皮、两面光"的南胶工艺精粹带到喀什,金胡杨药业按照上药集团的药材标准和技术要求生产阿胶,并依托上海医药的"神象"品牌和销售网络打开了有秋冬进补习惯和膏方文化的上海市场。此外,金胡杨药业还全力开发新产品,结合新疆当地优质的红枣、核桃资源,推出核桃阿胶糕、红枣阿胶糕等阿胶系列食品,带动了当地农副土特产的销售。金胡杨阿胶生产线年产量为上百吨,药业和牧业公司共解决当地就业200人,原材料基地几乎辐射了附近所有村,药业公司员工月平均工资3000元以上,牧业公司员工月平均工资约2500元,对当地农民来说,已经足够支撑起一个家庭的幸福生活。

以点带面,多点开花,产业援疆工作不断向纵深发展。我们援建了工业园产业孵化基地,新建标准厂房3.6万平方米,引进佳信捷智能科技、人从众旺实业公司等产业项目落户工业园区;兴建畜牧养殖园,吸纳600户1000人就业;以金湖杨景区建设提升改造和生态保护为重点,将旅游业打造成为泽普当地农民增收致富、就业创业的朝阳产业;依托"沪喀宣传周"等活动,在上海举办了泽普旅游、招商和农产品推介会,推进沪泽两地旅游、产业交流活动……一项项"连心工程"让沪泽两地的人民越走越近。

## 人才是聚焦点

人才援疆是对口援疆工作的重要基础,我们的援疆医生和教师通过组团、

▲ 泽普县人民医院进行远程会诊

"传帮带"等方式,"造血"和"输血"并重,留下了一支支"带不走的队伍",为泽普稳定发展注入了强大动力,用精益求精的技能和恪尽职守的敬业精神,为"人才援疆"做了生动的诠释。

援疆医生团队进疆以来,指导参与救治的病人不计其数,得到当地群众的感激和感谢也难以计数。救死扶伤是天职,为当地留下一个带不走的团队是更重要的目标。在直接参与一线救治的同时,援疆医生们也不忘指导当地医生提升救治水平。通过查房带教、师徒"传帮带",使得当地医生对于疾病的认识更加充分了,诊疗水平提升了,对于先进仪器和技术的娴熟掌握程度也得到了提高。在援疆医生的直接指导下,2014年举行的全国执业医师考试中,泽普参考的21名医生中有10名通过了全国线,拿到了资格证书,取得了历年最好成绩。援疆医生的努力和付出,在当地群众中间早已口口相传。

在援疆干部队伍里,还有一个特殊的团队,那就是援疆教师团队。相较于其他地方的援疆教师,泽普的援疆教师更加特殊。泽普五中,是闵行与泽普共建共管的一所初中，校长由援疆教师担任，也是上海驻县援疆干部中唯一的法人代表。泽普五中从创立之初开始，援疆教师就挑起了大梁，从教学质量提升到校园文化建设，从学生品德教育到学校制度建设，都可以看到援疆教师发挥的作用。援疆期间，成功创建地区文明单位、地区平安校园，文化建设上已形成了独特的"五中经验"。2015年的中考成绩也是特别突出，该校参考考生中有108人考取"内高班"（内地新疆高中班），远远领先于本地区其他学校。这些成绩的取得，都离不开援疆教师的辛勤耕耘。

三年来，人才援疆的力度大、投入资金多、覆盖范围广，共投入1095万元援疆资金，实施"走出去、引进来、自培训、引人才"交流培训工程，培训泽普各级各类专业技术骨干和特色乡土人才近1.6万人次，帮助他们开阔视野，更新观念，提升本领，为提高当地干部人才队伍整体素质，促进解决教育、卫生、就业等民生问题，发挥了关键作用，增添了新的动力。

## 幸福是支撑点

援疆不仅仅是简单的建项目、派人才，援疆更是充满感情地与当地群众心贴心、交朋友。进疆之初，我们就开展了"五进"活动：进社区农村参加节庆活动、进农村农户开展结对帮扶活动、进驻村工作组送慰问活动、进援疆企业送政策活动和进项目现场领任务活动，为"援疆为什么、干什么、留什么"增添内涵。

2014年3月的一天，任职县委组织部副部长的援疆干部范天华，和当地驻村干部一起前往赛力乡阔孜玛勒村一位维吾尔族老党员家里走访。他发现老人家里的照片全部卷曲发黄，破损严重，回来后便立马和我们商量，提议从上海订购相框，与驻村工作组一起开展支部共建，帮助村民拍摄全家福，以此作为我们开展民族团结教育活动的序曲。很快，200多份定制的木质相框从上海寄到了泽普。

七一建党节那天，我们为村民家庭拍照，给他们送上经过精心装裱的全家福，看着他们开心的笑脸，我们的内心也充满着幸福的滋味。我觉得，在努力干大事、做大项目的同时，我们援疆人也要做有心人，要在关怀解决当地群众小需求上，想方设法为他们送上一些"小确幸"，唯有努力和真情的付出，才能更好地践行援疆的使命和担当，真正地做到"情系泽普，不辱使命"。

在温暖他人的同时，我们也一直被温暖着，"大后方"给了我们无微不至的关心和坚强有力的支持。在区委、区政府的大力支持下，闵行泽普两地乡镇进行了一对一的合作共建，在党的建设、民生项目、社会管理、人力资源培训等各个领域，进行了全方位的深度结对共建，很好地促进了两地的交流、交往和交融。后方各级领导的殷切关怀和有力支持，前方指挥部的精心指导和精准施策，让我们充满感激，精神振奋，让我们一路走来，始终内心充满坚定，脚步无比踏实。

回首这三年半，身处援疆一线，真切感受到新疆各族群众生活的明显改变，感受到"民族团结一家亲"像阳光一样的弥足珍贵，也感受到了援疆一路走来的收获和温馨。维吾尔族谚语说："青草只有不断生长，才能成就牧场的肥沃。"我想，只要我们援疆干部一棒接着一棒干，甘于奉献、敢于担当，在这片土地上辛勤耕耘、积极作为，一定能用真心、真情赢得当地干部群众的信任和赞誉，就像胡杨树一样有力生长、金色绽放。

# 待到枣花烂漫时

唐为群，1969年4月生。曾任中共闵行区经济委员会党委委员、区招商服务中心主任等职。现任中共闵行区莘庄工业区党工委副书记、管委会副主任。2013年8月至2017年1月，为上海市第八批援疆干部，担任上海市援疆工作前方指挥部泽普分指挥部副指挥长、中共新疆维吾尔自治区喀什地区泽普县委常委、副县长。

口述：唐为群
采访：张　颖　徐晓彤　张玉琴
整理：张玉琴
时间：2019 年 12 月 27 日

2013 年 8 月，从上海出发，向西 5000 多公里，这是我人生中最难以忘怀的一段旅程。援疆，对我来说，是一个使命，更是一份信任。

青年时期，我骄傲地成了一名海军战士，守护着祖国的海域，感受着大海的波澜壮阔。正是由于有过这样的经历，在接到报名援疆的通知之后，我毅然做出决定："去！"就这样，我和其他援疆干部们一起踏上了新疆这片热土。

## 不把自己当外人

三年半，一千多个日日夜夜，虽然已过去了很久，但在我的脑海中，仍时不时浮现出援疆工作的点点滴滴。我曾听人说，不到新疆不知道祖国幅员如此辽阔，不到喀什不知道维吾尔族如此风情，不到泽普不知道闵泽两地如此密切。一批批闵行援疆干部、医生和教师，带着理想，满怀深情，来到天山脚下，一个个民生项目在此落地，造福当地百姓。

对我而言，从国际化大都市的上海，来到祖国西北边陲的泽普，两地的风俗习惯、文化生活等都有着明显的差异。我知道，要想做好援疆事业，首先不能把自己当外人。因此迅速地适应和融入当地生活，是每个援疆干部的"第一课"。起初，因为气候、饮食、生活条件的不适应，睡前我时常辗转反侧，挂念起远在万里之外的家人和朋友。但每当想到临行前市委领导提出的"三个什么"——来疆为什么，在疆干什么，离疆留什么，我的心就慢慢静下来了。

我们来这里究竟是干什么？我们就是要尽我们所能，为泽普做一些实实在在的事。我深知，想要做好援疆工作，就要有化"输血"为"造血"的魄力和担当。这三年半的援疆工作中，每一位第八批援疆干部都是一边思考，一边在用实际行动回答。于是，我们一次次地和当地干部一起下乡、到现场熟悉地形，考察当地的风土人情。"一天三两土，白天不够晚上补"，我们顶着漫天沙尘，为援疆项目寻找最佳的实施方案。趁着压茬交接的空隙，将泽普面临的问题都摸了个透，为接下来的援疆工作做足准备。

当地有一个词，叫作"儿子娃娃"，是新疆人对男性的夸赞之词，是耿直、豪爽、忠诚、有胆识、有担当等一系列赞誉的集大成。在我心中，泽普县的干部们就是不折不扣的"儿子娃娃"，实施项目过程中时时冲在第一线，这样的勇气和毅力让我们每一位援疆人都深感敬佩。能和他们一起并肩作战，一起坚持与坚守，历练自己的意志，夯实工作作风，是人生一笔不可多得的财富。

## 带来三样"法宝"

想要在援疆工作中抓好产业，将本地企业"带起来"无疑是行之有效的途径。经过一番勘察，我们将目标锁定在了"金胡杨药业"。该企业生产工艺先进，出品的阿胶品质优良，但在经营销售方面，渠道不畅，处于"停滞"状态。厂区里冷冷清清，毫无生气。实际上，"金胡杨药业"在我们去泽普之前就已经开业多时，对于如今这样的状况，我不禁心生疑问：在原料、技术等各方面都属上乘的金胡杨药业，为什么生产和销售始终上不去呢？带着这番疑问，我们深入厂区调研。

原来，阿胶的原材料——驴皮的收集是一个非常麻烦的过程。当地松散的养驴方式，让企业的货源难以保证持续和稳定，在质量上也很难建立一个统一的标准。阿胶生产出来后，如何包装和定位，要推广到哪里，赢得什么样的市场，这些都要进行深层思考。多种因素制约着企业的发展，使得阿胶的年产量只维持在 3 吨左右。

要想将这家企业盘活，必须得花上一番工夫。于是我们一方面与企业负责人反复商讨对策，一方面也不断向援疆前方指挥部"推销""金胡杨药业"，以期获得上级的支持。为此，我还带着企业负责人驱车数十里，前往莎车县，只为"截"住正在那里调研的前方指挥部总指挥杨峥，当面向他汇报有关情况。最终，通过前方指挥部，我们与上药集团取得了联系。上海方面对"金胡杨药业"的产品进行了质量检测，结果表明，其所有成分都符合标准。拿到这份报告，我们都欣喜万分，要知道，这可是实施项目合作的实力与底气。我们了解到上药集团一直以来是以人参、鹿茸、阿胶为主打产业，近几年由于阿胶的短缺，急需补足缺口。如此一来，我们有了合作的基础。2015 年，在我们的不懈努力下，"金胡杨药业"与上海医药集团成功对接。"金胡杨药业"生产的阿胶产品得以在上药集团旗下的多家连锁药房上架，正式打入上海市场。我还利用回上海探亲的机会，多方走访，与相关部门和企业进行进一步的沟通和对接，最终促成"金胡杨"与上药集团两方合作的新突破：2016 年，"金胡杨药业"成为上药集团旗下"神象"品牌的战略合作伙伴。

"神象"为"金胡杨"带来了三样"法宝"——技术、市场和信心，这一品牌掌握着南派阿胶"淡皮、两面光"的全套工艺精粹。因驴皮原料减少、阿胶生产线"北移"，这一工艺在上海几乎没落了，如今反而在万里之外的泽普有了用武之地。南派阿胶的技术要素除了工艺方法，更有品控标准。在"神象"的帮助下，"金胡杨"建立起了一套符合上药药材标准的生产体系。就这样，市场之门自然顺利打开。利用"神象"的品牌影响和销售网络，"金胡杨"的阿胶产品很快向全国乃至海外消费市场拓展，公司的产能从一年 3 吨飙升至一年上百吨。

## 用行动书写担当

阿胶生产合作的促成，让我们心中那根时时绷紧的弦放松了些，但同时，我们也有了更多的思考。

一直以来，喀什地区都被称作"中国毛驴之乡"，纯净的水源、无污染的

▲ "金胡杨药业"养驴基地

湿地，使得这里成为毛驴们最理想的栖息场所。而只有在这种无可复制的生态环境之下，才能熬制出真正的天然好胶，也正应了那句业内行话——"好皮好水产好胶"。既然如今"金胡杨药业"的市场已经打开，阿胶产品的销售有了保障，那么是不是可以从阿胶的原料着手，进一步开发，形成一条产业链呢？

有了想法就该付诸行动。我们找到一块空地，能够满足用作饲草料生产和毛驴养殖。于是，新疆金胡杨牧业有限公司成立，保证了驴皮的纯正性与可追溯性。"金胡杨"毛驴基地的建立，既为公司自家的原材料提供了数量与品质的可控保障，也为泽普的畜牧产业发展树立起良好的示范作用。

"金胡杨"的发展，强力地带动了当地农民的就业脱贫。在"前金胡杨时代"，因为阿胶产量低、生产不稳定，"金胡杨"的用工人数也相应受到限制。而现在的"金胡杨"，单从毛驴养殖业看，毛驴的喂养、草料的种植和收割整理入库，每项工作都能够给当地工人提供优渥的工资；驴皮的晾晒、刮毛，切割、加工等一系列的阿胶制造工艺流水线，也为当地提供了不少的就业机会。许多贫困户不仅在短时间内自身实现了脱贫，还积极地带动家人、乡亲来到"金胡杨"工作，一同走上了脱贫奔小康之路。来自赛力乡的买买提·肉孜在

"金胡杨"从事喂养毛驴的工作后，每个月可以拿到2600元工资，这笔固定收入使得他的家庭实现了脱贫，妻子也可以安心在家照顾两个孩子。另外，公司会将母驴生下的幼驴送至百姓家中，辅以饲料，百姓只需看护饲养即可，这样一来，他们每年饲养毛驴所获得的收入也将是一笔不小的财富。

　　"金胡杨药业"的企业负责人不断努力，在延伸产品线上做足文章。她花重金找产品设计师重新设计包装，推出了自家品牌的盒装阿胶；又将阿胶与芝麻、坚果等产品融合一体，推出了小零食"阿胶糕"；接着又瞄准当地丰富的大枣资源，将阿胶塞入枣中，做成零食"阿胶枣"……如今，他们的产品已成功入驻沃尔玛的山姆会员店，进一步打开了销售渠道。

### 播下希望的种子

　　都说孩子是祖国的花朵，未来的希望。可是这里潜在的教育问题却让我深深为之触动。

　　还记得初到新疆时，我时时为听不懂本地方言感到无力，这给我们的工作带来了很大的影响。我问他们是否会说普通话，让人意外的是大部分百姓都摇头。但最让我感到震撼的是，当我走进当地学校，为贫困毕业生发放助学金之时，我问道："你考取了哪所大学？"得到的反馈却是孩子满脸的疑惑——他完全听不懂普通话。作为一名即将步入大学，或走进社会的学生，却还是无法熟练运用普通话，这将给他的学习和生活带来多大的障碍？想来，"不懂普通话"这一问题在泽普早已是根深蒂固，我着实为这些孩子们的未来感到担忧，更深刻意识到教育的重要性，这也为我们接下来的工作敲响了警钟。

　　要想彻底改变现状，改善文化教育，就必须从娃娃抓起。提出问题，分析问题，才能解决问题。如今，在当地干部、老师的配合下，普通话的学习已经被纳入学生的课程中，日积月累，孩子们与他人的沟通问题就能够得到妥善的解决。此外，每年我们还会选择各方面都出类拔萃的学生来上海参加夏令营，让他们在学习交流的同时，也能亲身体验上海的文化魅力，拓宽视野。

　　教育固然重要，但富民安居的问题也不容忽视。作为脱贫攻坚"两不愁、三保障"的重点任务，援疆资金投入最大的项目，保障群众住房安全的民生工

▲ 2016年，泽普县文化教育中心落成

程，我们需要足够的细心、耐心和信心去实施，这直接关系到各族群众的获得感、幸福感，事关脱贫攻坚任务能否如期完成。

新疆属于地震多发地带，在我们援建期间，地震时有发生。百姓们所住的毛坯房抗震能力差，安全系数低，成为生活中的一大隐患。本着"民生优先、群众第一、基层重要"的理念，我们重新选址，集中规划，集中建设安居富民房。"面积要达标、功能不落后、设施有配套、生产能发展、环境大改善"——这是上海援疆推进"安居富民工程"中的明确目标。作为这项工程的参与者，我们严格按照要求进行工作。动工前，我们深入当地百姓家庭，听取他们对房屋新建及配套设施的意见。工程开展后，也时常让群众发表自己的看法，有的及时并合理地采纳到工作中。以百姓自由报名建房为开始，以他们开开心心住进新房为结束，我们全程跟踪推进相关工作，把项目做好，做实。

"如今我们的生活有了翻天覆地的变化，安全问题、卫生问题统统解决了！""从住了几十年的土坯房搬进水泥砖瓦的新房，激动得很多天都没睡着觉，我的'安居梦'终于实现了！""安居富民房简直就是我们的'救命房''暖心房'！真得好好感谢你们啊！"走进"安居富民"新居，看着百姓喜上眉梢的神情，听着他们这么说，我们也颇感欣慰。其实，我们改变的不只是住房的外部形态，还有安居后百姓的生活习惯、思想状态。入住新居的百姓纷纷摒弃了长期席地而坐、席地而食、席地而睡的旧俗，屋内桌椅、橱柜、床具一应俱全。此外，做饭、洗澡等日常生活问题也都在我们考虑范围内。这三年，我们先后实施了12600户"安居富民房"的建设，完成了天然气、供排水、道路、供电等一系列配套设施，让老百姓切身感受到了来自上海的温暖。

不仅如此，更有人民医院内科楼、第三幼儿园等一大批民生项目建成，泽普的城乡面貌得到了明显的改观。

## 为了那片片枣红

在泽普，一说起红枣，人们都眉飞色舞，再说前景，人人都面露自信的微笑。

泽普有着悠久的红枣栽种历史，过去由于技术和管理的滞后，红枣产量低，品质差，种植红枣的农户感受不到实惠，因此对大面积种植、推广缺乏热情。直到2004年，泽普县委、县政府积极转变思路，引进优良品种，加大技术培训力度，加快了红枣种植的步伐。一部分农户在技术人员的指导下获得了丰收，实现了良好的收益，红枣种植逐渐地被广大农户接受。红枣种植需要光照充足、沙质土、干旱少雨但又有水源保障的生长环境，泽普正好这些条件都符合，因此出产的红枣品质高，产量也高。

在我看来，泽普的红枣孕育着泽普的文化。泽普骏枣是红枣中的优良品种，个大、皮薄、肉厚、核小，营养丰富。就像泽普的维吾尔族人，热情、好客、真诚、踏实。在泽普，凡过往的客人均可以入枣园尝鲜，枣农概不收钱，如遇主人在，还给你献上自家酿枣花茶。即使主人不在也可以去摘食，"瓜、桃、李、枣，不算强盗"说的正是如此。

那些年，我们时常站在红枣树下，一边享受着丰收的喜悦，一边想着如何将援疆项目更好地完成，如何让老百姓过上自给自足的富裕生活。诚如第八批上海援疆前方指挥部总指挥杨峥鼓励我们援疆干部时所说的那样："泽普是红枣之乡，是全国最大面积的有机红枣种植基地，你们要在泽普这片热土上书写好'枣情·枣恋'这篇文章。"从泽普走出去的人，无论走到哪里，骨子里都深深镌刻着枣树的符号，血脉中弥漫着恒久的红枣馨香。我们秉持着这份信念，在援疆工作中不断自我提醒，学习着泽普人民奋发向上、顽强拼搏的"枣树精神"。

  三年半的时间，我们坚持规划为先，与指挥长、援疆干部经常深入乡村、学校、医院、企业等维稳和发展一线开展实地调研。为保证项目顺利实施，我们总是主动与有关部门对接，制定了项目建设、责任管理、资金拨付、质量监管、验收审计等一整套管理机制，对项目的各个环节严格把关，确保了援疆资金安全高效利用，最终完成实施项目74个，真正打响了支援新疆的"上海品牌"。老百姓的就业渠道也不断拓宽，生产、生活条件显著提高，脱贫致富信心更加坚定，各族干部群众真切感受到了上海援疆带来的实惠，援疆项目也真正成为服务基层、百姓受益的民心工程，"星星之火"成就了当地稳定发展的"燎原之势"。

  我始终认为，对口援疆工作就像"结亲家"，而援疆干部就是将"我们闵行"和"我们泽普"联结起来的纽带和桥梁。即便如今我们离开了泽普，也依然不会忘记在这里有这样一群亲人。希望泽普的人们每次看到我们这三年半的时间里，留下的这些微小痕迹时，也不要忘记在繁华的大上海，还有我们这样一群亲人。

## 戈壁滩上的希望绿洲

冯立竹，1974年5月生。曾任上海市群益职业技术学校校长助理等职。现任上海市群益职业技术学校副校长。2013年8月至2016年7月，为上海市第八批援疆人才，担任新疆维吾尔自治区喀什地区泽普县职业技术高中副校长。

口述：冯立竹
采访：汤建英　徐晓彤　李步青
整理：李步青
时间：2019 年 12 月 18 日

2013 年 8 月，为积极响应中共上海市委和闵行区委组织部援疆工作的号召，并通过市、区组织部门考察选拔后，我作为上海市第八批援疆干部人才的一员，来到了新疆喀什地区泽普县。从 1995 年参加工作以来，我一直在中等职业教育领域工作，赴疆之前我是上海市群益职业技术学校（简称"群益职校"）校长助理，对职业技术教育这一块比较熟悉。来到泽普后，组织上安排我挂职泽普县职业技术高中（简称"泽普职高"）副校长，主要任务是提高学校教师的教学水平，提升学生的专业学习能力，为他们日后就业打下坚实的基础。

出发前，上海市委党校统一组织我们第八批援建干部参加了前期培训，介绍相关政策、当地环境和受援单位的情况等，但对新疆和喀什的实际情况，我们了解仍然比较少。

刚到泽普，陌生、紧张和好奇的情绪交杂着，这反倒激发了我内心那股不服输的劲儿，更坚定了我扎根新疆、奉献新疆的信心和决心，我深信，只要播下希望的种子，荒漠也会变成绿洲。

## 来了位上海校长

泽普当地的义务教育相对来说较为完善，职业教育却不尽如人意。我所在的泽普职高，历经几次搬迁，一直没有固定的办学场地。在上海第七批援疆干部的努力下，泽普职高在距离泽普县20公里外的戈壁滩上建了一座新校区。我们第八批援疆干部到了以后，新校区正式启用，泽普职高也正式有了固定的学校场地。

初到泽普职高，正值开学季，偌大的学校，原本的建造规模可以容纳3000名学生，却只来了两三百人，人数还不稳定，来了又走，最少的时候不足百人。一开始我们也很疑惑，这到底是怎么回事儿？经了解，原来还真是事出有因：当地的八九月份，天气炎热，黄沙漫天飞舞，能见度非常低；而一到冬天，教室又异常寒冷，令人无法安心学习；加上学校距离县城太远，交通很不方便，导致刚开学的时候，很多当地的老师、学生都不太愿意来学校。当时，职业教育在泽普并不受重视，学校配备的师资队伍也不全，许多老师还同时兼任着村里的一些日常事务。对于当地环境的恶劣程度，我们其实是有一定心理准备的，但生源不足的情况却着实令人犯难发愁。为此，我们首先和当地的老师一起到学生家里进行家访，做招生宣传工作，动员孩子去读书。上门开展工作的时候遇到了很多难题，因为招收的学生基本是少数民族学生，普通话水平较差，即使有当地的老师协助进行翻译，还是会有很多想法没法准确地传递给学生和家长。另外，不少学生来自农村，而农民的教育观念薄弱。许多家长认为，孩子也是家里的劳动力，与其在职校上课，不如在家里帮忙干活，更别提职业规划了。

家访的路多是渣土路，汽车开不进去。因为新疆尤其是南疆降雨量很小，走在路上就像是踩在面粉里一样。那时候我们有一句玩笑话："援疆干部苦不苦，一天要吃三两土，白天不够晚上补。"有时候一天家访下来，整个人都是灰头土脸的。但我们仍然充满信心，充满干劲，仿佛脸越黑越有力，土越"吃"越有劲。

在做宣传时，我们不厌其烦，反复和家长交流沟通，现在的条件和以前相

▲ 为当地村民进行政策宣讲动员

比有了很大的改善，应当将小孩送到学校接受教育，这样他们才能够更好地成长，未来才有更好的发展前景。当地老师在介绍时也会补充说："现在的职业教育和以前不一样了，我们来了个'上海校长'！"这句话使得我们的压力和责任感更大。我也的确感觉到，通过前几批援疆干部的成果积累，"上海"这两个字在当地的反响很大、很好。深受触动的同时，我们也立志一定要把当地的教育水平提高上去，不能辜负援疆使命和当地干部群众的厚望。

如果把知识比作是一辆带动汽车前进的发动机，那技术一定是它的涡轮增压。知识是人类进步的阶梯，在我看来，技术更是那些阶梯的基石。我对自己的要求是扮演好一位"搬运工"的角色，用开放办学的方式，为泽普带来最前沿的职业技术，并让先进的、符合泽普实际的职业教学模式在泽普生根发芽。

## 学校该有的样子

学生招进来后，如何留住学生，使他们受到更好的教育，成为我们进一步思考的问题。针对这一点,我们主张规划为先,结合学校实际和泽普县产业发展的需要,不断完善学校发展规划和专业发展规划,调整专业结构,整合资源,明确发展目标,使学校逐步形成以计算机专业为基础,汽车维修、服装、烹饪为重点,民族手工艺品加工为特色的专业体系,并积极组织人员开发与泽普旅游经济相配套的旅游服务与管理专业,使学校走向科学发展、优质发展的轨道,为此,我们也做了许多工作:

营造育人环境。做好校园绿化,我们动员全校老师和学生一起动手种树、种草皮,这样不仅可以节约成本,还能够充实学生的学校生活,更可以在劳动中培养学生的劳动观念和劳动能力;校内新增宣传橱窗和宣传长廊,张贴宣传标语,在潜移默化中影响学生的思维观念;改善生活和学习环境,轮流安排学生每天打扫教室和宿舍的卫生,整理宿舍内务,并安排专门的德育老师每天进行检查;开放阅览室、报告厅等新建场所,让学生们可以到阅览室去看看书,开展一些活动、比赛,丰富学生的娱乐生活。

完善实训设施,也是一个迫在眉睫的问题。随着泽普职高逐步走上正轨,学校汽修实训成了最热门的专业,学生可以学到一技之长,社会对汽修专业人才有需求,但学校实训设施不足,实训设备与专业发展不配套严重制约了专业教育教学的发展,合理利用援疆资金变得尤为关键。经过多方申请,在援疆指挥部的支持下,投入援疆资金500万元筹建学校汽修实训基地,使之成为集学校教学、实训与经营一体的综合性实训场所。

在加强师资力量方面,我们也做了不少努力,规范教学管理、完善教师队伍、丰富教学资源。初期规划时,我们发现很多当地老师虽有一技之长,有实际操作经验,但其实并没有受过专业训练。比如有的老师只是踩过缝纫机、会做衣服,就去当了服装专业的老师;有的老师以前是工程队的,会砌墙,就去做了建筑工程专业的老师……总之许多老师专业性不强,只是简单地会什么就教什么,在教育经验和教育方法方面还是比较薄弱的。针对这种现状,我们积极依托沪喀职业教育联盟的优势,搭建舞台,不仅帮助教师队伍成长,更为学校各项工作规范、有序、科学、高效地开展奠定了坚实的基础。采用"请进来,送出去"的方式,邀请外来教师支教,并组织教师结对拜师,通过传、帮、带，开展校内教师培训，帮助教师了解教学常规要求，改进教学方法，提高教学能力。同时，依托上海教育资源，先后组织、选送十几位教师和优秀学生到上海培训、学习，这样既能提高师生的技术水平和业务能力，又能让他们开阔视野，提高认识。其中有一个服装专业的老师，我们从基础课程开始，帮助她进行教学方面的常规指导，比如如何有效备课、如何组织课堂教学、如何将理论与实践相结合，通过让她去周边学校观摩学习、去上海交流考察，让她对职业技术的教学有了更深的体会。后来这位老师带领学生参加新疆的一次技能大赛，取得了非常优异的成绩。部分老师教学能力提高以后，成功带动了周围其他老师，教师之间开展互学赶超，逐步培养、形成了一支教学水平和业务能力较高的专业带头人队伍，为学校培养了一批带不走的师资队伍，逐步完成由"输血"向"造血"的转变。

还有关于教材的问题。许多老师讲课没有固定的教材，有些通用教材受制于学生掌握国家通用语言文字的水平，也没办法在学校推广。针对这种情况，我们通过各种途径为学生找一些实用的教材，包括上课的指导手册，并开发图片式教材，使学生更容易理解。其次，我们也积极引入上海先进的教育理念，坚持开放式办学，完善专业建设的要素，在深入分析学校的办学情况和当地产业发展结构的基础上，树立"能力+技术"的学生培养目标，明确专业的教学计划和规划，完善学校教学计划大纲、课程标准和课程设置。开设一些相关专业课程、基础文化课程，增加一些演讲比赛、朗诵等课余活动。通过国家通用语言文字课程的开设，提高学生普通话水平，强化国家通用语言文字教育，增强了学生的岗位适应能力和社会适应能力，也增加了他们的受教育机会，让当地的孩子们有更多的机会去其他城市学习、工作。

教育不是一天两天的事，而是长期的、潜移默化的过程。虽然有些问题不能马上得到解决，一些课程存在着专业技术上的各种限制，达不到现代职业教育的水准，但我们坚信，所有的事情都是可以慢慢改变的。春风化雨，润物无声，学生们也在无形中增强了对学校的认同感和归属感。随着各方面对职业教育愈加重视，第二年开学时，学生明显多了起来，达到1000多人。与此同时，学校在教职人员的配备上也更加完善，到2016年我们第八批援疆干部离开的时候，基本上配备了相应的职能部门，每个职能部门都有专门负责人；各个专业都有了几个出色的、起带头作用的老师，带动教学和研究，教学秩序井然有序，教育质量显著提升。

有一天，当我走过宣传长廊，透过教室的玻璃窗看到学生在里面安静看书，心里不禁充满了喜悦：这才是学校该有的样子啊。

## 最独特的课堂

学生和老师渐渐多了起来，如何使教学提质增效，我们也做出了很多尝试。闵行每年都会派出由优秀老师和专家组成的讲师团到泽普进行教育方面的讲座和培训。我们也特别珍惜这样的机会，组织泽普职高的老师和一些管理干部去参加学习和培训。

由于管理和教学观念的差距，光是灌输式地讲授经验，并不能使老师很好地理解，所以我们也组织了一些校际交流活动，组织泽普职高的老师到上海进行实地学习，看看上海的老师如何上课、学生又是怎么学习的，未来职业教育的学生能达到什么样的水平；组织学生到上海来看一看，让他们了解自己通过职业学习以后，能收获怎样的未来。"手拉手"的活动是校际交流中的一项重要活动。为了帮助泽普枣农推销红枣，我们曾借助现有平台，举办创业大赛，泽普职高的学生负责产品的收集，群益职校的学生负责销售，学生们的积极性也很高，有的开起了淘宝店和微店。这不仅帮助当地农民销售农产品，助力脱贫攻坚，还提升了学生的能力。

我们也始终坚持改革办学模式，职业教育不能关门办学，可以引入企业的一些资源来进行专业建设，为学校后续发展提供多方资源，注入活力。通过深化校企合作、工学交替，不断完善学校的人才培养模式，也弥补了当时学校条件的欠缺。泽普金湖杨国家森林公园是国家5A级旅游景区，景区中有不少能工巧匠和手工艺人。我们邀请他们到学校做带教老师，教学生做手工。后来，很多学生作品都被陈列在景区，有的还在泽普举行重大活动的时候进行了展示。学生真正掌握了这一技能以后，还可以自己开手工作坊，做工艺品。

充分吸收和利用社会企业的各种资源，按照集教学实训、顶岗实习、创业

▲ 援疆干部人才在泽普分指挥部学习交流

与就业于一体的思路进行校企共建，每个专业选取1—2个企业进行深度合作，引校入厂，成为学校校外实训基地，使企业生产车间变成学生最独特的课堂。例如请当地师傅到学校给美容美发专业的学生上课，一段时间以后学生跟着师傅到企业里实际操作；还和泽普工业区的一家服装企业进行合作，对方提供场地，学校提供技术支撑，学生实习也得到了落实。这不仅可以有效利用企业资源，更有助于加强学生的生产性实训环节，提升学生的技能水平和专业能力，还可以使学生感受企业真实的工作情景与工作氛围，熏陶企业文化，有利于学生向真正的"职业人"更快、更好地过渡，提升学生的就业能力。

那几年，通过结合学校实际和泽普县产业发展的需要，规范管理，强化制度建设，坚持"依法治校、民主管理、以人为本"的管理原则，制订各项规章制度，使管理工作走向"制度化、科学化、精细化"的发展轨道，提升了学校的吸引力和生命力。不仅生源多了起来，师资队伍也日益壮大，各方面教育教学逐步走上了正轨。

援疆期间，作为泽普分指挥部支部委员，我也始终和援疆干部们一起，严格遵守各项规章制度，做到堂堂正正做人、清清白白做事，不断提高自己的思想境界。虽然援疆只有短暂的三年，我们无法通过个人的力量使学校在短时间内发生翻天覆地的变化。但我们深信，通过一批批援疆干部的长效努力，能够为学校营造出长期的文化氛围，形成文化积淀，从而真正地提升当地的教育水平。最美泽普，这一切都源于当地干部群众与援疆干部共同坚持不懈的付出，也包括我们对这一片疆土的无限热爱。

　　三年援疆路，一生援疆情。如今，我虽已离开泽普职高，重新回到了群益职校，但正如泽普职高的老师对我说的："虽然你离开了，但你永远是泽普人。"学校与学校之间的帮扶，也仍旧在继续。群益职校设有新疆内职班，每年都会接收一批从新疆来到上海就读的学生，通过政、企、校三方协同合作的育人机制，学习成才，学生毕业回到新疆以后，不少人都在企业里成了技术骨干，反响很好，收入也很不错，直接改善了家庭的经济状况。这也让学生看到了希望，可以通过努力改变自己甚至家庭现状，实现自己的人生价值。

## 用生命守护生命

樊赟，1977年3月生。曾任闵行区颛桥社区卫生服务中心应急管理科科长等职。现任马桥社区卫生服务中心副主任。2014年2月至2015年8月，为上海市第八批援疆人才，担任新疆维吾尔自治区喀什地区泽普县疾病预防控制中心主治医师。

口述：樊　赟
采访：张　颖　徐晓彤　李步青
整理：徐晓彤
时间：2019 年 12 月 19 日

　　去援疆之前，我一直在社区卫生服务中心工作，具有公共卫生专业功底和多年的社区预防保健工作经验。所以，当组织找到我，问我是否愿意去新疆参与为期一年半的援建工作时，我觉得这是自己义不容辞的责任，也是提升专业素养的一个机会。当时就下了决心，一定要去！

　　关于卫生援疆，我心里多少有点底，因为早在 2012 年，闵行区卫生局曾组织各单位公共卫生人员一起前往新疆工作过一个月，作为其中一员，我对那里的人文风情和公共卫生情况有一定的了解，能再一次被选中参与援疆工作，这代表着组织对我的信任，内心也比较激动。带着对家人的想念和对工作的期待，我们第八批援疆医生经过七个多小时 5000 公里的飞行，越过天山、塔克拉玛干沙漠、昆仑山，从祖国的东海之滨来到了西部边陲——新疆泽普，开启了卫生援疆的新工作和新生活。

### 最朴素的想法就是看病救人

　　援疆工作不同于一般的工作调动，在当地人眼中我就是"上海"，在前指挥部 163 人眼中我就是"闵行"，在分指挥部 21 名同事眼中我就是"闵行卫生系统",而在我自己眼里,我就是"泽普人"。

从到泽普的第一天起,我的脑海里就不断回想起市领导提出的"援疆为什么,援疆干什么,援疆留什么"的问题,我想弄清楚这个问题,首先就要把自己看作当地群众的一分子,当地卫生系统上的一环,不单单是站在援疆、站在上海的角度来看待问题,而是要融入当地,学会用他们的思维来思考问题。饮食习惯、交流用语、气候条件等看似日常琐碎,但正是这些细枝末节构成了当地人的生活,我们只有适应他们的生活环境,才能真正地走进泽普,成为一名真正的"泽普人"。

尊重要从尊重饮食习惯做起,两地饮食差异巨大,且当地人口味普遍较重,超过了每人每天 6 克盐的限量要求。在表达自己看法时,我经常注意以一个征询的口吻沟通交流。当地人说着维吾尔语,大街小巷都是维吾尔文字,我们也开始学习一门新语言,听说读写 32 个维吾尔语字母……

此外,泽普特殊的气候环境,对于常年生活在温暖湿润的上海的我们来说也是个不小的考验。虽然早就听说南疆的"沙尘暴"很厉害,但 2 月入疆后没遇到过什么严重的沙尘天气,就有点不以为然了。其实,南疆的沙尘是尾随着春天的脚步一路追过来的,一般在春季持续两三个月,我印象最深的一次"沙尘暴"就发生在 4 月。

那天早晨一起来,就发现天空呈现黄土色,远处的房屋有些模糊,没过多久,窗外已是一片混沌,有种科幻大片的感觉。一天工作下来回到驻地后,本身就患有咽炎和鼻炎的我渐渐感到肠胃不适,并持续发低烧。巧合的是,同宿舍的沈丹杰(原闵行区中心医院消化科医生)手肘受伤,刘建军(原上海市第五人民医院创伤急救中心医生)受到感染发高烧,再加上恶劣的天气导致住所断电断水断网,一时间,我们三个人不知道该如何是好。无奈之下,身为医生的我们就互相给对方当了一回医生,打着手电筒,该挂水的挂水,该贴膏药的贴膏药。黑暗中,我们一边看病,一边聊着工作,聊着家人,聊着在泽普的生活。就这样,我们不断地适应这里的生活,也在不断地了解这里的公共卫生情况。

泽普是一个乙类传染病高发县,发病率前三位的是肺结核、乙肝和梅毒,而且防治工作比较薄弱，群众健康意识不强，卫生人员的工作平台、方式和理念还存在不足，导致传染病发病率一直没有得到有效控制。一次对肺结核病人的家访让我感触颇深，当时，我在心里暗暗下了决心：一定要在援疆的一年半时间里，尽我最大的努力在泽普传染病防治工作中做一些真正有用的实事。

那天，我跟着县疾控中心的主任下乡，当地村书记把我们拦住了，希望我们能到一个村民家里看看。于是，我们一行人来到了艾木杜拉·玉素因的家，一到他家就看到了一个因肺结核及其他疾病卧床在家的中年人，床边坐着一个两岁不到的孩子和一个行动不便的老人。七八平方的小土房里几乎看不到什么日用品和生活设施，一家老小都在等着病人能起床，把这个家支撑起来。看到这一情景，我和同行的同事商量后决定试试和县人民医院联系，看看能否尽早安排入院。第二天，艾木杜拉·玉素因被安排住院，但不幸的是，他当天晚上就去世了。这件事给我打击很大，我在想，不管我们怎么用资金救助，如果一个家的劳动力没有了，再多的资金在疾病面前都将化为乌有，没有意义。

援疆为什么？作为一名医生，最朴素的想法就是看病救人，让新疆百姓走出疾病阴霾，拥有健康的身体。

## 最好的保护就是自我保护

要防控就要先提高防控意识，关于传染病，只有了解它、正视它，才能放下恐惧，积极配合治疗。因此，我们首先要做的就是大量的宣传和教育工作。不管是盛夏还是隆冬，只要一有时间我们就上街宣传；在村里发放肺结核痰液专用杯、每家张贴宣传年历；针对党政干部、专业技术人员、初高中学生、娱乐场所从业人员等开展关于社区公共卫生、结核病防治、艾滋病防治知识讲座等。

2014年12月1日是第27个"世界艾滋病日"。我和泽普疾控中心的同事们一起，按照原定计划提前一天，在休息日来到人口流动量大的街头开展设摊宣传。到达设摊点，我们张开横幅，拿出准备好的资料、宣传册一边分发给路人，一边向他们介绍艾滋病防治知识和国家"四免一关怀"政策。过往的陌生人纷纷停住了脚步，我用刚刚学会的几个简单维吾尔语单词夹杂着普通话，告

▲ 2014年12月1日，泽普疾控中心医务人员开展设摊宣传

诉他们防治艾滋病的注意点和应对措施，也有不少人特地跑过来向我们咨询相关病情。在交流中我感受到泽普人的质朴和友善，也感受到当地群众对卫生健康知识的渴望。

  不一会，刮起了大风，乌云密布的天空下起了冰雹。一开始，我还庆幸自己的"防护"工作做得挺好，穿了羽绒服，也戴了帽子和手套。可是随着时间的慢慢推移，渐渐地，脚麻了，鼻涕流了下来，羽绒服也感觉变薄了。疾控中心的同事们丝毫没有退缩的意思，还在耐心、热情地给过路人讲解相关知识。我是上海援疆的公共卫生人员，更是泽普疾控的一员，我必须坚持！

  4个小时的设摊宣传工作结束后，回到驻地当晚，我就发了高烧，但是我的心头却是火热的。多一个人了解传染病，就多一个人加入了防控阵营，我们就多了一分力量。可是还有很多人因为条件有限，出行不便，无法接收到相关知识讯息，生了病也不能得到及时医治，为了让更多人受益，下乡义诊成了我们工作的一部分。我记得第一次参加义诊的时候，车子刚刚驶入村委会大门，就看到许多村民已经聚集在门口院子里。老百姓的热情化为我们的动力，大家迅速行动起来，搬桌子、放椅子，开始做工作前的准备。做记录、量血压、做

▲ 开展结核病防治知识讲座

心电图……村干部和驻村干部当起了临时翻译,把我们的意见传递给患者。短短一个上午,前来咨询问诊的人就达到百余人,临近中午,烈日当空,好多已经诊查过的百姓仍然站在院子里不愿离去。

　　正当我们要离开时,有一个村民拿着一大袋子核桃、红枣,执意要让我们带走。他是来问诊的,在那之前得了肺结核病,药吃了一半,觉得自己没事了就停药不吃了,结果病情变得更加严重,要花费更多精力治疗。我们免费给了一些缓解病情的药,并且叮嘱他一定要去医院进行进一步治疗。那个村民将一袋子的"心意"塞到我们手中,我一时情绪有些难以自控,激动地说道:"快点去医院看病,这比送我们什么都强!"一句话,他被说得快哭了出来,连连点头,而我们也变得更加坚定,誓要改变泽普公共卫生的点点滴滴。

　　当然上街宣传、下乡义诊的对象有其随机性,对特殊群体的定点教育则更具有针对性,特别是学生这个群体,自我保护意识还不强,健康知识欠缺。

　　早在2005年,闵行就已经在多所中等学校开展艾滋病宣传教育试点,并取得了明显效果和深远影响，探索出了适合青少年性与生殖健康的教育模式。我们决定将闵行的经验模式与泽普实情相结合，一起走进各大中小学，开展"健康进校园"活动。如何预防传染病？如何正确洗手？什么是正常的体温以及发热后如何处理？围绕着这些问题，一堂堂生动的健康课堂开课了。

为了提高学生学习的积极性，使枯燥的医学知识让孩子们乐于接受，我们备足了"功课"。通过播放动画片、幻灯片的形式为孩子们讲解医学知识，指导孩子们养成良好的生活习惯。根据学生们关注的话题寓教于乐，比如讲到肺结核病，我们会用《红楼梦》的林黛玉举例，根据林黛玉生病时的体征描写，得出结论她是得肺结核病去世的，以此提高课堂的感受度和趣味性。有时，我们还会开展知识竞赛、快问快答等娱乐活动，活跃课堂气氛，并且自掏腰包购买一些水杯、笔袋、笔记本等学习用品，对表现好的学生给予奖励。

援疆干什么？从疾病防控上来说，就是要凝聚社会力量，提高防护意识，做好防控措施，从根本上切断疾病源头，因为最好的保护就是自我保护。

## 打造一支带不走的队伍

在上海进行援疆前的培训时，有位领导指出："你们并不比受援单位的同志聪明，而是你们比他们工作条件优越，有更多机会接受更好的培训、接收最新的资讯。"当地公共卫生人员所缺的正是在同一要求和标准下解读文件、细化落实工作的方法，所缺的是好的工作思路和理念。那么，如何把这些留在当地呢？以行带教，通过一系列实用的工作方法和技术亲身示范就是最好的方法。

2015年6月迎来了一年一度的高考季。"樊医生！帮忙写份方案吧！"我一抬头，是县疾控中心的副主任阿不来米提，他拿着一份文件向我走了过来，文件是县招生委员会办公室印发的，要求疾控中心为泽普高考考点提供预防性消毒、传染病控制等卫生保障服务。

"写，立马写。"在我看来，这不仅可以为泽普做点实事，还是一个手把手带教的好机会。拟订方案过程中最大的难点就是消毒剂的选择，原来在上海常用的过氧乙酸消毒剂在泽普各药店并不常见，有的只是来苏水消毒剂，但是来苏水消毒剂由于毒性较大、过敏性等因素并不能作为大型活动预防性消毒的选择。于是我们本着对泽普考生认真负责的态度，坚持让当地的公共卫生人员多方联系，终于找到了过氧乙酸消毒剂的供货商。随后我又和阿不来米提一起一字一句地对方案进行了推敲。根据学校消毒人员并非医务人员的特点，对消毒剂的配制、喷洒的剂量范围、消毒后通风、个人防护及注意事项，一一做了细致明确的界定，力求在保证消毒效果的同时避免任何毒副反应。

高考前一天，我们参与方案拟定的所有同事和疾控中心消毒组的其他成员一起对两个考点和考生宿舍进行了走访。通过和学校消毒人员对接，了解他们对消毒规范的掌握程度，对于不了解的细节一一做了讲解并现场亲自演示规范的消毒操作，对于物资准备情况也做了详细的检查，如喷雾器是否曾用作农药喷洒等。虽然这只是泽普每年高考的例行工作，但我们必须用心来做，更希望通过"工作不过夜"等一些小细节来传递上海的工作理念、工作思路，在点滴中改变专业技术人员的工作方式、提高技术水平。

打造一支带不走的队伍，切实发挥"传帮带"作用。我们通过同科室人员共同学习、共同工作和督导检查，发现问题并及时结合自己的经验思考提出解决办法，特别是在结核病防治工作中参与协调、制订泽普结核病实验室检查委托方案，将结核病人实验室痰培养移交县人民医院极大改善了泽普县痰培养的检验工作。另外，将艾滋病病人管理移交县人民医院，并一起对县人民医院的艾滋病门诊选址和布置提出具体意见，也解决了地区多次发文未解决的难题。

工作期间，我们发现县人民医院和乡、村卫生机构之间的联动不够紧密，这为患者就诊带来了极大的不便。为此，通过与县人民医院的协调和加强对乡、村卫生机构的管理，进一步完善结核病防治的初筛、确诊、报告、治疗、随访管理全流程。同时，向中国疾控南疆工作站专家汇报，说服他们加入联动系统。上到中疾控南疆站，下到村卫生机构，如同一个电路板，一个焊接点没到位，"防控机器"就无法有效运行。

理顺平台后，为了高要求地规范流程，我们对所有医护人员进行理论和实践培训，提高他们的理论水平和操作能力，方便患者就医。怎么找医生，怎么联系传染病房，去哪里拿免费药物，一环扣一环，每个环节每个工作者都必须实地体验过。除此之外，针对村地方大、人口少、人员散的特点，村民患者的医治主要靠村医，我们也对村医进行了单独培训，对药物的发放和使用进行深度讲解和示范。

经过多层次的带教，在地区疾控半年考核中，大家惊喜地发现"涂阳"（肺结核痰厚涂片阳性）病人发现率和医院内部转诊到位率，比前几年同期有很大改善。从而转变了包括卫生局、疾控中心领导和专业干部的工作思路和态度，大家都被激发和带动起来。

援疆留什么？要留下一支带不走的医疗队，留下先进的工作理念、工作思路和技术水平，不要亲力亲为操持一切，也避免我们离开后的空缺，从"输血"到"造血"，真正形成完整的系统。

援疆工作是立体的，没有前方和后方的区别，只有持续不断的温暖和关怀。如今，我所在单位依旧在和泽普的乡卫生院对接，进行远程会诊和授课。每一次两地连线，都能让我回忆起过去的那些点点滴滴。有人会问我为什么会选择援疆，我想没有原因，因为我是医生，守护生命是我的天命，因为祖国需要，支持援疆是我的责任。

## 援疆是有温度的

　　胡志宏，1971年1月生。曾任中共闵行区委宣传部副部长，区精神文明建设委员会办公室主任，区委办公室主任，中共莘庄镇党委书记、镇长等职。现任中共闵行区发展改革委员会党组书记、主任。2016年12月至2020年1月，为上海市第九批援疆干部，担任上海市援疆工作前方指挥部泽普分指挥部指挥长、中共新疆维吾尔自治区喀什地区泽普县委副书记。

口述：胡志宏
采访：汤建英　徐晓彤　姚　尧
整理：姚　尧
时间：2020 年 5 月 15 日

第九批对口支援泽普的干部人才总共有 76 人，全部由闵行区派出，从 2016 年 12 月进疆，一直到 2020 年 1 月回来，正好满三年。援疆期间，我担任喀什地区泽普县委副书记、泽普分指挥部指挥长，在那里不仅要抓援疆项目的推进和监管，还要带团队、抓管理，参与当地脱贫攻坚工作。要把自己有限的精力合理分配到每一项工作中，确保一个都不落下，压力还是很大的。

新疆占我国国土面积的六分之一，南疆北疆的差异很大，北疆拥有高山、草原和丰富的降水，南疆则以沙漠戈壁为主，其中喀什地区更是国家深度贫困地区。在当地人看来，我们代表的不仅是自己，更是闵行、上海，代表着国家对喀什地区脱贫攻坚工作的重视和关心，是中央关于民族团结、携手奔小康政策的具体体现，任何小问题都有可能影响援建工作的成效和援疆队伍形象，所以我们对自己的政治纪律、工作作风和行为语言都有严格的要求。

## 由送文化到"种"文化

2017 年上半年，刚刚入疆的我们基本上处于边学习、边融入、边开展工作的阶段。因为这支援疆队伍来自区里的各个部门，很多同志之前没有接触过建设项目，更没有涉及民族地区工作的经验。对于一个项目从产生、立项、实施、验收、审计到最后收尾的整个过程并不了解，对民族宗教政策和边疆地区的特点把握也极为有限。为了尽快熟悉工作内容，我们暂定了几位同志，针对涉及援疆项目政策、程序和当地相关政策制度进行研究和梳理。让他们在两周的时间内将相关内容梳理清晰、精深吃透，然后给大家上课教学。同时，我们团队还一起翻阅之前援疆队伍所做项目记录和工作文章，共同学习讨论。这些便是我们接手工作的第一步。

等渐渐摸清工作路线之后，我们就开始思考，除了那些"看得见，摸得着"的建房、修路等硬件工程，还有哪些方面能够帮到当地、体现援疆作为？文化的感染力是潜移默化，深入人心的，我们希望通过一些柔性的暖心援助，让老百姓收获更多的幸福感和满足感。

这次援疆干部人才中有来自区文旅局的，于是我们就对接了泽普和闵行两地的文旅系统，根据当地所需、我们所能，提供相应的文化服务。从2017年起，区文旅局领导开始带队去泽普进行深入调研，分期、分批派文化团队去演出交流。我们发现当地人对鼓乐最有兴致，每次到中学及下乡到村里演出时，都受到热烈欢迎。听当地文工团说，维吾尔族传统的民族乐器以弹拨乐器、拉弦乐器和吹奏乐器为主，鼓类的打击乐器种类较少。以前他们送文化下乡，还没开口唱老百姓就知道下一个节目是什么，形式比较单一。考虑到鼓乐积极高昂，代表一种正能量的传递，鼓身以大红色为主，代表着"中国红"，我们便决定要把鼓乐等内地文艺项目通过展演、培训、推广等方式留下来，这也是民族团结的一种体现。

2018年，我们为当地购置了一整套鼓乐器，为当地组建了一个鼓乐队，并且在8月安排了上海鼓鼓文化艺术团的8名老师前往泽普，对泽普县文工团10名演员开展为期9天的鼓乐培训。维吾尔族人民能歌善舞，具有极高的音乐天赋，没过多久，团里的鼓乐队伍就基本成形，顺利完成了《盛世龙腾》《中华鼓韵》《金鼓喧天》《有朋自远方来》4个曲目的教学任务。2个月后，泽普县文工团参加"'奋进新时代'2018年喀什地区专业文艺会演"，上演的

▲ 上海鼓鼓文化艺术团对泽普文工团进行培训

《金鼓喧天》《有朋自远方来》，分别获得个人和集体一等奖的好成绩，《有朋自远方来》还入选喀什地区当年元旦文艺晚会节目。2019年8月，上海鼓鼓文化艺术团再次奔赴泽普，这次10名师资专家在泽普县长驻60天，对泽普县文工团进行更加专业、更加严格的鼓乐培训，打造了一支泽普版"鼓鼓文化艺术团"，并指导排演多场特色节目。

## 搭建平台精准帮扶

援疆期间，我们感到做得最值得总结的一件事就是建立闵行—泽普"四结对"帮扶机制，即通过两地乡镇之间、学校之间、基层医疗机构之间以及村企之间的结对帮扶，形成助力受援地脱贫攻坚新模式。

这几年，虽然队伍在不断扩大，资金投入力度也在不断加强，但面对援疆工作庞大复杂的工作界面和需求，无论是人才、资金、项目终究是有限的。2017年，闵行区全部14个街镇与泽普县所有14个乡、镇、场实现结对帮扶全覆盖，闵行区各街镇相继到泽普县开展帮扶共建，帮扶资金达两千万元，援建党组织基层阵地、村民服务中心、农产品冷库、创业基地等三十余个民生项目。这一举措不仅能发动整个闵行区的力量，形成帮扶合力，还能将援疆力量下沉汇聚，推动精准扶贫。

在教育领域，原先仅仅12名援疆教师，面对一个学校里上千名学生和带教对象，成效很难体现，工作开展起来难度很大。结对之后，各个闵行区对应的兄弟学校每年都会组织骨干教师，去泽普的学校开讲座、上示范课、分享学习经验等等。尽管有时只待一个月，或者一个星期，但长期不间断的沟通交流，让两地学校彼此熟悉，知道帮扶学校的短板在哪里，这样能够更有针对性地对他们进行培训，而不是囫囵吞枣式地将闵行的先进教育理念和资源带到泽普。闵行区各个学校图书馆每年都会有一批图书折旧，我们也收集起来捐给泽普当地的学校建立"微型图书馆"。三年期间，各个学校图书馆先后捐赠了十几万册图书，很大程度上丰富了泽普县孩子们的课外读物。从2017年起，我们引入华东师范大学专家团队形成智力帮扶力量，一方面针对民族地区统编教材开发适用于教师和学生的教学教案和培训大纲，另一方面通过移动学习平台，点对点培训，提升民族教师使用国家通用语言文字的水平。

在卫生领域，泽普县人民医院、维吾尔医医院以及各个乡卫生院均在闵行建立起一一结对的关系。泽普当地的医疗条件和闵行相比存在很大差距，缺乏专业的医务人员和医疗设备，因此很多疑难杂症在当地的乡卫生院无法诊断。我们在完成信息平台的搭建之后，着力开展远程诊疗，每个星期组织闵行的医生对泽普当地医疗人员难以诊断的疾病进行会诊，开展远程读片，制定治疗方案。2019年，为了确保这种结对机制能够持续发展下去，我们进一步提出"购买服务"的概念，通过购买服务的方式提高医疗质量和水平。

动员社会力量共同参与是我们对口支援工作的一个突破口，一个人可以带动一群人，一个企业可以号召一批企业。因此，我们在帮扶贫困乡村脱贫方面极力促成上海的企业和泽普的贫困村结对共建。结对共建是一个由点铺开成面的过程，把原本有限的干部人才支援扩展为整个闵行区对泽普的支持。全面打通了援受双方之间的帮扶通道，企业、社会组织、个人参与串起了线，脱贫帮扶织成了网，使帮扶资源深入基层一线、医院学校等，更多聚焦基层和民生领域，扶贫工作更为精准有效。

## 民族团结一家亲

在泽普县儿童福利院，有 200 多名各年龄段的孤儿和困境儿童，最小的只有两三岁，最大的已经在读高中。我们定期走进儿童福利院了解情况，帮助解决困难。

对现代社会来说，只要资金到位，孩子们就不会缺吃少穿，物质需求基本能得到满足，相比之下，他们更缺乏家一样的温暖。政府从吃和住给予了孩子们很好的保障，如果能再给予他们定期的陪伴，从生活上关心他们、爱护他们，那么他们感受到的爱会更加深刻。同时，与孩子们陪伴、互动、交流，对于我们援疆干部人才而言，也是一种爱的体验和受教育的过程。

所以，我们做了一个规划，每隔一段时间组织大家去福利院看望孩子们。陪他们聊聊天、讲讲故事、做做游戏，有时候也辅导一些功课。同时根据每个孩子的年龄段，精心准备一些礼物，例如崭新的衣帽、绘本读物、玩具玩偶、糖果点心和文具用品等等，这些从物质上来说是微不足道的，但是很暖心，参与的人，不管是各位干部人才还是孩子们，感触都很深。有一次我们陪伴日活动临走的时候，一个孩子就走过来抱住了我们一位来自建设管理委员会的干部，跟他说："我能不能叫你一声爸爸？"那位干部当时就感动地忍不住流泪，抱着孩子舍不得离开，其他人也被这个场面所感染，更加深了大家对援疆意义的理解。在我们心中始终有这样一个概念，援疆不是做了几个项目，投了多少钱这些冷冰冰的数字，援疆应该是有温度的。

2017 年 5 月，我们与泽普县阿依库勒乡阿依丁库勒村"组团式"结对认亲活动正式启动。分指挥部所有援疆干部人才全部参与结亲活动，同该村的 28 户贫户结成"亲戚"之后，坚持月月联系，每两个月定期开展一次集体走访亲戚活动。大家还利用每年的端午节、古尔邦节、肉孜节、中秋节等节日，给结亲户送上米、面、油、牛奶等生活物资。随着访亲次数的增加，援疆干部同结亲户之间从陌生到熟悉，尽管语言交流有所限制，但彼此之间的距离越来

▲ 援疆干部和依丁库勒村村民一起开展迎新年长跑活动

越近。2019年1月1日上午，我们还同阿依丁库勒村全体村民开展"民族团结一家亲"暨"庆元旦"活动。迎着新年的第一次晨雾，大家一起进行了新年3000米"乐跑"。在长长的村道上，援疆人同村民们一起奔跑着、欢笑着。

对于援疆干部而言，经常同当地的各族人民交流、交融，能够让大家更深入地了解泽普最基层的村情和民族文化，开展结亲活动则让我们更加体会到"民族团结一家亲"的深刻内涵。参与援疆，不管去之前是什么样的目的、出发点，但是援疆过程对每个人都是一种历练，无论是提升工作能力，还是提高思想境界，都大有裨益。

## 率先实现脱贫摘帽

2018年，泽普县完成了脱贫"摘帽"，是这年新疆喀什地区第一个实现脱贫的贫困县，也是上海对口援疆的四个贫困县中的第一个。这样的成绩离不开大家的努力，离不开泽普人民的信任和支持，离不开两地的互相协作与帮助。

三年来，我们通过援疆资金和政策扶持，以产业带就业，以就业促增收，围绕多个方面，发展当地种植业、畜牧业，提高当地民众的收入，也多次派人前往长三角、珠三角招商引资、介绍政策。先后引进闽龙达、艾维农业等40多个项目，签约资金近20亿元，直接或间接带动就业超过4000人，帮助建档立卡贫困户10249户39644人达到脱贫标准。泽普县特色食品产业园、电子产业集群、卫星工厂集聚区等产业集群初具规模，通过"龙头企业＋工厂＋农户"的脱贫模式，引导农民利用农村合作社、"庭院经济""卫星工厂"等方式进行农业种植和生产，形成了泽普特色的"卫星工厂""庭院经济"，就近就地解决就业。

在"双线九进（电商和实体双线联动，让产品进商圈、进社区、进菜场、进机关、进学校、进企业、进地铁、进宾馆、进银行）""商旅文三合一进社区"等活动的推动下，我们打造了消费扶贫的新模式，2017年至2019年，通过援疆途径签订农产品采购协议近2亿元，助推各类农产品销售近1.5万吨，帮助建档立卡户贫困人口近1万人解决农产品销售困难。另外，我们积极与上海有关旅游企业对接，大力推进"送客进喀"工作，带动当地的旅游业发展，从侧面也助力脱贫攻坚，通过建立"企业＋合作社＋农户"的模式，开发了餐饮、观光服务等项目。随着沪泽、闵泽两地交流交往交融不断深入，我们先后选派泽普758名师生赴上海开展青少年"手拉手"夏令营活动，让孩子们体验多元化的上海，与闵行师生联谊交流；对接上海和闵行后方相关部门、组织、企业等赴泽普考察调研，三年中共有各类团队356批次3427人次进疆开展交流；组织各类干部人才赴上海学习培训12批次，培训总人次580人次；邀请上海专家在疆组织当地培训30批次，培训总人次3976人次，有效推动了两地文化教育、医疗卫生、招商引资、产业科技等各领域的广泛合作。

三年的援疆生涯是毕生难忘的人生经历，以前在上海，我们过着相对优越的生活，到了新疆才知道，我们国家各地区之间发展还不平衡，还有很多地区需要各方的援助，也因此有一大批人将自己的青春热血奉献给了边远贫困地区。

## 站成一株大漠中的胡杨

丁铖惠，1978年10月生。曾任闵行区吴泾镇人民政府办公室主任，中共吴泾镇英武村党总支书记、吴泾镇党委委员等职。现任中共闵行区经济委员会党委副书记。2016年12月至2020年1月，为上海市第九批援疆干部，担任上海市援疆工作前方指挥部泽普分指挥部副指挥长，中共新疆维吾尔自治区喀什地区泽普县委常委、副县长、工业园区党工委副书记、管委会主任。

口述：丁铖惠
采访：汤建英　徐晓彤　沈　雯
整理：沈　雯
时间：2020 年 5 月 9 日

2016 年 12 月 25 日，或许是很多人记忆里一个平常的日子，于我却有着非凡的意义。这一天，我作为上海市第九批援疆干部骨干团队的一员，前往对口支援的新疆喀什地区泽普县，开始了与第八批援疆团队的交接工作。随后，在次年的 2 月 19 日，第九批全体援疆干部人才正式入疆，开启了为期三年的援疆历程。

根据上海援疆前方指挥部安排，我担任泽普分指挥部副指挥长，协助指挥长做好援疆项目和驻地工作；同时，根据喀什地委、泽普县委安排，担任泽普县委常委、泽普县副县长，并从 2017 年底起兼任工业园区党工委副书记、管委会主任，协助分管工业园区、招商引资、旅游和农产品销售等方面工作。

当我最终完成任务返沪之时，回首来时的路，发现入疆初期的满满干劲和热情并未因时间的流逝而褪色，反而让我对这片土地产生了越来越浓烈的不舍，原来我早已把泽普当成了"第二故乡"，在这里的每一天都成为我人生路上的记忆珍宝。

## 初遇泽普

早在 2010 年，我就曾想报名参加援藏，但领导考虑到我的家庭实际情况，就打消了我的念头。虽然那次没能报上名，但要投身援建工作的想法一直留在了我心底。

于是在 2016 年，机会再次来临的时候，我立刻报名了上海市第九批援疆干部人选。由于我之前从事的岗位偏党务的多，报名副县长的行政岗位，自己觉得去的概率不太大。然而，12 月下旬，我被正式选派的通知突然下来，而且行程安排得很紧，留给我准备的时间只剩四五天。接到通知的那一刻，我都还没反应过来。"之前不是说很可能选不上吗？怎么就突然要出发了？"家人的话让我一时哑然。念及几年都不能照顾到家里，我心生愧疚。但最了解我的还是家人，他们明白援建是我一直以来的心愿，便也很支持我。去机场的那天，是妻子开车送我的，车子开得很慢，我不经意侧过头看她，发现她的眼角湿润了。我的心头一紧，读懂了她那份沉甸甸的不舍与无言的包容。我暗自下定决心，要在这三年做出成绩，不辜负组织和家人的期望。

根据国家援疆战略，从 1997 年起，上海市开始对口援助南疆的阿克苏地区。2010 年，上海的对口支援地区转移至更为贫困的喀什地区的莎车、泽普、叶城和巴楚 4 县。喀什地区被称为"难啃的硬骨头""艰中之艰"，贫困程度深，贫困面大，致贫因素复杂。使得脱贫攻坚愈发艰难。也正因如此，喀什地区得到上海、山东、广东三个经济强省（市）的支援，其中深圳市还被单列出来对口援助喀什市和塔什库尔干县，可见中央解决新疆困难的力度和决心。而我能够作为援疆的一员，参与到援建的具体工作中，倍感骄傲和荣幸。在这里，我更加深切地感受到了社会主义制度的优越性，也上了一堂生动又深刻的国情、国防、民族团结的教育课。

上海援疆前方指挥部和当地县委、县政府对我们泽普分指挥部十分关心，入疆不久我们便顺利搬进了新驻地——一个有安防设施、实行自我管理的封闭式小区，我也逐步适应这里的环境。当地自然环境有两大特点，一个是地震频发，另一个是季节性的"沙尘暴"。因临塔克拉玛干大沙漠，所以风沙较多，不能经常开窗,还要隔三岔五地拖地擦灰。用援友的话来说,"一天要吃三两土,白天不够晚上补",听着夸张,但遇到第一场沙尘暴以后,我觉着说得在理。

与沙尘暴的初次邂逅至今让我记忆犹新。2017年4月13日傍晚,当年的第一场沙尘暴从天而降,遮天蔽日。疾风身披黄土色,快速地扫过屋顶、墙面、窗户和地面,摩擦出咄咄逼人的"吼吼"声。它用力地抽打着挺拔的白杨树,打得树干摇摆、枝叶摇摇欲坠,又继续席卷起正从空中飘落或躺在地上的枝叶,把它们带到更远处。刚来的我们又惊又怕,赶紧竖起衣领,捂住口鼻,眯起双眼,低头前行,快速撤到能躲避的地方,有帽子、口罩的第一时间全副武装。但又出于好奇,渐渐放缓了脚步,欣赏起这幅不同寻常的"风"景,掏出手机记录这一刻。与我们这些"外来客"不同,当地的人则镇定许多。街上的行人纷纷加快了脚步,却毫不慌张。他们低头埋怨着"沙尘暴"来得不是时候,但很快一笑而过。是啊,他们从小在这长大,对"沙尘暴"早已不再陌生。后来我得知,这场"沙尘暴"较以往来得迟了、影响小了。在当地政府的重视和努力下,多年的植树造林使环境得到了极大改善。我想,或许它更多的是为我们而来,想让我们加快适应,让我们记住这特别的一年。

我不由就想起那句"吹尽狂沙始到金",放在这里尤为适合。因为泽普是"泽普勒善"的简称,"泽普勒善"在塔吉克语里就意为"黄金之河"。仔细想来,我在泽普第一次淘到的"金",要数从当地党员干部身上学习的"时不我待、只争朝夕"的斗争精神。在这里开会时间很长,本着事不过夜、原汁原味的学习与传达要求,很多会议一开就到半夜,还有的会议从天黑一直持续到天亮再到天黑。在节假日包括春节里,当地的党员干部几乎无休,甚至有的倒在了工作岗位上,因为大家都认识到"就是在抢时间"。所以每当感觉疲惫或是起了思乡之情,我都会想起当地干部为我们做出的榜样,便不觉得苦,打起十二分精神继续投入到扶贫工作中。

## 扶持"龙头"促就业

"授人以鱼不如授人以渔。"对于贫困户来说,要实现长久的脱贫,解决就业是根本。完成脱贫标准(人均年收入3300元以上)其实不难,一户人家有一个人解决就业问题，全家的脱贫就有望了。于是在这三年中，我们根据当地实际情况，明确了产业发展方向要以促进农户特别是贫困户就业、促进农产品加工销售为主要内容。

当地的龙头企业无疑是促进就业的中流砥柱。承接着上一阶段援疆工作的成果，我经常前往现有的龙头企业进行调研，了解他们的最新发展情况和需要解决的困难，为企业争取政策、资金、企业管理等方面的支持，做好企业服务，不断巩固援疆产业发展成果。新疆金胡杨药业有限公司是援疆项目中的龙头企业之一，主要产品是国药准字号的阿胶及阿胶系列食品，而阿胶的主要原材料是驴皮。2009年，企业负责人收购了"金胡杨药业"的前身天龙阿胶厂——一家濒临破产的民营企业，开始了她全新的医药领域的拓展——生产阿胶。当时在我们上海援疆指挥部的牵线搭桥下，金胡杨药业与上海医药集团进行了对接。不同于北方，上海南派阿胶的原材料是新鲜驴皮，其工艺可以将腐肉、脂肪刮干净，产品产出量小，但是品质高，而喀什正好有长时间的日照条件，利于将驴皮摊在戈壁滩上晒，进一步降低油脂含量。就这样，将两地的优势相结合，金胡杨药业按照上药集团的药材标准和技术要求生产阿胶，并依托上海医药的"神象"品牌和销售网络打开了上海市场。

阿胶产业的逐步壮大，也相应带动了上下游产业的发展，2016年企业又成立了新疆金胡杨牧业有限公司，主要从事饲草种植和毛驴养殖，实现了原料到产品的全覆盖。我去走访的时候，经常能看到"万驴奔腾"的壮观场面，如果遇上刮大风，还会看到晒着的驴皮被吹上天，第二天工厂上上下下准会忙着找驴皮、收驴皮。

走访中，企业提出了进一步拓展业务的需求，并在线上、线下寻求拓展合作渠道。我们积极为他们建立对接平台，为其提供促进就业的资金补贴，并给予固定资产投入的奖励，帮助企业协调解决扩大生产规模所需厂房的问题。在各方面的推动下，金胡杨药业扩大生产阿胶系列产品，结合新疆当地优质的红枣、核桃资源，推出阿胶糕等系列食品和熟制驴肉等，带动了当地农副土特产的销售，助力更多家庭脱贫致富。

对金胡杨药业的扶持并非个例。当地另一家龙头企业"闽龙达"，是上海第一批的援疆企业，主要从事干果加工。我们根据企业需求，一方面助力其产品销售，另一方面为其提供就业帮助，建立高校实习生基地，吸引喀什大学等高校优秀人才来闽龙达实习。三年中，我们协调喀什大学与闽龙达、金胡杨药业等龙头企业形成校企联盟，促成四批近 200 名学生赴泽普企业实习。秉承着扶持龙头企业做大做强的思路，我们共帮助闽龙达等 10 家企业申请"前指"产业促进就业补贴，帮助佳信捷等四家企业申请"前指"固定资产投资补贴，也助力协调解决农产品深加工产业园住宿、食堂等配套需求及企业个性化需求。此外，有些农户出门不方便或各种原因不能出县，我们就投入一定的援疆资金用于新建标准厂房、乡村扶贫车间和相关配套，把"企业"和"岗位"引到他们家门口。

## 走出去，请进来

一个强大生命体的运行，离不开新鲜血液的不断补充，产业发展亦是如此，做好招商引资也是我工作的一项重点。通过"走出去、请进来"的方式，

▲ 当地妇女在启成手套厂上班

三年来我们共接待来泽投资考察企业 200 余家，赴江苏、浙江、上海、广东、新疆乌鲁木齐等地招商 12 次，走访企业 43 家，参加亚欧博览会等招商会、推介会 12 次，引入启成纺织、嘉顺服装、高帆服饰等劳动密集型企业，吸纳 11000 人就业。

以启成纺织为例，公司是一家江苏企业，主营手套的加工销售，面向德国等地出口。一方面，手套加工在操作上并不复杂，对于岗位要求不高、上手快，劳动密集型产业对岗位需求量大，另一方面，受雇的农户在赚取工资、改善生活的同时，还能学到一技之长。综合考虑，我们为企业提供了相应的政策补贴，吸引企业在新疆落地，从而促进了当地大量的百姓就业。

农业无疑是当地的重点产业，农产品加工和销售也是当地最实际的问题。但是如果仅依靠生产农产品，产品附加值较低，运输较慢，成本较高。综合考虑下，我们根据泽普农产品及其加工的实际情况，在工业园区着力打造农产品深加工的产业"园中园"，努力促进以当地红枣、核桃、苹果为主的农产品深加工、销售和附加值提升，促进当地农户特别是贫困户的就业增收。我们还专项引进产品深加工的产业，借助投资环境与政策优势，引入经营炒货深加工的上海企业老大房、作为"三只松鼠"供应商的浙江企业杰品、主营干果产业的企业丝露果香、定位高端有机类的农产品的上海艾维农业专业合作社等企业入驻农产品深加工产业园，并逐步投产见效，其间吸纳近 500 人就业，收购当地红枣、核桃、苹果近 8000 吨。

扶贫先要扶志、扶智。既要有坚定的信心，还要把好的做法、经验带过来。在类似的农业扶贫项目中，我们也会有意识地将内地好的农产品和好的技术带去支持。我们将有关农产品深加工的主题纳入了研究课题，回沪前，第十批援疆干部已与我们进行了交接，相信深加工产业在我们一棒又一棒的接力中发展壮大，给后续工作提供启迪与经验。

## 空中包机旅行，架起两地情

北疆看风景，南疆看风情。喀什地区有历史文化名城，是丝绸之路的要冲，旅游资源丰富。在一批批援疆干部人才的努力下，当地的旅游业不断做大

▲ 上海"闵行号"援疆包机游爱心捐赠活动

做强，逐步发展起旅游工艺品和民宿产业。2018年，随着上海全面推进"引客入疆""送客进喀"工作，包机、专列游成为沪喀两地民间交往、交流、交融的新平台、新渠道。当年6月15日，上海东方航空"沪喀号"旅游援疆扶贫专机首航起飞，乘载着百名游客奔赴喀什，在喀什地区进行了八天七夜的考察活动，推动上海企业全面深入对接新疆喀什地区产业发展和脱贫攻坚工作。之后，以"闵行号"命名旅游包机也源源不断向泽普输送游客。

为落实好喀什地委、行署和上海援疆前指"送客进喀"助力喀什地区旅游业发展工作，重点保障上海旅游援疆包机（专列）游客在泽普县境内安全、顺利、愉快的旅行，我们分指挥部专门建立旅游援疆包机游接待保障领导小组，由组长胡志宏负责领导协调，组里成员协助当地负责旅游安全、医疗保障、信息宣传和"闵行号"仪式策划、游客集中采购特色农产品等等一系列的相关事宜，每次旅游包机抵达泽普县三个工作日前都会召开协调会，事无巨细，全员出动，生怕漏掉一个环节。三年来，共有84个团、1万多名游客参加了"沪喀号""闵行号"旅游援疆扶贫包机游,直接拉动我们这片上海援疆区域的旅游消费。

同时,我利用上海旅游扶贫包机游,引导游客投身扶贫事业,力所能及地在贫困村、乡中心小学、儿童福利院开展献爱心活动。这种扶贫比真金白银更能加强感情方面的交流,让当地乡亲看到祖国的发展和强大,加深民族认同感与自豪感。让他们感受到,东部的人民都在帮助他们,在这场战役中,一个都不能少,让他们更有自信参与到自主扶贫当中。这便是包机旅游更深层次的意义。

在阿依库勒乡阿依丁库勒村,我们援疆干部与当地贫困户家庭进行了结对。这三年中,我们经常走村入户,看望结对亲戚,送上慰问生活物资的同时,也送上鼓励的精神食粮,鼓舞他们在村党支部的带领下,依靠勤劳的双手,继续巩固脱贫成果,过上美好生活。农忙之时,大家一起下乡帮忙收割农作物,联系大后方,搭建平台,推销农产品。我们在闵行的一些同事也非常热心,我每次从上海回到新疆,行李箱都会塞得满满当当,里面都是我家人和亲朋好友争抢着要带给结亲户的衣物和礼品。"千里送鹅毛",看到结亲百姓眼底泛起的感动的泪光,我的心头也随之一暖。

胡杨,是世界上最古老的树种之一,以强大生命力闻名,曾被评价为"生而一千年不死,死而一千年不倒,倒而一千年不朽"。它们生长在沙漠戈壁,以磐石般的信念独守千年岁月,用尽一生为沙漠戈壁增添绿意。泽普之行让我读懂了胡杨精神的实质,是坚忍不拔的意志、吃苦耐劳的品质、勇于开拓的精神、战胜困难的勇气和努力探索的毅力。我们这批援疆人是辛苦的,因为肩负着助力脱贫的重任;我们这批援疆人又是幸运的,因为参与了这一重任的过程。我们每一个个体是渺小的,但在脱贫攻坚的战场,每个人都以"胡杨精神"为支撑,树立全心全意为人民服务的宗旨,多一份笃行和坚守,多一份责任与担当,那我们的整体力量将会无限强大。

## 相隔万里　咫尺把脉

冯亮，1979年11月生。曾任复旦大学附属上海市第五人民医院办公室主任、副院长等职。现任复旦大学附属上海市第五人民医院副院长。2017年2月—2020年1月，为上海市第九批援疆干部，担任新疆维吾尔自治区喀什地区泽普县卫生局副局长、人民医院副院长。

口述：冯　亮
采访：汤建英　徐晓彤　徐静冉
整理：徐晓彤
时间：2020 年 4 月 27 日

2017 年 2 月，作为上海市第九批援疆队伍中的一员，我和二百多位志同道合的兄弟一起奔赴喀什，参与对口支援工作。对于援疆，我还是比较熟悉的，从我 2010 年担任市第五人民医院办公室主任起，工作重点之一就是保障和服务援建医生，包括安排家属探望，两地人才交流培训等，同时每年我也会前往新疆进行短期援建，可以说对口支援工作的每一个环节，我基本上都参与过，对新疆的人文习俗和工作环境也比较了解。

即便如此，报名后心里还是有些忐忑，一方面是因为以前援疆都是短期的，前后不过几个月的时间，这一次却要离开家乡和亲人三年，而我女儿刚刚上小学一年级，父母均已退休，奶奶也需要人照顾，作为一家之主，"上有老下有小"，难免有些不舍和牵挂。组织也非常关心我，援疆期间，家人都得到了很好的照顾，有一次母亲患了急性胆囊炎，必须要做胆囊手术，院里的领导多次看望、关心，这让我非常感动。我想唯有在新疆好好努力，做好自己的工作，才能不辜负组织的信任，完成组织交给我的任务。

## 结一门"亲家"

在喀什地区,医院分为几个等级,乡镇卫生院是一级医院,县医院是二级医院,地区级的大医院就是三级医院。而上海自上而下,从市到区,再到街镇,也分为三个等级的医院。以往,我们援疆的方式是"组团式"援疆,从市层面讲,就是从上海几十个大医院中最好的科室选派最好的医生,通过"以院包科"的形式去帮助他们建设三级医院;从我们闵行区的角度来看,就是区里的援疆医生组团去建设泽普县的二级医院泽普县人民医院。这种方式的好处就是将优秀资源集中起来,加以配合利用,在当地形成一个样板后,可以复制到其他医院。但通过走访,我们发现喀什地区因病致贫、因病返贫的老百姓大部分分布在乡镇,就医的地点也基本限于乡镇卫生院,能去大医院看病的很少。这就给了我们一个启发:医疗援疆应该将市、县级的帮扶力量延伸到乡镇,填补一级医院援建工作的空白。

▲ 援疆医生下乡义诊

针对这种情况，2017年5月，我写了一份草案交与前方指挥部，希望能改善现有的乡镇医疗状况。当年7月，在喀什举行的第六次全国对口支援新疆工作会议明确提出要坚定不移聚焦夯实基础，推进基层建设。会议指出，无论是从加强基层维稳还是推进脱贫攻坚的需要看，都有必要把更多的资金、项目和工作精力投向乡村一级，让援疆工作真正惠及基层各族群众。于是，在上海援疆泽普分指挥部指挥长胡志宏指导下，我们在继续推进"组团式"援建泽普县人民医院的同时，开始推进闵行—泽普基层医疗机构"结对共建"的卫生援疆，举闵行全区社区卫生服务中心之力，对口援建泽普全县乡镇卫生院，真正做到"强基层"与"广覆盖"。巧合的是，当时闵行区的街镇社区卫生服务中心和泽普县乡镇卫生院各有12家，刚好可以一一匹配。当我们联系社区卫生服务中心的时候，他们都非常乐意参与其中，也很想为援疆做点有意义的事，如今渠道有了，方法有了，一个卫生服务中心对一个卫生院，压力也不是很大，另外还挂钩绩效考核，有一定的激励作用，所以，两地"结对"这件事很快得到了落实。2017年9月25日，闵行区卫健委党委书记黄陶承、上海市第五人民医院党委书记施晓军和闵行区中心医院党委副书记庄玉忠带领闵行各社区卫生服务中心组成的代表团到泽普实地调研准备"结对共建"的泽普县各乡镇卫生院。两天后，闵行区第一批开展沪疆"结对共建"的7家社区卫生服务中心与泽普县7家乡镇卫生院正式签约，其余5家则在共建细化协议的基础上，于2018年5月完成签约。后来闵行浦锦街道社区卫生服务中心新建落成，泽普也刚巧新增一家桐安乡卫生院，两地两家新增的一级医院又顺利地进行了结对。

结对之后，"亲家"之间的交流主要依靠信息化远程会诊，因此我们又投入了近两百万元，帮助卫生院完善硬件和软件。一开始，当地政府还是有点排斥信息化，因为从表面来看，那些资金仅仅投入给了几台电脑，几根电缆，剩下的都是一些看不见摸不着的，不如建房修路来得实际，但是我们坚持医疗信息化，因为这不仅能推动医疗硬件上一个台阶，而且能促进当地医生行医水平有所提高。

2018年10月，信息化系统已经全部安装好，结对援建的模式也已经运行

▲ 闵行新虹街道社区卫生服务中心与泽普波斯喀木乡卫生院进行远程会诊

一段时间了。上海市卫生健康委员会主任邬惊雷来波斯喀木乡卫生院视察，他了解情况后，询问我们效果如何，"耳闻不如一见"，我马上准备现场展示，从当地全民健康检查的片库中随机抽取20张进行读片，读片的正是与波斯喀木乡卫生院结对的新虹社区卫生服务中心。原本这20张在卫生院里全部标记正常，但是在读片过程中，新虹社区卫生服务中心立马发现了两例明显患有结核病的患者。我们十分庆幸能及时发现病例，同时为那些还没有被筛查出的患者感到担忧，这也用事实证明了结对和医疗信息化的有效成果。

为了避免小病变成大病，慢病变成重病，新疆每年都会进行全民健康检查，但是检查之后，还是有很多病人无法在病情前期被检查出来。两地结对之后，这种情况大有好转，波斯喀木乡共有2.5万人左右，2017年发现70多个结核病患者，2018年发现率更是大大提高，共发现280多例。早发现就能早治疗，从而降低传染病发病率，在我们看来，这是一个非常好的势头，为我们进一步推动泽普县传染病防治工作增强了信心。

## 留下一个机制

2019年是我援疆最后一年，我想就算我回到上海，现有的模式也应该继续发展下去，如果人走了，原来的改革没有坚持，不仅浪费资源，大家之前的努力也都白费了，还让本来可以受益的群众回到了原来的状况，为此，我提出了"购买服务"的概念。具体来说，就是以《新疆维吾尔自治区医疗服务价格规范》为依据，测算年度闵行区向泽普县提供的远程医疗服务业务量，会诊多少次，看多少张心电图，读多少片，等等，每一项都有一定的收费标准，算下来泽普一个卫生院每年需要向闵行社区卫生服务中心购买10万元左右的服务。上海为此设立了专项帮扶资金，由泽普县卫健委将这笔钱付给闵行区卫健委，再由闵行区卫健委付给社区卫生服务中心。

2019年8月，闵行区卫健委与泽普县卫健委签订《闵行—泽普远程医疗服务协议》，闵行13个社区卫生服务中心，"一对一"为泽普县的13个乡镇卫生院提供远程医疗服务。另外，为了让医疗援疆更加专业化，实现精准帮扶，在一级帮一级的基础上，我们进一步促成了专科帮专科，在两地卫健委签订服务协议的同时，闵行区疾控中心与泽普县疾控中心签订了《上海市闵行区疾控中心结对帮扶泽普县疾控中心工作协议》；闵行区妇幼保健院与泽普县妇幼保健站签订了《上海市闵行区妇幼保健院结对帮扶泽普县妇幼保健站工作协议》。再加上此前闵行区中西医结合医院与泽普县维吾尔医医院开展结对帮扶并签约共建，以及早已投入实施的人民医院的结对帮扶工作，真正实现了闵行区卫生系统和医疗行业对泽普县卫生系统和医疗行业的全面、精准、专业、可持续的结对帮扶。

根据协议内容，每周固定开展一次远程会诊和疑难病例讨论，每次开展病例讨论数5例左右，远程在线心电图诊断与影像诊断各20例左右，每月开展一次远程医学继续教育工作。一年下来，闵行对泽普的远程医疗帮扶量达到远程病例会诊3000余例，业务指导20000余例，远程教学140余次。不受专业限制，不受地域束缚，病人的问题可以当场得到解决，当地基层医务工作者也在这种"润物细无声"的帮扶环境下不断学习、持续进步、逐年成长。有一个一直传送病理标本的技术人员，也在远程诊疗的过程中考出了执照，成为当地第一个有上岗资格证的病理医生。

这几年我们一直在讲"传、帮、带"，每一个援疆医生带两三个徒弟，将上海先进的医疗技术传授给他们，事实上，这样做的效果十分有限。医学研究生尚需8年苦读、多年临床之后才能真正成为一名有资历的医生，而要在一两年的时间内教出一名合格的徒弟，谈何容易。"传、帮、带"必然是一个长期的过程，而且还要因材施教、因地制宜。服务协议中就有人才培养的项目，闵行区社区卫生服务中心的医生到结对的卫生院，和当地的医务人员一起工作两三个星期，通过一段时间的相互学习、相互交流，闵行的医生在了解卫生院实际情况后，知道他们的短板在哪，再用一个星期的时间联系当地实际给他们讲课，这样使卫生院的医生更容易理解听课内容。另外，签订了服务协议后，闵行和泽普之间的联系将是常年有效的，远程"传、帮、带"就意味着一个长期、不间断的学习过程，泽普的医生可以在远程会诊中慢慢学习，深入研究。这是一个长效、自上而下的机制，只有把制度建立起来，这项工作才不会因为援疆人才的轮换而中断，才能真正地把资金转化为成熟的体系、成熟的医生和成熟的技术。

如今，在潜移默化中，泽普县人民医院有了很大的改变。以前一遇到大病、难病，当地有条件的人都会去维吾尔医院进行治疗，但现在情况不同了，大家对人民医院的信任度普遍提升，医院治愈率也越来越高。医院内配置也越来越先进，比如，在援疆资金的支持下，医院扩建了新生儿监护室，里面配置一台遥控机器人，通过外面的遥控，可以将机器人身上的摄像头对准患者，这样探病者就可以在安全的环境中探望亲人。这不仅体现了医院的人文关怀，还是泽普医院在高科技运用上的一大进步，更是当地人理念改变的一大表现。

## 赠人玫瑰，手留余香

2020年一月份，我结束了援疆工作。三年的援疆经历，已然让喀什成了我的"第二故乡"。作为一名医生，每天面临着众多生死之事，有过悲伤，有过喜悦，但更多的是感动。最让我印象深刻的事，就是我在泽普有了一位同龄的维吾尔族姐姐阿丽通古丽，和一个与我女儿同年同月出生的可爱外甥"小玉米"。

"小玉米"全名叫玉米提江，维吾尔语是"希望"的意思。从 2010 年出生那一刻，"小玉米"就和别的孩子不同，他患有先心病五联症，是世界上非常罕见的一种先天性发育畸形，发病率在百万分之五以下，目前能查阅到的最新统计结果显示，此病在全球范围仅 200 多例，国内仅报道过十余例，治疗难度非常大。2010 年，医疗技术还不够发达，喀什地区的人民医院医生就告诉阿丽通古丽，孩子活不过两岁。后来，不甘心的阿丽通古丽又带着孩子远赴上海，但因为医疗条件有限，上海的医生也给出了同样的结论。即便如此，阿丽通古丽还是凭借伟大的母爱让"小玉米"跌跌撞撞地长大了。

我现在还记得，在入户巡诊时，阿丽通古丽那绝望却依然抱有希望的眼神，作为一个父亲，我很理解对方的心情，而党员干部的责任心，外科医生的使命感，更让我义不容辞，心里想着一定尽自己的专业所能帮助这个伟大的母亲和这个可怜的孩子。根据上报的情况，上海援疆前方指挥部党委迅速做出了指示和部署。泽普县、喀什地区、上海市，三方三地同时为"小玉米"远程会诊。2017 年 8 月，在妈妈的陪同下，玉米提江从泽普出发前往上海，入住上海儿童医学中心。在完成一系列身体检查之后，上海儿童医学中心心脏中心的专家为玉米提江进行了手术。专家利用最新的 3D 打印技术，按照玉米提江胸骨的尺寸，运用 PEEK 聚醚醚酮材料给"小玉米"量身定制了胸骨"外壳"，保护心脏免受伤害。术后一周，我随医疗车到喀什机场，将"小玉米"接回泽普。回到"小玉米"居住小区时，闻讯而来的上百名群众簇拥而上，"小玉米"的亲友们纷纷落泪，和我们同行的司机也跟我说，好多年没看到这种场景了。那种感动无以言表，那一幕虽然没有影像记录，却深深留在我们援疆人的记忆中。

玉米提江的病情牵动着上海各方爱心人士的心，上海医院与各界为"小玉米"资助了 4 万多元的医疗基金；上海援疆泽普分指挥部全体干部人才为"小玉米"自发捐款 1 万余元。2019 年 10 月，上海先心病筛查专家团来到南疆，"小玉米"的检测结果非常理想。现在"小玉米"已经如愿成为一名小学生，在老师和同学眼中完全就是一个正常的孩子，他可以蹦、可以跳，可以恣意地和同龄的孩子嬉戏，对生命、对生活都充满了希望。"小玉米"还悄悄告诉我，希望通过自己的努力，再长大点能够到上海学习！

赠人玫瑰，手留余香。我有一个同事，原本在上海工作有点不如意，但到了新疆之后，没有了大城市的纷扰，一心治病救人，真正实现了自己的价值，他一直跟我讲："我理想中的医生就是这样啊。"我想这就是"不忘初心"吧，在新疆的三年让我们发现，以前遭遇的一些挫折是那样的渺小。当我们上海的孩子计划去哪个国家旅行时，那边的孩子连乡也没出去过；当我们迷失于金钱和利益时，那边的人却保持单纯，懂得知足。援疆期间，接触不同的人，处理不同的事，看到了人生的宽度，也体会到了生活的厚度。这三年我的感悟太多太多，援疆与其说是奉献，不如说是收获，援疆的经历是我人生宝贵的精神财富，必将激励我不断奋斗前行。

## 因为这里的孩子需要我们

肖明华，1971年8月29日生。曾任闵行区浦江第二中学科研室主任、党政办公室主任、教导主任等职。现任闵行区浦江第二中学副校长。2016年8月至2019年7月，为上海市第九批援疆干部，担任新疆维吾尔自治区喀什地区泽普县第五中学副校长。

口述：肖明华
采访：赵龙芳　徐晓彤　李步青
整理：徐晓彤
时间：2019 年 12 月 23 日

  2016 年 8 月，我所在的浦江二中接到了闵行区委组织部报名援疆的通知。关于援疆，我曾经听过不少故事，也和不少援疆干部接触过，感受到这个群体的职责和担当、艰难和困苦。但对我而言，这些人物故事终究只是听说，不全了解他们走过的路、吃过的苦，没有切身的感受度。

  没过几天，刘亚波校长找我谈话，想问问我的看法。当时，我心里大概有数了，既然找到我，我必定义不容辞。况且，我在学校一直担任班主任、教研组长、教导主任等职位，对教研工作有一定经验，我就跟刘校长说让我去吧。刘校长把我的名字报给区教育局组织科后，组织科科长的王维刚很快跟我进行了进一步沟通，让我对援疆的一些细节，在新疆那边要做些什么有了更深的了解。说实话，经历了两次谈话，自身的使命感也愈加强烈，感觉到曾经的向往在冥冥之中有了回应。

  家里人知道后，多少还有点担心，爱人虽然能体谅和理解，但总是放心不下，她说："组织决定你到新疆，我是支持你的，其他倒没什么，主要是安全问题，这个家是离不开你的……"为了让他们放心，我特地向参与过援疆工作的干部了解了一些当地的情况。他说上班在学校里，下班在驻地，安全方面不必担心。他的这一番话给我,也给我的家人吃了一颗"定心丸"。

就这样,我踏上了漫长而又充满挑战的援疆之路,与我一起赶赴远方的还有十几公斤的书、一个硬盘和两个U盘。"或许就能派上用场。"这样想着,我把那几年关于教学研究、学校管理的书,还有我们学校的一些教学资料的电子文档和视频等全部都带了过去。

飞机加汽车,行程近五千公里,我和另外三名老师历经两天的旅途劳顿,终于来到了支援地喀什泽普,那个流淌着"黄金之河"的地方。

## 家门口的好学校

8月28日入疆,9月1日入校——新疆维吾尔自治区喀什地区泽普县第五中学(以下简称"泽普五中")。入校之前,我已经从文字资料、组织上了解了一些情况。泽普五中,在喀什甚至在南疆算是基础比较好的学校。2012年,原泽普二中和原泽普五中两校合并,更名为泽普五中。校内有教职工176人,教学班39个,在校学生1789名,少数民族学生占比51%。从2013年起,上海市闵行区与泽普五中实施"共建共管",学生初中毕业升入高中阶段的升学率明显提高,"内高班"的录取率也逐年增长。

为打造南疆"家门口的好学校",前几批上海援疆干部为这所学校倾注了大量心血,使其面貌焕然一新,并在当地形成了一支比较成熟的教师干部队伍。当接力棒传到我们手里,我们感到压力很大,一时也不知道该怎么做,我和三位老师商量之后,决定先调研。刚开始的两个月,我们以听课为主,每天听两节课,课后再开座谈会,进行课堂分析,以自由交流的方式对他们的上课内容进行评价,并提供一些经验和意见。经过一个学期的听课、讲课和交流,大家收获不少,同时也发现了一些问题:泽普五中无论是硬件上的设施装备还是软件上的师资力量都有所欠缺,学校管理方式和理念也有很大的改进空间。基于学校的一些实际情况,我们开始通盘考虑怎么来改变现状。巧合的是,2016年9月,泽普五中刚被确定为自治区9所教育人才"组团式"援疆试点学校之一,它也是南疆唯一一所初中试点学校。

借势而为,我们打算好好利用这次机会为泽普五中留下点什么。虽然有不少地区已经开展"组团式"教育援疆，但我们觉得不能照搬照抄，要做就一定要符合学校实情，做出上海特色。

## 何为"组团"？"组团"何为？

项目确定之后，4个人的教育援疆团队显然已经不能满足"组团"的要求，我们立马向闵行区教育局申请增派教师。2017年2月，第二学期开学，6名新老师全部到位。

人变多了，团队更大了，这意味着我们10位援疆教师不仅需要顶岗上课，还要担起更大的责任，以团队形式负责整个学校教学和科研工作。中共闵行区委书记朱芝松也十分关心前方的情况，他一再强调："无论有什么要求，我们都会全力支持，但是你们一定要把工作梳理好，想好到底要怎么做。"是的，人到位了，接下来怎么做才是重点。到底何为组团？组团何为？

有的学校实行"包班上课"形式，一个学校去40多名老师，只教授一两个重点班，使之成为学校的样本。但形成样本并不代表能留下东西，如果援疆教师和当地教师之间不能形成合力，充分配合，我们一走，样本终将会还原成原本。于是，我们决定不采取"包班"的形式，大家开始翻阅大量文献，实地进行考察，在已有的框架里不断加入自己的思考，充实它、丰满它。"组团式"教育援疆的"上海模式"便在这样的"软磨硬泡"中诞生了。

所谓"组团"，说白了，就是大家一起干。但是关于"大家"，我们有几个层次不同的理解。首先是上海援疆教师范围内的大家形成的"小组团"。每一位援疆教师来自不同的学校，专业不同、上课方式不同，我们先在内部达成教育教学和学校管理的共识，相互合作。根据前期的调研情况，"小组团"以学校管理、教师发展、课堂教学和教育科研四个方面为主要抓手，一人牵头，全员配合，既保持独立又相互交叉担任职务。

援疆教师和当地学校教研团队组成"大家"，即为"中组团"。人们常常说，做事不能纸上谈兵，教育援疆也是如此，只有真正融入五中校园文化，从学校的实际情况出发，才能因地制宜，开展适合的教育援疆工作。副校长对接当地校长，教务副主任对接当地教务主任，所有的援疆教师和学校11个教研

▲ 援疆教师在一起探讨工作

组进行嵌入式合作，大家同处一个办公室，同在一个工作环境，为了共同的工作目标，干劲大，热情高。

溪流汇江海，无论是"小组团"还是"中组团"，最终还是要汇聚于后方的"大组团"。每一位援疆教师都不是一个人在战斗，我们有大后方的支持，有更加庞大的家人支撑。这股支撑力量来自派出学校，来自闵行区教育局，来自闵行区委、区政府，来自上海市教委，来自援疆前方指挥部，来自上海市委、市政府，更来自上海人民。

随着项目推进，2018年6月，由上海援疆前方指挥部、新疆维吾尔自治区教育厅、上海市教委、喀什地区行署、上海市闵行区人民政府联合签署的《关于推进泽普县第五中学教育人才"组团式"援疆工作试点的实施意见》正式印发。闵行区教育局进一步加大援疆教师选派力度，实现了结构上的优化，从单一选派学科教师，变为管理人才与学科骨干组合选派。两个月后，又有9位上海教师来到泽普五中，其中，8位有学校管理岗位经历，6位是市或区骨干，3位有研究生及以上的学历。

由零星选派转为组团援助，由单兵作战转为系统作业，由单纯"输血"转

▲ 上海市实验学校西校向泽普五中捐赠教学物资

11个学科课程，还缺5个怎么办？能否利用现代发达的信息技术，尝试跨区域网络互动教学？这是大家首先想到的。

当时，我们每一个人都在与南疆的恶劣环境做斗争，很多人出现皮肤瘙痒、失眠多梦等症状，但没有一个人敢懈怠，反复与上海后方联系，争取项目与资金，用于改造"班班通"设备，架设网络、开发系统等，还第一次尝试了"万里同课"。

一块屏幕、一根网线将闵泽两地的学子紧紧相连，实现了同步上课，同步交流。以往，这在新疆绝对是可望而不可即的，而"万里同课"终于将远程教研、远程课堂展现在五中师生的面前。这不是游戏，是实实在在的教学，是真真切切的教研。目前，泽普五中与闵行区教育局、区教育学院、文来初中、文来实验中学等十余所学校签约开展远程教研结对合作。作为一项长效教研制度，学校每周至少开展一次"万里同课"。

"万里同课"让老师们在教学过程中碰到的问题、疑惑，在上海专家的帮助下及时得到破解。学生们也非常享受实时课堂内容，与上海的孩子一起讨论问题、钻研探索。这种远程教学、教研方式打破了时空限制，让上海资源很好地辐射到泽普五中,使祖国边疆地区的师生可以共享内地优质教育资源。在各方努力下,音频视频、虚拟实验、PPT 等教育手段已在五中广泛应用,学校还被评为"全国百所数字化实验学校"。

除了一些长期项目外,上海先后组建 20 多个专家团队到五中短期援助,同时,五中也大力实施"走出去"工程,每年安排五中校级领导、中层干部、骨干教师到上海跟岗培训……上海后方凝聚的多元援助合力,让我们感到更有力量。

为了让泽普青少年感受到上海城市的现代化氛围和建设成就,激发他们的学习动力,每年泽普县团委和上海援疆泽普分指挥部牵头,开展闵行—泽普青少年"手拉手"夏令营活动。乘坐地铁、游览东方明珠、瞻仰一大会址,这些在我们眼里看似很平常的活动,却能在他们心中埋下希望和梦想。我印象最深的就是有个孩子回来跟我说:"真的很庆幸能去一次上海,我回去要跟爸妈说,希望他们能出去工作,不能贪图安逸。我也找到了自己的目标,要好好学习,到上海去读书、工作、生活。"孩子有了目标,生活有了方向,听到学生这样窝心的话,大家都很欣慰,为当初选择当老师而感到自豪。

如今,三年援疆结束了,对我而言,最大的收获就是满满的幸福感和成就感。学校的信息化教育、人才培养、教学管理等都有了显著的提高;2019 年中考,全校有 70 多个学生考进"内高班",比起前一年又是一个很大的提升。有时候,那边的老师和学生还会跟我联系,告诉我他们在做什么,谁成绩提高了,谁又获得什么荣誉了,我就感到特别高兴。

当然这期间也有不少遗憾,女儿经历高考时,我无法陪伴在她身边,但我相信,援疆人辛勤耕耘与无私奉献的精神却始终陪伴着她。高考前夕,我告诉她:"'天下兴亡,匹夫有责'不是一句口号,是我们每个人实实在在的行动。在你即将成年的时候,爸爸希望你能将个人的未来发展同祖国的命运紧紧相连。"我知道,援疆还有很长一段路要走,我们不仅要将接力棒好好地交到"下一任"手中,也要交到"下一代"的手中。

不到新疆不知道祖国领土之宽广,不到新疆不知道人生天地之辽阔。如果还有机会,我仍愿意站在边疆学校的门口迎接学生,为他们,也为我的人生翻开新的一页。

## 扛上行囊就是旅程　放下背包就是故乡

周胜春，1973年8月生。曾任闵行区政府办公室副主任，中共虹桥镇党委副书记、镇长等职。现任中共闵行区建设和管理委员会党组书记、主任。2013年6月至2016年6月，为上海市第九批援滇干部，担任云南省迪庆藏族自治州州长助理、援滇迪庆州联络小组组长。

口述：周胜春
采访：汤建英　徐晓彤　张玉琴
整理：徐晓彤
时间：2019 年 12 月 26 日

"扛上行囊就是旅程，放下背包就是故乡。"这是流传在我们援滇干部间的一句口头禅，在云南的一千多个日日夜夜，我常常用它鼓舞自己、激励自己。

回想那时，我刚收到援滇的正式通知，心中既有对于未知挑战的期待，也有对家人深深的亏欠。2012 年 3 月，我刚刚结束上海市第 20 期管理干部中长期境外培训班，从异国他乡回来才一年多，却又要远赴云南，将在整整三年里与家人天各一方。看着妻儿眼中的不舍，纵有千言万语，却一句也说不出来。可妻子开口了："既然确定要去，不要担心家里，放心去吧。"一句特别简单的话，却卸掉了我心头的包袱，给了我强大的精神力量，让我能在那三年里克服思念与孤独，全身心地把自己奉献给云南迪庆这个美丽的地方。

相比上海其他区，在援滇的队伍里，闵行是一个"新兵"。2011 年 6 月，遵照上海市和云南省两地领导的决策指示，上海新增闵行区对口支援迪庆藏族自治州香格里拉县（2014 年 12 月 16 日，香格里拉撤县设市），与宝山区和嘉定区共同形成"三区对三县"的对口帮扶格局。2011—2013 年，闵行第一批援滇干部飞越千里，抵达香格里拉，踏上了艰困而又充满挑战的援滇之路，仅仅两年时间，为当地留下了宝贵的技术、资源和精神财富。

先行者已经为我们闵行区第二批援滇干部开展工作打下了坚实的基础,怎样去谋求新的突破?我开始寻找答案。

### 缺氧不缺"精气神"

每个进入高原的人,面临的第一道坎都是"高原反应"。我的身材比较高大,因为需氧量大,对高原反应的适应时间相对更长些。去迪庆前,我在援滇干部培训班上学习了不少相关方面的健康知识,也有不少朋友向我提供了高原生活方面的建议,在大家的温暖关切下,我在心理上已经做足了准备,紧张的情绪也在对香格里拉越来越多的了解中慢慢地消解和融化。

然而一到香格里拉,考验还是来了。2013年6月22日傍晚时分,州政府举办了一场小型的"迎送会"——迎接新一批、欢送老一批援滇干部,其间隐约觉得头痛、胸闷,还以为自己感冒了。到了晚上,头痛愈加强烈,辗转反侧,难以入睡,我这才意识到可能是"中招"了。第二天早上,脚底轻飘飘的,像是踩着一团棉花,吃什么吐什么,只能躺在床上,但依然整宿睡不着觉。直到第三天我的身体才得以好转,走出房间的那一瞬间,感觉如同经历了一次重生。

迪庆州扶贫开发办主任得知我的情况后,建议我先从海拔最低的县开始调研,让身体慢慢适应和恢复。前辈的意见给了我很大的帮助,头痛得到缓解,睡眠逐渐正常,调研工作也开展得十分顺利。一个星期后回到香格里拉,正当我以为自己已经战胜了"高原反应"时,第二次磨炼又来了,而且反应比第一次更加强烈。那时候,我才知道"高原反应"不是经历一次就不存在了,它会重复出现,变着法磨炼你、"骚扰"你,直到你真正克服它为止。

就在与"高原反应"反反复复的"拉锯战"中,我积极与当地干部群众学习交流,查阅了大量资料,不断熟悉着迪庆的自然生态环境和民风民情,为今后各项工作的开展做着准备。谁曾想,考验很快再次降临! 2013年8月28日,刚到迪庆的第二个月,香格里拉发生了5.1级地震。那天早上6点左右,我还在刷牙洗漱,忽然感觉到房子在震动,走廊上的玻璃窗发出"咔滋咔滋"的挤压声,一股热浪侵袭而来。"发生什么事了?"房外有人在大声呼喊:"地震了!"我一听,立马通知其他房间的同事,一同跑到一楼空地避险。地震发生后没多久,我就接到了中共闵行区委副书记、区长赵祝平同志的电话,后方领导非常关心灾区情况,一再强调安全第一。电话拿在手上,心里踏实不少,随着掌握信息的增加,不安慢慢减少。然而没过几天,8月31日再次发生地震,这次地震达5.9级,震中是距离香格里拉建塘镇仅80多公里的奔子栏镇。镇子里30%的房屋出现损坏,道路阻断,水库电网受损,形势十分危急。据国家地震台网监测,震后6个小时内余震就高达上百次。

灾情当前,我们必须做点什么,众志成城,就没有过不了的难关!我们迪庆州联络小组商量,一边在当地动员捐款,一边立即向各自的对口区汇报,申请成立专项资金。闵行区副区长蔡小庆同志非常支持,一两天的时间,来自闵行的慰问信和100万救助资金就抵达灾区。另外,为了尽快了解灾后地区的具体情况,及时调整支援方案,做到精准扶贫,我们最终决定冒着余震下乡调研。

一路上,有些路段被落石阻断,有些路段出现塌方,随处可见大型器械在抢修。受到地震影响,路程变得漫长颠簸,但每到一处,村民们总是跑上前来热情相拥,我们互相感受着对方的温暖,再多的疲惫和艰难都不值得一提。路灯、饮水、住房……逐一看完援建项目之余,也对藏区的情况有了更深的了解,与当地村民结下了深厚情谊,为以后的援滇工作奠定了基础。

说来也怪,自那以后我就再也没出现过"高原反应"。

## "世外桃源"里的幸福家园

未到香格里拉便知它美。1933年,英国小说家詹姆斯·希尔顿的小说《消失的地平线》问世,香格里拉就成了"世外桃源"的代名词。但当我们穿过陡峭山脉和奔涌河流,到藏族朋友家做客;当我们穿行在城镇市集,体验多彩的民族文化,我们才意识到,香格里拉绝不是几个标签所能概括的。那里的人热情大方,充满智慧;那片土地广袤壮美,自然宁静。如果说香格里拉是一片"世外桃源",倒不如说那里是一个充满"人间烟火"的幸福家园。

最早知道香格里拉小中甸镇"整村推进"这个项目,是在和前一批援滇干

▲ 与当地干部一起研究藏区移民搬迁方案

部进行工作交接的时候。一直以来，解决民生问题是闵行对口支援香格里拉的重点之一，为了帮助村民提高生活水平，把家园建设得更美更好，自2011年开始，闵行援滇干部着力改善当地生产生活条件，齐心协力谋划发展，通水、通电、通路、修房造屋、整治环境，依靠一个个"村庄样板"，推动整个贫困区的美丽家园建设。

　　项目是好项目，但由于地区文化的差异，实际推动起来问题接踵而至。对当地人来说，有了房子便是生了根，一幢房子往往意味着一家人好几十年的财富积累，动一片瓦，移一块砖，都是"伤筋动骨"的事。而"整村推进"难就难在房屋改建，传统老式藏房屋顶都由木板铺砌而成，一方面是因为可以就地取材，降低造房成本；另一方面则是由于香格里拉地处高原地区，每年10月份后就进入了漫长的严寒时期，为了取暖，家家户户会在屋内生火，木头的不密封性刚好有助于炭火烟雾的消散。但作为建房材料，木材有疤结的部位不能用，一棵大树仅有三分之一左右可用，且每年还得检查翻修，对森林资源和人力资源浪费较大。

针对这一现象，我们立即成立了专项小组，邀请专家研讨方案，同时经常到村民家坐一坐，聊一聊，了解他们的实际需求和想法。经过多次实地考察调研，我们发现当地有一种矿产资源——青石，坚硬而形状独特，依照其纹理将其改制切割成大小不等的石板，光滑均匀平整，天生就是建房的好材料，用它替代木板，不仅屋内冬暖夏凉，而且一次投入长期无忧。一个问题解决了，随之而来的是另一个问题，这样的改造投入不小，怎么办？我们决定先选一部分人家做好试点。藏房每户约 400 平方米左右，项目需要投入约 7 万元，房主自己仅出约 8000 元，在充分尊重老百姓意愿的同时，激发自我管理意识，让房主承担小部分资金，参与到监管中，房屋的改建效果更加明显。

改造后的村庄规整漂亮，家家户户用上了太阳能、石板瓦，房屋舒适，投入显然是划算的。"经济账"之外，更算清楚了"生态账"，引来附近村落争相学习，开启改造。

区别于"撒胡椒粉"式帮扶，这种"整村推进"的递进式做法，带来的是当地生活基础设施、社会服务事业、特色产业培育等领域的全方位提升。在我们的推动下，2013 年闵行投入 300 万元实施小中甸镇和平村、联合村"整村推进"项目，涉及 21 个村民小组共 786 户 3993 人，共建成通组沙石路 5800 米、新修机耕沙石路 5500 米、弹石路 2500 米、篮球场 2 个、桥梁 1 座、耕地围栏 4000 米、200 平方米的村民活动场所 1 栋、250 平方米砖混党员活动室及农家卫生室 1 栋、250 平方米村委会党员培训基地 1 栋，项目还实施了房屋板改瓦 65 户、屋面改造 28 户、排涝沟 1300 米、50 平方米藏香猪保暖圈舍 35 个、3 立方米青贮氨化饲料池 62 个。

"此心安处是吾乡"，冷冰冰的数字因为可感可触的好日子而变得有烟火气。横断山脉下，冰川峡谷间，一个个村庄发生了翻天覆地的变化，每一点改变都写满了人们对美好新生活的憧憬。

## 共饮一江水，同为一乡人

一水长江，两地深情。滚滚长江像一条纽带，把云南、上海紧紧连在了一起。我始终认为援滇干部要以感情为纽带，才能把工作做深、做细、做实，才能做到动真情、扶真贫、真扶贫。

  记得那是 2014 年 4 月的一天，香格里拉山花烂漫，万物新生。我认识了闵行区教育局团工委书记谢凯丽，她带着闵行 13 名教师来到平均海拔 3380 米的香格里拉，在 5 所学校开展"深度支教"。同时，我们还有一项共同的任务——收集当地孩子的"童心愿"，组织公益行动，帮助孩子们圆梦。通过当地团委，我们深入香格里拉各中小学，与孩子们聊天互动，听听他们对于自己未来的想法，最大的愿望是什么，以便于更好地为他们解决生活和学习中的困难。在香格里拉建塘小学，我们见到了 10 岁藏族女孩杜吉央宗。她内向腼腆，紧张羞涩，经过再三鼓励、反复引导，低着头声音轻似蚊子般地说了一句话："我想要一只好看的义眼，不会掉。"

  我们立即向她的班主任了解了杜吉央宗的家庭情况。原来，杜吉央宗天生没有左眼，受限于当地医疗水平和贫困的家境，她安装的义眼质量不佳时常脱落。听了她的情况，我们都沉默了，心中五味杂陈，当场决定一定要帮助她实现梦想。

  于是我们兵分两路，谢凯丽带领闵行区青年教师志愿者联盟团体"青椒团"发起捐助活动，而我也积极与社会组织、媒体机构联系，集聚各界之力为杜吉央宗圆梦。医疗费、旅途接送、住院陪护、往返机票等几十个子项目，短短两天时间就被 500 位社会志愿者认领一空——闵行区实验小学捐款 5200 元，闵行区古美中心幼儿园全体青年教师捐款 2400 元，闵行区启音学校捐款 3200 元，还有更多只留下手机号码的陌生人纷纷解囊相助。"六一"和暑假期间，杜吉央宗一家往返上海多次，在"青椒团"爱心人士与上海志愿者的全程陪同下参观了上海海洋馆，游览了黄浦江，观看了儿童电影，来自社会各行各业的爱心企业为她亮起了绿灯——东方航空云南公司为杜吉央宗安排了专人陪护，蒲蒲兰绘本馆为杜吉央宗组织了专场故事会，金岸科技有限公司在浦江游轮上开辟出专区，默沙东中国投资有限公司开设了动画片专场……2014 年 6 月 2 日端午节，闵行区平南小学 50 位志愿者一起为杜吉央宗"私人定制"，带领小女孩体验各种新奇有趣的课程。6 月 5 日，在国内眼整形眼眶病领域专家、上海市第九人民医院院长、教育部长江学者特聘教授范先群医生亲自主刀下，历

▲ 看望迪庆州民族中学受助学生

时两个半小时，杜吉央宗在上海九院顺利接受了眼窝重构手术，拥有了能够协调转动、大小合适的义眼。

　　事情已经过去许久，但每次到学校商量教育援滇工作，每次下乡看到天真活泼的孩子，眼前总是不经意会浮现出我到杜吉央宗家里看望手术后的她时的情景，孩子天真无邪的眼神，父亲朴实的笑容，奶奶纯净的泪光，以及那一条又一条洁白的哈达，一声又一声"扎西德勒"。

　　杜吉央宗不是受帮助的第一个，也不是最后一个。援滇期间，我们大力开展捐资助学活动，发动上海单位和个人参与，对50名家庭贫困、品学兼优、特别是地震灾区的学生进行资助，每个学生每年资助2000元，累计捐助资金近30万元。同时，动员上海企业参与捐资助学活动，设立10万元爱心助学基金，专门用于帮助当地贫困学生完成大学学业。

　　强大的力量来自社会上的每一个人，只有动员全社会广泛参与，脱贫致富的源头活水才会汩汩不绝。因此，我们在确保上海计划内项目资金用足、用好的同时，将着力点放在拓展社会帮扶上。紧扣"当地所需、上海所能"，积极牵线搭桥，促进闵行区合作交流、教育、卫生、文广、农业、科技、工商联、残联、法院等各个部门与香格里拉频繁互动，开展形式多样的资金帮扶、物资帮扶和智力帮扶。

正是在这样的思路下，一条通过财政资金杠杆撬动当地农民"造血"功能的产业帮扶道路也越走越宽。2014年我们开始探索金融创新，闵行区设立专项资金，计划对香格里拉产品有市场、带动作用强、带头人有思路但缺乏资金的集体经济组织，探索贷款贴息试点，进一步加大产业扶持力度。2015年借助"云品入沪"通道，香格里拉高原红酒和几十种名特优产品打入上海市场。我们同时组织上海企业家到迪庆进行投资考察，参加迪庆特色产品展销会，达成产品采购和长期销售合作协议。企业对接之外，人才资源的开发培养也至关重要，三年间，我们协助安排迪庆干部到闵行挂职学习，也定期组织上海讲师团来香格里拉、香格里拉干部教师医生赴上海，双向培训。

共饮一江水，同为一乡人，三年援滇路，一生云南情。这段对口支援的经历，让我和迪庆紧紧相连，也让香格里拉成了我的第二个故乡。人们都说香格里拉是离天最近的地方，我觉得它也是离上海、离闵行最近的地方，它会时时陪伴着我、指引着我、激励着我走好今后的人生之路。

# 君住长江头　我住长江尾

　　陈超，1977年3月生。曾任共青团上海市闵行区委副书记、青年事务局副局长，闵行区社会建设工作办公室副主任，闵行区颛桥镇副镇长等职。现任中共闵行区委统战部副部长、区侨务办公室主任、区归国华侨联合会党组书记。2016年6月至2019年7月，为上海市第十批援滇干部，担任云南省迪庆藏族自治州发展改革委员会副主任、中共香格里拉市委常委、副市长。

口述：陈　超
采访：汤建英　徐晓彤　姚　尧
整理：姚　尧
时间：2020 年 4 月 22 日

我的母亲是"老三届"的上海知青。从小时候起，就老听她说起在云南的知青岁月，淳朴的西双版纳老乡、割胶的艰苦工作、贫乏的生活保障、老是塌方滑坡的道路……这些故事就在我心里扎了根。她的眼神里，总有一丝怀念和遗憾："真想回去看看，看看那片土地、那些人，看看能为我的第二故乡做点什么。"2016 年 5 月，闵行区正好有一个援滇三年的名额，抱着试试看的态度，我和母亲提了一下想去援建。母亲沉默了好一会儿，才开口对我说："你报名吧，去为我的第二故乡做点贡献，也算为我圆了为第二故乡做点事的愿望。"我在她眼中看出了她对儿子远游三年的不舍，但更多的是夙愿得偿的欣慰。然而，就在我被确定为第十批援滇干部的第二周，母亲在体检中被诊断出患病需要做大手术。我当时有了极大犹豫，是否要向组织提出申请，推迟或更换人选？在医院工作的妻子却对我说："你去吧！家里有我呢。只要你照顾好自己，我们就全力支持你。"就这样，在父母和妻儿的支持下，我和其他援滇干部一起，按原计划踏上了云南这片热土。

## 初来乍到

初到香格里拉，所见到的是与云南其他地方别样的风情。香格里拉地域面积 11613 平方公里，17.8 万人口，城区和所辖的绝大部分地区的海拔均高达 3300 多米，跟西藏的地貌环境类似。这里有如玻璃般纯净的蓝天、有高峻圣洁的雪山、有雄壮豪爽的康巴汉子、有别有情趣的"阿尺目刮"舞蹈（傈僳族歌舞），更有许多其他藏区所少见的多民族融合的特殊人文风貌。一切都是那么美丽、神秘和新鲜。然而，这里又是云南省扶贫开发最难啃的"硬骨头"之一，这里自然条件恶劣，多民族杂居，共有藏族、傈僳族、彝族、纳西族等 19 个少数民族，对我们的身体、工作、生活习惯都是巨大的挑战。

记得刚到迪庆的第一周，州领导带我们下乡熟悉环境。下乡的路颠簸难行，让我这从来没晕过车的人都第一次晕车了。在路上，新修的公路地质不稳定，时不时需要停下车，等待前面落完石或清扫完落石后才能继续通行。进村入户时，道路更差，车行近一个小时，车轮几乎是贴着悬崖行驶，脚边就是垂直高度两百多米的金沙河谷。司机师傅看到我们的紧张，笑着安慰我们说："没关系，多来几次就习惯了。"到了一个近九十度转弯口，他体贴地说："坐车坐累了吧，下车走两步再上来。"我们刚下车，只见他猛的一个倒车，右后轮几乎悬空在悬崖外，一个加速一打方向盘，车子窜过了这个九十度弯口冲上了上一个高台。我们这才知道司机师傅要我们下车的原因，他把危险留给自己，却务必要保证我们援滇干部的安全。

还有时隐时现的高原反应，起初由于初来乍到的新鲜感，虽然时不时地胸闷、头疼、呼吸不顺，还不是很在意，待的时间长了，长时间的失眠和缺氧引发了高原性的高血压，有时一整天都昏昏沉沉，可还是得打起精神，跟着本地干部去走村入户，熟悉情况。

慢慢地融入了当地，更是感受到当地干部群众的艰苦和淳朴。为了脱贫攻坚，当地扶贫干部"五加二、白加黑"工作已不是一句口号，"996"工作制都已经成为一种奢望，为了让干部们有时间去遍访老百姓又不影响老百姓的生活，扶贫工作会议经常在晚上十点举行，开完已是凌晨，第二天还得在老百姓下地前去家里了解情况、解释政策、登记表格、拿出扶贫措施。

## "造血"扶贫

刚到的前半年,首要任务是迅速适应环境,熟悉情况,延续做好前任援滇干部交接给我的工作,保持好闵行援建传统特色项目进度不落后。走的地方越多就越发现,和上海相比,藏区的经济水平、人员素质、人文风俗等完全不同,这些因素对我们援滇干部的工作推进有很大的影响。比如气候差异,香格里拉一个项目从4月份天气转暖开始建设,到6、7月份因为雨季来临,大规模施工可能引发塌方等风险,就必须停工。等到8月份雨季结束,施工两个月,而11月天气又要转冷,工程又得暂缓,否则高原反应就会造成工人的生命危险。计算下来,一年中只有五个月左右的时间适合施工,施工期限分外紧张。如何克服这些困难,既需要高度的协调能力和咬住不放松的精神,更需要熟悉当地的情况与当地干部建立起良好的关系。我积极向前任的援建干部——现为区建设委主任的周胜春同志请教,得到了他很多的启发和帮助,并通过与州、市主要领导和项目负责同事的交流,获得了他们的认可,终于顺畅地完成了当年度的工作,也为后两年如何安排项目、如何协调进度、如何既要站在闵行角度有所坚持也要结合香格里拉现状有所调整,奠定了经验基础。

做的时间越长,越感觉,客观问题都不是大问题,群众理念和观念亟待提高才是主要问题。有一次,我和同事一起去检查一个产业项目,原计划要建立的300亩中草药基地,与实际情况差距很大。当地负责项目的同志很无奈地告诉我,由于中草药种植周期长、市场价格变化大,部分群众对发展中草药产业没有信心。回来后,我与香格里拉市主要领导商议,互相启发提出了改变产业项目直补合作社或农户的"给钱式"扶持方式,而是将资金拨入村级集体经济账户、村级集体经济阶段性入股扶持龙头企业或合作社的"造血式"扶持方式,并确立"扶持本金三至五年全额回收,入股期间每年不低于4%红利反馈村级集体经济,龙头企业或合作社必须以雇佣劳务等方式带动一定贫困户"的三大产业扶贫原则。

2017年,在香格里拉市主要领导的支持下,上海投入的1100万产业资金中,749万推行了这一新模式。但是,新的产业扶持方式需要当地干部确保本

▲ 在金锄生物科技有限公司蔬菜基地查看蔬菜长势

金安全，不间断关注企业经营状况，催缴红利，检查扶贫状况，与原来直补农户或合作社方式给钱签收就完成任务相比较，任务重、压力大，部分当地干部存在抵触情绪。在重重压力下，通过巧借力，香格里拉市委、市政府主要领导和扶贫分管领导高度重视，多次以文件、大会强调、现场指导、实践落实等各种方式全力支持这一新模式，终于使这种新的扶持方式得以推行。

2018、2019年，资金管理制度得到进一步完善和规范。我们进一步要求扶持的企业必须提供产业的发展方向和计划，经过政府部门经过严格审核之后，扶持资金才会作为低息贷款发放。同时，这笔资金的使用也会落实责任部门进行严格监管，每一笔资金拨出去之前，企业都需要提供相应的单证或者购货合同，根据合同和到货情况，才能批准使用。而合同到期后资金回收，又能把资金投入到新的产业项目中去，让上海的扶持资金能如源源不断的泉水，滚动帮扶。

对口支援工作需要"输血"和"造血"并重，虽然资金投入是一种"输血"方式，但我们仍要创新工作方式，规范操作，激发它的"造血"功能，这样才能让上海资金更大规模的发挥产业扶持效应。

## 鱼水情深

三年的时间，一件件的工作推进，有挫折、有成就、有感动、有振奋。

最难的是出思路、转观念。记得 2018 年，东西部协作提出了要"加大转移就业，以外出务工带动脱贫"的要求。最开始沟通时，很多同志反对，认为没法做。"香格里拉只有 17.8 万人口，本地劳动力都不够用，哪有多少人输出？而且上海生活成本这么高，我们家乡宝又多，完全没必要投入精力做这事。"说出了现状，但是不是就真的没法做了？首先要调整干部和老百姓思路：不应把转移就业简单等同为出去多赚点钱，而应从打开群众生活眼界、转变群众就业观念、转化群众落后生活习俗、培养当地创业人才这些角度来考虑这项工作。其次转变工作方法：从群众需求着手发动。经向市长请示后，我们在上海闵行区建立了香格里拉市务工人员在沪服务站，服务站主要对香格里拉籍在沪务工人员提供劳务介绍、法律维权、心理关爱等服务，解决外出务工人员的后顾之忧；我们还针对外出务工看不到前景的群众担忧，与上海"悦管家"建立了"转移务工＋特长培训＋回乡创业"的模式，让香格里拉群众来上海务工并不是单纯的赚点钱，而是针对个人特点进行能力和职业培训，为务工人员回乡创业奠定基础。我们还加强了政策组合和政策宣传，把务工人员外出务工的补贴政策、回乡创业政策运用和宣传充分结合，极大地减轻了当地群众外出务工的经济压力，坚定了对政府部门的信心。经过努力，到 2018 年底，香格里拉首批赴沪就业人员 38 人有 32 人稳定就业六个月以上，绝大部分人的生活习惯、卫生习惯、个人谈吐有了很大改变。其中"悦管家"12 人有 11 人稳定就业六个月以上，6 人已有创业意愿并开始了定向培训，在当地引起了不小的轰动，当地就业干部的工作方法和工作思路也随着这个项目有了很大提升。

最开心的是做成事，出实效。2017 年底，我在香格里拉市妇幼保健院调研时，发现院内感染高发，产妇感染率、新生儿死亡率是全国平均水平的三

▲ 闵行区向香格里拉市妇幼保健院捐赠新生儿及产妇护理箱

倍。看着他们茫然但又想有所作为的状态，我请来了上海的医疗专业志愿者。一次次深入调研、一个个案例分析、一遍遍现场走访，找出了症结，做出了提升方案。春节期间，我与志愿者们找领导汇报、找企业沟通，终于为他们募集到了150万元社会资金，开展了洗婴房建设、消毒房建设、为贫困家庭赠送新生儿爱心护理箱三大项目。经过一年的努力，2018年香格里拉市妇幼保健院产妇死亡率降到了零、新生儿死亡率下降了千分之六、门诊量上升了30%，用上海爱心人士的爱心，实实在在地为当地提升了医疗服务水平，做起了上海援助的口碑。

  最兴奋的是找到了更多"同行者"。2016年，一次在香格里拉的邂逅让我认识了上海虹口小伙顾月明，异乡遇老乡，把酒言欢之际，一盆藏香猪肉，引起了他的赞叹："如此纯天然的美味，能走出大山就好了。"顾月明笑言。言者无心，听者有意，一句玩笑让我盘算起藏香猪的出路：藏香猪，放养于海拔3000米至4000米的高原地区、以天然野生可食性植物及果实为主食。好的产品并未形成好销路，是由于养殖户分散，规模小，集中较为困难，加上缺乏营销，藏香猪的产品价值并未得到市场的认可，经济价值也未得到真正转化，养殖户经济收入并未得到显现。如果引入具有市场运营能力的企业，强化宣传营销,借助东部市场增强品牌影响力,打造香格里拉藏香猪品牌提高产品销量,最终也许能形成集社会、经济、生态效益为一体的更有效的扶贫产业链。顾月明听完我的扶贫计划和思路后,决定参与到藏香猪产业助力扶贫中来。随后他推迟了回沪日程,在香格里拉各处开展实地调研,详细了解藏香猪养殖产业的种种情况。跋山涉水、亲自入户调研,让这个上海小伙的皮肤也被晒成了"咖啡色",活脱脱变成了一个"云南"小伙。2018年初,当我得知当地藏香猪难卖,贫困百姓年节难过时,与顾月明一拍即合,以高于市场价收购贫困农户藏香猪,打包成爱心扶贫大礼包,请上海的爱心人士认购,既让香格里拉的贫困户们过了个丰腴的好年,也第一次让藏香猪走进了上海市场,建立起藏香猪的口碑。

在这三年里,因为援建,结识了一大批社会爱心人士,得到了他们无私的支持与帮助。三年里,各类公益组织、爱心企业与个人,共为香格里拉市捐赠了总计人民币1135万元的现金、实物。前路虽艰,吾道不孤!

## 前赴后继

回首过往,我们历任的几位闵行援建干部一棒接一棒,花大力气对接香格里拉基层干部、医疗人才、教育人才的培训,花大力气做产业帮扶、培养当地产业人才,花大力气做劳动力转移,让更多人走出去看世界,改变自己的工作方式和理念,学到一技之长,培养香格里拉自己的创业人才。我们的任务已告一段落,但未来还需要更多的援滇干部,用浸润式的耐心、百折不屈的恒心、精准剖析分解问题的慧心,与更多关心香格里拉发展的社会热心人士一起,来推动、落实香格里拉的发展与腾飞,实现"沪滇情""闵香爱"的深耕与结实。"君住长江头,我住长江尾,终日思君今见君,骨肉不分离"的炙热诗篇,需要更多的援建故事来演绎。

三年光阴转瞬而逝,就在我的眼中,身边发生了很多变化:香格里拉城市变得更干净了,老百姓的生活变得更好了,身边同志的工作理念和工作方法变得更有效和先进了,大家对上海援滇工作的认识变得更深刻了。一个个项目落地生根,一批批民生项目让群众直接受益,一个个上海企业和社会组织来香格里拉参与扶贫,让当地群众切身感受到了上海的温度、上海的智慧、上海的担当……当然也有不变的:与当地干部携手为老百姓做事的初心依然不变,为沪滇情深添砖加瓦的真情依然不变,同各族群众携手脱贫奔小康的热诚依然不变,我对云南的感情与眷恋依然不变。正如民谣《美丽的香格里拉》里所吟唱的:雪山捧着洁白的哈达,草原上奔驰着欢快的骏马,七色花海香满了草原哟,那就是我的故乡——香格里拉。是的,在我的心中与梦中,萦绕着永恒的情怀——我的第二故乡,香格里拉!

## 用心做事　用情聚人

李春林，1973年7月生。曾任云南省保山市昌宁县移民局副局长、湾甸乡人民代表大会主席、保山市住房与城乡建设（规划）局房地产市场和住房公积金监管科科长等职。现任保山市人民政府扶贫开发办公室副主任。

口述：李春林

时间：2020 年 7 月 20 日

我从 2017 年开始，分管保山市东西部扶贫协作工作。作为亲历者和见证者，对上海闵行区帮扶保山市隆阳区、施甸县、龙陵县、昌宁县摆脱贫困感触很深。特别是从保山三年来实现四个贫困县全部摘帽、413 个贫困村出列、396021 人贫困人口脱贫这一组数据来看，闵行区对保山脱贫攻坚做出了重要贡献，保山脱贫攻坚各项成绩的取得饱含着闵行区委、区政府的辛勤努力和巨大付出。可以说，闵行区委、区政府真正地认真贯彻落实了习近平总书记关于东西部扶贫工作的重要讲话精神，以高度的政治责任感和历史使命感，真正做到三用三真，即"用心、用情、用力""真金白银、真情实意、真帮实扶"。

## 消费扶贫，多渠道助农稳定增收

保山市及其下辖的县、区均属于典型的山区农业县，农业规模化程度低，农业产业小、散、弱现象突出，农民抵抗风险能力很弱，许多农产品变为商品难，出现增产不增收的现象。特别是 2020 年新冠肺炎疫情期间，为解决保山农产品滞销、价低等问题，闵保双方协同发力、创新方式、线上线下并举，共同推进消费扶贫工作落实，取得了较好成效。截至 6 月底，全市扶贫产品共销售 15241.45 万元，其中销售到上海 2578.22 万元，通过辐射带动贫困人口 6.5 万多人。

▲ 丛岗村村道旁的"多多农园"标识

  为使保山更多优质农特产品变为商品，闵行区和保山市结合新时代消费特征，着力打造"一座保山"区域公用品牌。2019 年 1 月 21 日，在上海闵行举行"一座保山"品牌启用新闻发布会，重点推介保山优质农特产品。同时，在上海市场对接了 30 多家商超供应商，将"一座保山"农产品区域公用品牌所涵盖的保山市农产品 30 余类 300 多个单品销往上海，并陆续在昆明、上海、杭州等地开设"一座保山"旗舰店，先后组织有关企业参加南亚博览会、上海美食节、上海农博会等展销会。通过持续开展农特产品进机关、进商超、进社区、进企业活动和参加"10·17"贫困地区农产品展销，助推保山优质农特产品走出"深闺"，走向上海、走向全国，实现农产品增值、农民增收，带动区域经济发展。

  发展电商，拓展线上消费是如今消费扶贫的一大趋势。隆阳区与上海拼多多合作，建成潞江镇丛岗村、赧亢村"多多农园"站，推动电商扶贫助农，实现消费端"最后一公里"和原产地"最初一公里"直连，让农户真正成为全产业链的利益主体。腾味公司采用线上主流电商平台及布局线下实体体验店相融合的模式，为城区提供生鲜农产品销售和配送，通过与农户建立种养殖合作关系，由贫困户种养后，公司统一收购再在生鲜店销售，带动农户增收。我们还注重推进扶贫消费产品的认定，截至 6 月底，全市共认定 55 个企业 130 个扶贫产品，产品价值总量 56.8 亿元。在开展好产品认定工作的同时，宣传发动企业入驻贫困地区农副产品网络销售平台（832 平台）和上海拼多多云南消费扶贫专区，目前，已有 15 家企业入驻 832 平台，21 家企业 69 个扶贫产品入驻拼多多云南消费扶贫专区，其他企业正在有序入驻。

龙陵县借助沪滇扶贫协作之机，以"范大叔"保山市首个私人定制家庭农场为抓手，采用"互联网+基地+合作社+农户"的运作模式，依托上海体验店和微信、淘宝等，广泛建立电子商务平台，实现基地到"饭桌"的直接销售，有力带动周边建档立卡贫困户脱贫致富。截至目前，"范大叔"农场养殖网络遍布龙陵县 10 个乡（镇）25 个村，带动建档立卡户 450 户进行养殖，销售生态土鸡 7.5 万余只，达到了户均年增收 5000 元以上。特别是新冠肺炎疫情期间，闵行挂职干部依托"一亩田""一点资讯"直播间等平台开展直播带货活动，助销农特产品，有效缓解受疫情影响导致农产品滞销的困境。如：昌宁县挂职副县长陈震强通过"一亩田"、抖音直播等网络直播平台，共销售农产品 117.7 万元，拓展了市场，提高了销量。

### 发展产业，各区县助推特色产业

闵行和保山双方紧盯贫困县产业发展滞后的突出问题，积极采取"引进来、走出去"两种方式，加大产业帮扶力度。闵行区多次组织企业来保投资考察，先后引进上海寻梦信息技术有限公司、上海乐行智能科技有限公司、云磊科技有限公司、兴邦农业有限公司、上海东方希望畜牧有限公司 5 家企业落户保山，直接吸纳建档立卡贫困人口 45 人，带动 209 名贫困人口脱贫。与此同时，援滇干部会同当地干部经过反复调研，亲自到田间地头查看情况、深入农户家庭了解群众意愿、在科学论证的前提下，因地制宜、精准施策，帮助保山市培育发展特色产业。三年来共投入帮扶资金 1.79 亿元，帮扶项目 70 个，涉及蚕桑、中草药、石斛、茶叶、肉牛养殖、生猪养殖、蜜蜂养殖、核桃油加工近十个产业，为群众脱贫致富奠定了坚实的基础。如：隆阳区、昌宁县充分借助"东桑西移""浙桑入滇"的东部产业转移机遇，依托龙头企业及群众蚕桑种养殖基础，累计投入帮扶资金5523万元，新植桑园24770亩，建设蚕房13.6万平方米、小蚕共育中心89座，推行蚕桑产业一体化扶持立体式扶持增效，帮助19个乡镇89个村委会1.2万户贫困户实现稳定增收，取得了农民致富、企业增效、乡村发展的立体式效益。

在闵行区帮助下，施甸县探索乡村旅游扶贫模式，投入600万元援助资金，围绕"提升一条党建环线、培育一批农家乐、改造一批精品民宿、扶持一批种养大户、带动一批建档立卡贫困户"工作思路，在姚光镇山邑村实施了野鸭湖旅游扶贫项目，让昔日的无名"野鸭湖"蝶变为今日的3A"金鸭湖"，生动践行了"绿水青山就是金山银山"的生态文明思想。2019年11月，野鸭湖湿地被保山市文化和旅游局评为3A级旅游景区，目前正在申报4A级旅游景区。

龙陵县2017—2020年投入沪滇扶贫协作资金448万元，在龙山、象达、腊勐、龙新、龙江5个乡（镇）5个移民安置点建设5个石斛枫斗加工厂，购置石斛加工设备。采取"合作社＋村委会＋建档立卡贫困户"模式，帮扶资金量化入股，产权归集体所有，带动建档立卡贫困户500户2400人就近就地务工，户均增收2多万元。

## 稳岗就业，让贫困户端牢"铁饭碗"

闵行区人力资源与社会保障局高度重视劳务协作工作，在深入保山调研的基础上，2018年闵行保山两地人社局签订《劳务协作合作交流框架协议》，双方精准对接、优势互补，着力于农村贫困劳动力转移就业，通过就业服务、职业培训、权益维护等一系列措施，扎实推进沪滇劳务协作工作。两年来，共帮助保山市一区三县农村贫困劳动力转移就业11830人。

在闵行区人社局的牵线搭桥下，保山市一区三县公共就业服务机构挂牌成立了上海市对口支援地区就业服务工作站，全力开展劳务对接服务各项工作，

▲ 保山依托专场招聘会促进就业

确保沪滇劳务协作工作顺利开展。同时，结合保山实际，制定出台《保山市乡村公共服务岗位开发指导意见》《关于沪滇劳务协作就业扶贫相关事项的补充通知》，细化了工作标准和要求，使劳动力转移做到操作规范化、标准化。

在建立完善沪滇劳务协作机构的基础上，保山市整合部门资源，创新培训方式方法，以市场为导向，采取"订单式""菜单式"培训，有针对性地加强对贫困劳动力的培训，力争实现培训一人，就业一个，脱贫一户。对当年计划脱贫出列有培训意愿的建档立卡贫困劳动力100%开展职业培训；对建档立卡贫困劳动力100%推荐就业岗位，转移就业率达50%以上。

另外，我们还要抓好宣传引导工作，通过新闻媒体、互联网、手机App、微信公众号等大力宣传沪滇劳务协作就业扶贫政策；通过驻村扶贫工作队员、大学生"村官"、就业扶贫信息员、村"三委"成员等进村入户，对农村贫困劳动力进行面对面宣传；把沪滇劳务协作专场招聘会开到乡镇、村、社区，依托专场招聘会加大宣传力度。经过多途径、大范围的宣传，沪滇劳务协作就业扶贫政策的知晓度大大提高，为沪滇劳务协作就业扶贫营造了良好氛围。

为了更加精准地帮助贫困户，保山市积极探索就业模式。一是建立"扶贫基地+职业介绍"扶持就业模式。围绕扶贫开发，引进外地企业或支持本地企业创建扶贫车间，对就业扶贫车间每吸纳一名建档立卡贫困劳动力，用沪滇劳务协作专项资金给予1000元的一次性奖补，鼓励扶贫车间充分吸纳贫困劳动力就业。二是建立"三无人员+乡村公共服务公益性岗位"安置就业模式。结合城乡人居环境提升等工作，在不增加财政负担的前提下，合理开发保洁员、护路员、河道治理员、综合执法队员、治安巡逻员、绿化员、公共安全管理员、河道管护员、就业扶贫信息员、水电保障员等乡村公共服务公益性岗位，针对"无法离乡、无业可扶、无力脱贫"的贫困劳动力实现兜底就业安置。目前，保山市人社部门利用沪滇劳务协作资金共开发乡村公共服务岗位3021个，对在公益性岗位就业的贫困劳动人员每月每人补助500元。

## 交流协作，脱贫攻坚成效显著

2018年以来，按照"中央要求、保山所需、上海所能"的原则，闵行区充分发挥优势，在党政干部、医疗、教育等方面帮助保山培养了大批人才，助推保山经济社会发展。

三年来，上海市和闵行区共选派援滇干部27人次到我市开展帮扶工作，保山市共选派干部43人次到闵行区挂职锻炼学习；在教育人才交流方面，上海市和闵行区共派驻保山市教育教学帮扶专家15人次开展帮扶工作，保山市选派147人次到上海和闵行跟岗学习；在医疗人才交流方面，上海交通大学医学院附属新华医院、复旦大学附属中山医院青浦分院等7所医院选派医疗专家117人次到一区三县开展帮扶工作，保山市选派162人次到上海和闵行跟岗研修学习。另外，闵行区积极邀请高层次人才到保山开展培训，使保山干部足不出户就得到能力提升。三年来共邀请300余名上海专家到保山培训43期1230人次，有力助推我市各行业人员的素质提升。

在闵行区的大力帮扶下，保山市贫困人口"两不愁三保障"已全部达标，全面建成小康社会的短板基本补齐。一是吃穿不愁全面解决。全市建档立卡贫困人口94061户392586人，总收入47.15亿元，人均纯收入10219元，已脱贫退出的91303户382741人总收入46.48亿元，人均纯收入12152元。未脱贫2758户10113人，经6月份市、县两级逐户入户核查，全部实现吃穿有保障。二是失学辍学问题全面清零。5县（市、区）义教均衡均通过国家评估验收，实现建档立卡贫困家庭适龄子女辍学人数动态归零，控辍保学任务全面完成。三是基本医疗全面落实。全市5个县级综合医院全部达到二级甲等标准以上，81个乡镇卫生院、861个村卫生室全部达到标准化建设要求。全市建档立卡贫困人口基本医保、大病保险参保率达100%，规范转诊建档立卡贫困人口住院医疗费用报销比例达90.49%。四是住房安全全面保障。2016年以来累计实施农村危房改造项目9.13万户已全部达标，其中"四类重点对象"4.6万户，"非四类重点对象"1.63万户，农房抗震改造1.75万户，已享受补助再次成为危房0.08万户，人居环境提升1.07万户。建成易地扶贫搬迁安置房16687套，72169名建档立卡贫困群众全部实现真搬实住。五是饮水安全全面达标。实施农村人饮巩固提升工程3500多件，全市贫困村农村集中供水率达97.8%、自来水普及率达94.8%，有160多万群众受益，全市建档立卡贫困人口饮水安全保障全部达到省脱贫攻坚农村饮水安全评价标准。

在参与脱贫攻坚过程中，我们深切感受到脱贫攻坚的重大意义，深切感受到闵行援滇干部们攻坚克难、乐于奉献的精神以及决战决胜的信心和决心，深切感受到闵行区委、区政府对对口支援工作的高度重视。我们和援滇干部们将继续用心做事、用情聚人、用力奋斗，巩固脱贫攻坚成果，助力保山振兴。

# 怀大局　做"小事"

周行君，1976年8月生。曾任闵行区人大常委会研究室副主任、办公室副主任，中共闵行区莘庄镇党委委员。现任中共闵行区司法局党委副书记、二级调研员。2018年1月至2019年7月，为上海市第十批援滇干部，担任上海援滇干部联络组保山小组组长，云南省保山市政府副秘书长兼中共隆阳区委常委、副区长。

口述：周行君
采访：汤建英　徐晓彤　沈　雯
整理：沈　雯
时间：2020 年 4 月 10 日

打赢脱贫攻坚战，是一项重大历史使命。但千里之行，始于足下，越是远大的目标，越需要我们千千万万的同志，立足当下，勤勉务实，从"小"做起，积"小胜"为"大胜"。

2018 年 1 月 6 日，是一个难忘的日子，我接受组织选派前往云南省保山市，担任上海援滇工作组保山联络小组组长、保山市政府副秘书长兼中共隆阳区委常委、副区长，主要分管保山市的沪滇扶贫协作以及协助隆阳区招商引资。我的日常工作内容涉及范围较广，具体包括扶贫项目资金管理、项目申报与推进、产业合作、劳务协作、社会扶贫、结对交流、干部人才选派与培训等等。

从 2018 年 1 月到 2019 年 7 月，一年半的时间并不算长，却实实在在地拓展了我人生的宽度与厚度。到那里以后，我养成了写日记的习惯，如今翻看，当时每一天的经历都鲜活如初。

## 直面大山深处的哀愁

去之前我对保山并不了解，到达以后第一感觉是陌生，初步印象觉得这里民风不错，城市也很干净。这里对我来说，是一个全新的开始，一个新的地方、新的岗位，要交往一批新的同事和朋友。

此次闵行区选派到保山市一区三县的援滇干部共 7 人。作为保山联络小组负责人，我意识到，努力整合和分配好闵行区的资源，凝聚好整个团队，与援滇的兄弟们和谐相处、协同作战、发挥合力，是自己的重要职责。保山地域宽广，区县分散，这给我们的团队沟通增加了不少难度，但很快都被一一克服。随着内部沟通群、专题沟通群等的建立，大家互相配合、有序协调，在内部分工、工作简报、集体调研、财务制度等诸多方面都达成了共识并形成较为完善的机制，小组的整体工作得到了闵行和保山两地领导的肯定和认可。

位于隆阳区的瓦房乡徐掌村，是我挂钩的一个深度贫困村，离城 70 公里。当时，我与上海的公益组织和爱心人士一起去那里实地走访调研，发现许多家庭住的都是几面透风的危房，住房条件亟待改善。村里的小学，共有 7 名老师，3 名是代课的，每月工资 1800 元，由于收入过低，只能聘请到没出去打工的初中生来教小学生，导致班级学生的平均成绩经常不及格。面对这些，同行的许多人触动很深，有的同志当场就落泪了。

这个 335 户 1418 人的行政村，共有建档立卡贫困户 241 户 1084 人，贫困发生率达到 76%，到 2017 年底尚未脱贫的有 77 户 324 人，C、D 级危房 54 户，残疾 12 人，长期慢性病 7 人，供学困难 5 户。为摆脱贫困，长期在外务工 174 人，留守儿童 61 人。这一串数字，既可以看出当地贫困的程度和原因，也能反映当时脱贫的艰难。

保山作为地级市，下辖五个区县，其中除了腾冲都属于贫困县。当时在保山市，这样的深度贫困村还有 181 个。在整个云南，这样的村还有 3539 个。在很多人的印象中，七彩云南，是一个民族特色浓郁、风景美丽宜人的旅游胜地。绝大多数的旅行者，都前来追寻她的美丽与神奇，而没有机会去发现那掩藏在大山深处的贫困与哀愁。刚到云南时，云南省的领导说，云南是全国贫困人口最多、贫困面最广、贫困程度最深的省区之一，我还不太相信。然而，当我一次又一次走进贫困乡村、贫困家庭之后，这种感觉越来越真实。

我明白，作为援滇干部，不是一个前来旅游观光的看客，而是要开启一段特别的人生旅程。在我们援滇干部的身上，承载着打赢脱贫攻坚战的神圣使命。我暗暗告诉自己：我应该做点什么，给这些朴实善良的人们带来改变。

### 寻找产业扶贫的抓手

产业扶贫，是沪滇扶贫协作的一个重点，也是难点。成功扶持一个产业项目，可以带动一方群众受益。所以，如何选择适合当地的产业，便成了我首要的课题。

通过多次调研，我初步形成了一个产业扶贫的判断：一是产业中要有具备实力、经营稳健的龙头企业，以保障销售市场；二是能够形成一个好的利益链接机制，促进龙头企业、村集体和农户的良性互动；三是要有稳定合理的项目预期收益，更好地调动农户种植或养殖的积极性，推进产业可持续发展。

遵循着这样的思路，同时结合当地的区域特点，我开始排摸。经过实地考察和了解，我发现当地近年来对种桑养蚕的认可度很高，于是进一步走访了当

▲ 保山利根丝绸有限公司的生产车间

地龙头企业保山利根丝绸有限公司。2002年，根据中央"东桑西移"的产业布局政策，公司自浙江海宁来到保山发展，逐渐壮大。目前企业经营稳健，产品价格稳定，不愁销路，公司高层管理人员长期扎根保山，为了提高产品质量，经常主动下乡培训和指导农户，同农业部门、村集体都形成了良好的互动合作关系。我和当地干部一起商量后，最终形成共识，确定把蚕桑产业作为沪滇扶贫协作的主导产业深入推进。

随着项目迅速启动，资金同步落实。上海援助隆阳区的7600万元项目资金中，用于蚕桑产业发展的资金达4100多万元，直接带动8个乡35个村的近2000户贫困户参与，帮助扩大蚕桑种植面积1.7万多亩，建设蚕房8万多平方米，进入盛产期后，预计每年可带动群众增收8000多万元。隆阳区的深度贫困村徐掌村，2018年蚕桑产业收入超过100万元，已经成为该村继外出务工之外的第二大收入来源。照这个发展趋势，只要把准了这一产业"脉搏"，坚持几年，蚕桑产业有希望成为隆阳区的利民富民产业、特色优势产业。

## 助推"家乡宝"走进大城市

"一人就业，全家脱贫"，推动转移就业是精准扶贫的一项重要举措。但云南当地，一直有一种"家乡宝"的观念，很多农村人不敢出去、不想出去，这给政府推动转移就业带来了一些挑战。2018年6月，闵行区人力资源和社会保障局一名副局长带队，专门来到保山进行工作对接。上海的人力资源公司提供了一大批就业岗位信息，通过保山人社局分发到各个区县人力资源市场。为了更进一步提高劳务协作成效，在闵行区委、区政府推动下，上海天都人力资源有限公司派出一名副总经理，决定以隆阳区做试点。经我们援滇干部、人力资源公司、人社部门反复商量，最终确定了劳动力转移的招聘方案：一是选择格力电器合肥有限公司的一个车间作为招聘需求部门，对应岗位需求量大、对劳动力的要求低；二是保证待遇，务工人员每月综合收入4400元左右；三是调动本人、家属、村集体三方的积极性，人员外出务工满一年的，每推荐一人，村里可获得4600元的集体经济奖励收入，家属可获得5000元的慰问金。随后，由隆阳区人社局牵头，召集各乡镇劳务部门负责人，进行了专门部署，我也和人力资源公司招聘人员一起深入乡镇、村里进行宣传发动。

同年 8 月上旬，隆阳区第一批外出人员 84 人前往合肥；8 月下旬，第二批 39 人成行，两批共包括建档立卡贫困户劳动力 60 人。在劳务输出的淡季，有这么多人外出，大大超出了两地人社部门的预期。这个方案和工作模式后来推广到保山其他三个县。

截止到我们返沪时，共帮助 6158 名贫困人口实现就业。其中，到上海市就业 365 人，到其他省市就业 1844 人，省内就近就业 3949 人，超额完成了任务。

### "上海温度" 情暖山村孩子

在下乡走访困难户的过程中，我深刻地感受到，很多家庭困难的孩子，缺的不仅仅是钱，还需要关爱和温暖。

为此，我们通过媒体、微信，积极发动上海的爱心人士、企业和社会组织，参与结对助学、爱心帮扶行动，得到了朋友们的积极响应。很多朋友说希望可以长期结对帮助一些孩子，我便请离区政府 120 公里之外的一个深度贫困乡收集了一批需要资助孩子的名单。条件有几个：一是孩子要学习认真、品德好、成绩好；二是要有良好家风，家长不能好吃懒做；三是没有父母或者父母生病、残疾的优先考虑。乡里提供了名单后，我专门花了几天时间，逐一上门去核实情况。

2018 年 8 月初，上海 5 个参与结对资助的家庭，由父母带着小孩一起来到保山，上门去看望资助对象。资助对象里有个小女孩，家住在澜沧江边的一个山顶上，我 7 月初上门的时候，车子还是开得上去的，没想到过了一个月，整条路都因山体滑坡被毁坏了。我们开了两个多小时的车才到山脚下，上海的朋友们都不愿放弃，于是大家一起开始爬山。随行几个小孩，最小的一个女孩才 7 岁，都坚持爬到了山顶。互相见面后，大家既开心、又感动。上海的家长没想到自己的孩子还有那么大的潜能，也没想到山顶的那个小女孩如此惹人怜爱。资助的女孩正好也是 7 岁，由外公、外婆带着，从小就没见过父母的模样，但非常健康活泼、乖巧懂事。上海的朋友们在山里跑了 3 天，深受触动，

▲ 莘庄镇政府和企业向大陷坝木瓜林小学捐赠书包

回去后，专门建立了一个微信助学群，将结对助学的接力棒不断扩散出去。

一个月后，莘庄一批企业家来保山，我跟他们介绍了这个一对一结对资助的计划，得到了他们的积极响应。11月，我把筛选好的20个家庭和小孩的信息发到微信群里，两个小时不到，他们就全都认领完了。我建议他们资助孩子到上大学，每个月标准200—300元，不要太多，以免形成依赖，重点是让这些小孩子和他们的家庭感受到社会的温暖和关爱。在各方共同努力下，上海爱心人士已同80余位隆阳山区的孩子建立了结对资助关系。上海的一位正局级退休领导，夫妇二人都加入了助学行列，分别资助了一名困难孩子。

过去这几年，我一直被这些热心的上海朋友所感动。所有物理的温度，都会因传导的距离而衰减，只有人性的温度，纵然远隔千山万水，依然浓烈而温暖人心。我也深深感受到，我们援滇干部的个人力量是有限的，但我们身后的后援力量是强大的。

目前，闵行、保山两地已经形成一套"四级"帮扶体系：在区县层面，闵行区政府同保山市隆阳区、昌宁县、施甸县、龙陵县一区三县结对帮扶；在部门层面，推动闵行区各职能部门同保山市各职能部门建立结对帮扶机制，推动闵行区工商联、教育局、人社局、农委、红十字会等9个部门同保山市相关部门签署了结对帮扶协议；在乡镇层面，推动闵行区的街镇同保山市贫困乡镇结对；在村企层面，推动闵行区的企业和社会组织同保山一区三县的贫困村结对。闵行区各街镇及企业共与保山市一区三县22个贫困乡镇、89个贫困村签订了结对帮扶协议，结对帮扶援助资金高达2294.5万元。另外，闵行区有4所学校，7所医院在保山一区三县开展了帮扶。

2019年1月，保山小组被上海援滇工作组评为先进集体。"保山的兄弟们都很团结。"这一句对我们团队的肯定，我很珍惜，也十分感激团队中每一位成员的努力，更感谢来自大后方的支持和鼓励。如今，我已经结束一年半的援滇工作，回到上海，奔赴新的工作岗位，心中依然感慨万千。滇西大地，文化厚重、绿水青山，但是，生活在大山深处的农民兄弟，要实现脱贫致富的梦想，还要付出艰辛的努力。

在参与脱贫攻坚的过程中，我感受到正是因为政策精准、措施精准、督查考核精准等一系列细化有效的措施，使得基层干部和群众有了具体可以遵循的目标，也保证了政策和效果在实施过程中总体上不变形、不走样。我有幸站在脱贫攻坚的前线，倍感骄傲，这是锻炼品质、磨炼意志、培育情怀的战场，能贡献一份自己的力量，自当无憾。

## 在打赢脱贫攻坚战中提升人生价值

张海燕，1976年10月生。曾任闵行区海外高层次人才引进工作专项办公室主任、中共闵行区委组织部干部科科长。2018年8月至今，为上海第十批和第十一批援滇干部，担任中共云南省保山市施甸县委常委、副县长。

口述：张海燕
采访：汤建英　徐晓彤
整理：徐晓彤
时间：2020 年 5 月 20 日

2018 年 8 月，我做出了职业生涯中一个比较重要的选择——主动报名增派到云南参加脱贫攻坚工作。经过组织遴选，我幸运地踏上了奔赴云南省保山市施甸县的征程，亲身经历并见证了全县脱贫摘帽的历史时刻。从报名到出发大约只有两周时间，摆在眼前的是四大挑战：从东部到西部，工作环境转变；从机关到基层，工作平台转变；从党务到行政，工作内容转变；从后方到前方，工作阵地转变。离开上海的时候我不断鼓励自己，挑战越大，收获越多，人生价值也就提升越多，而这些也逐渐被实践所证明。

## 初来乍到，顺利破题开局

到了施甸以后，住在一个群山环抱的陌生环境，想想前几天还在繁华都市做着干部工作，今天却要在大山深处忙扶贫，恍如隔世。我首先思考的问题就是如何在完全陌生环境开展工作，总结下来要靠"五看一走"。一看地方志，了解当地风土人情、历史文化；二看地图，了解当地山川走势、城镇村落；三看统计年鉴，了解经济社会发展水平、优势短板；四看文件报告，了解上级要求和工作重点；五看干部名册，了解机构配置和干部队伍。当然，最关键的还

▲ 沪滇扶贫协作专场招聘会

是走基层，亲身感受这里的山水林草、花鸟鱼虫、田间地头、干部百姓。

我是第一个从上海来挂职的副县长，沪滇扶贫协作刚刚起步，怎么能够在当地破解难题、一炮打响，我们对此进行了探索。非常庆幸的是，刚来不到一个月，闵行区副区长曹扶生就带队到保山调研考察，而且带来了劳务协作的企业和项目。其中一个项目是组织当地劳动力到格力电器合肥有限公司工作，劳务中介公司负责体检费和路费，录用的农民工不仅可以拿到可观的收入，劳务中介公司每年还给家庭补助5000元，并且给村集体奖励，如果工作满一年村集体可以得到4600元的奖励，这样既解决了贫困户的收入问题，还解决了村级集体收入问题。当时脱贫攻坚政策要求每个村集体年收入要达到2万元，这对于当地许多"空壳村"而言，还是非常困难的，这也正是县委、县政府比较头疼的一个问题。

我感到机会来了，马上把这样一个多赢的项目向县委、县政府汇报，得到了领导的高度重视，一方面发文要求各乡镇积极动员农村剩余劳动力特别是建档立卡贫困户到格力电器公司工作；另一方面安排我到脱贫攻坚的专题会议上对这项工作进行布置。接下来，我和县人社局、乡镇和村里的同志一起到农户家里进行动员，不到两周，我们就送走了第一批到格力电器务工的农民工兄弟36人。这项工作的推进很快得到了大家的认可，感到闵行对施甸帮扶的力度和效果都非常明显。

### 项目管理，确保安全规范

出发之前，我请教一名老援建干部，援建工作的底线是什么？他告诉我是资金项目的安全。经过培训，我认识到我们最主要的职责就是确保上海的项目能够按时按质地完成、资金能够按时足额拨付。到县里不久，我发现当年的项目一个都没有开工，资金一分都没有拨付，突然感觉"压力山大"，因此马上把如何管好项目作为我工作中的头等大事。

为了防止项目申报不精准导致项目变更和实施困难，我们首先抓牢项目管理的前期，优化项目申报和招投标程序，把以前直接从项目库挑选项目进行申报的做法，改为"基层单位申请—扶贫办初审—开展实地调研—行业部门征求意见—更新项目库—上会研究"的做法，大大提高了项目申报的质量，再也没有发生项目变更的情况。项目下达之后，为了防止招投标程序不规范，我们和县发展和改革局、政务管理局多次沟通并达成共识：一方面，将同一乡镇的同类项目进行归并，资金超过400万后开展公开招投标；另一方面，对于资金在50万到400万之间的项目，虽然不用公开招投标，但是也统一由县公共资源交易中心进行发包。如此一来，我们只要盯住政务管理局一个部门，就能把全县绝大部分沪滇项目的招投标工作紧紧抓在手中。

为了有序推进项目进度，我们注重项目管理的中期，规范项目进度管理和资金拨付。在项目方案评审时就要求实施单位按周排出项目工期表，并且建立了项目进度周报"亮灯"制度。根据上级关于项目推进时间节点要求，要求各实施单位每周上报项目进度情况，对于推进正常、缓慢、滞后的项目分别给予绿灯、黄灯、红灯，并定期在县委常委会、政府常务会上进行通报。为了规范项目资金管理，我们专程到县财政局进行调研，及时研究出台了《施甸县沪滇项目资金管理（暂行）办法》，将所有上海援助的资金全部纳入县财政局进行专户管理,以确保资金的运行安全,同时要求资金拨付跟着项目进度走,这样倒逼项目的实施进度。

我们还严格把控项目管理的后期,专门安排沪滇扶贫协作项目管理经费,用于开展项目审计和验收等工作。但是实施中却发现个别施工企业对于审计不配合、不按时整改到位,影响了项目的验收和效益。因此,经政府常务会和县委常委会集体研究同意,我们亮出了撒手锏,对于不配合审计和不按时整改到位的企业,除非申请县沪滇扶贫协作领导小组集体研究同意,否则不得参与新的沪滇扶贫协作项目的招投标,倒逼施工企业积极配合审计和整改,倒逼施工企业重视建设工期和项目质量,将项目的后期管理和前期管理有机融合起来。这个措施推出以后,效果立竿见影,施工企业纷纷主动和审计公司联系,积极推动项目的审计和整改工作。

我们在项目管理中不断总结经验,不断出台新的制度和措施,使得项目进度和资金拨付逐步进入正轨。目前2017—2019年的沪滇资金全部拨付,项目全部完工,审计验收全部通过,云南省对施甸县沪滇协作年度考核也给予了最高等次的评价。

## 经济发展,打造特色产业

施甸作为一个国家级贫困县,其突出表现就是经济发展水平低、产业发展滞后。毕业于区域经济学专业的我深知,解决贫困的根本途径在于产业发展,因此,如何打造适合当地的优势产业,实现经济体自身的造血功能和机制,一直是我思考的问题。最终,我们在广泛调研的基础上,依托上海的资金、技术、市场等优势,选定了在当地已具备一定基础的农业和旅游业作为特色产业予以重点扶持和打造。

一是打造高原特色蔬菜产业链。通过沪滇扶贫协作平台,打造"生产—培训—贮藏—销售"的全产业链闭环。我们建设了2200亩鲜食豌豆绿色高质高效产业扶贫核心示范基地,提高特色农产品的产量和产值,并开展沪滇协作万亩豆类产业扶贫暨丰产示范科技培训,为农户发放物资补助,激发农户种植热情,提高种植管理技术。2018—2020年,我们相继在何元乡、水长乡和太平

▲ 沪滇协作的野鸭湖旅游项目

镇建设了三座冷库,用于"两青"(青豌豆、青蚕豆)和其他蔬菜、水果的冷链储藏,为后期扩大销售规模奠定基础。冷库租金用于建档立卡户的分红和壮大村集体经济收入,保障贫困村、贫困户的长效收益。我们还积极帮助对接闵行机关单位、企业,并通过网络直播、入驻拼多多网络商城等形式,销售农特产品。其中,帮助一家当地企业入驻拼多多电商平台,仅仅三个月时间就销售了近50万元的蔬菜。特别是在蔬菜地里开展网络直播带货,有力地推动了高原特色蔬菜的销售额和知名度,当地干部亲切地称我为"菜农县长"。

二是打造道地中草药产业链。通过沪滇扶贫协作平台,从"基地建设—科技研发—学习交流—生产销售"进行全产业链帮扶,打造道地中草药产业。2018年,通过沪滇扶贫协作投入大量资金,在姚关镇和水长乡实施中草药种植基地项目,建设中草药种植基础设施。2019年,我秉持"走出去"理念,带着农业农村局、招商局和龙头企业负责人,到天津参加全国第七届中药材共建共享基地大会,以学习全国各地先进中草药种植和生产加工技术,对接中药材招商、采购等工作，为施甸中草药产业发展汲取经验；另一方面，我积极对接闵行的医药企业和药商，托底收购当地中草药药材。2020年，我们又争取了闵行区区科委安排科技资金帮助当地龙头中草药企业进行药材的研发和育种。

三是打造特色旅游产业链。2018年，我们实施了姚关野鸭湖旅游扶贫项目，投入沪滇扶贫协作专项资金开展旅游基础设施建设和生态环境改造，新建停车场、公共厕所、污水管网、旅游栈道、绿化景观、休息凉亭和旅游标识系统等，极大地改善了基础设施和旅游环境，扩大了景区的辐射范围。同时，投入沪滇扶贫协作专项资金用于产业培育工程，培育当地"农家乐"、民宿、游船观光、小龙虾养殖等项目，壮大村集体经济，吸纳建档立卡贫困劳动力就近就业和销售农特产品。2019年11月，"野鸭湖湿地"被保山市文旅局评为3A级旅游景区，2020年开始积极申报4A级旅游景区。此外，我们还积极对接闵行区文化和旅游局、上海春秋旅游集团，组团考察施甸旅游特色资源，规划旅游产业新发展。

## 想方设法，做好当地群众工作

本以为援滇工作就是围绕沪滇扶贫协作的目标要求在县级层面做好分内事情，但是很快我就和其他常委、其他副县长一样要求全程参加脱贫攻坚工作。我也"挂"了1个乡镇、"包"了3个村、"帮"扶3户"卡户"和8户"非卡户"。脱贫前我不仅每周至少3天要住在乡下，每周六要召开乡脱贫攻坚战区会议，而且还要遍访所包3个村的所有建档立卡贫困户。在一年的时间里，仅仅包的3个村我就走访了200多户建档立卡贫困户。我往往白天走访农户、检查项目，晚上到村委会召开贫情分析会、群众会，解决村里碰到的突出问题。

2019年4月的一天，我到七〇七社区里询问村支书目前开展的农村危房改造和异地搬迁还有什么困难，村支书满肚子"苦水"，一副愁眉不展的样子告诉我还有一户农村D级危房改造思想工作一直做不通，而且家庭情况很复杂。虽然我从来没有做过这类群众工作，心里也很忐忑，但是也只有硬着头皮上了。

户主出生于 1947 年，因与大儿子和大女儿不和，长期单独住在窝棚里。三个月前，小女儿帮助修建了新房子，但是由于没有相应的梁柱，被住建部门鉴定为 D 级危房，必须加固或者重建。当时政府想要帮他加固，但是全家无论如何也不同意。我先和两位老人做了一阵思想工作，基本做不通，感到十分沮丧。我偶然间看到墙上挂着拥军优属的牌子，马上询问老人是否是军人，原来老人不仅是老兵还是老党员。我感觉"有戏了"，便从党员的角度来劝导他，告诉他党员应该要起带头作用，讲党性，经过一番苦劝，身为党员的老人也感觉到自己的责任和义务，渐渐被我说动了，便打电话给他的小女儿，和她商量加固房子的事情。后来，小女儿也来到了现场，起初她的情绪比较激动，很不配合。我首先夸她是个孝子，能帮父母修房子，但是由于云南地震多，出于安全考虑需要加固。我说现在党和国家的政策好，因为脱贫攻坚，所以不需要家里出钱就可以加固。就这样，晓之以理，动之以情，一步一步打消她的顾虑，特别是施工后如果家里的天花板损坏了，我们会帮助恢复原样。我说我是从上海来的，从第三方的角度讲这确实是好事情，对老人安全有利，万一地震了很危险，而且你又不需要花一分钱。最后我们开始谈到如何改造加固，加固时老人住在哪里等。经过三个小时的劝解，小女儿的思想工作终于也做通了。这件事很快就在县里传开了，大家对援建干部亲切度和信任度都提高了。

## 党建引领，扶贫先扶志、扶智

因为长期在组织部工作的缘故，到云南之后就在思考如何通过党建引领的方式体现扶贫先扶志、扶智，如何把上海党建方面的理念和资源带到施甸，帮助当地干部群众转变观念。所以，到施甸伊始，我一方面主动和县委组织部的同志对接，另一方面请求区委组织部的领导和同事从党建联建的角度给予关心支持。

一是帮助当地加强基层阵地建设。通过联系薄弱村党支部，筹措党建专项资金，用于贫困村建设党建活动室，采购党建活动设备，帮助贫困村改善党建活动场所，提升党建服务水平，打造优秀党建示范村。二是帮助当地开展干部培训。专门安排资金用于干部培训，既派当地干部人才到上海培训，也邀请上海的专家、学者到施甸为干部群众送教上门。我也在"不忘初心、牢记使命"主题教育中，为全县处级领导干部上了《汲取传统修身文化精华　加强新时代干部党性修养》的专题党课。党课的效果不仅局限于党课本身，更多的是得到了当地干部的认可，更有利于开展工作。三是通过区域化党建平台实施助学项目。我们感到扶志、扶智要从娃娃抓起，因此通过区域化党建平台，积极动员闵行区的机关、高校、企业和社会组织参与教育扶贫，开展了大量为山区学校设置奖学金、添置多媒体设备、购置课桌椅，为贫困学生结对助学，捐助校服、书包和文具，开展免费手术等公益活动。

从到云南的第一天起，只要一提起上海，我就会心潮澎湃、百感交集。当地干部在介绍我的时候，第一句话也总是"这是上海来的……"，只有在云南，我才真切而深刻地感受到"上海"这两个字的分量。虽然只身来到云南，但是来自上海领导、同事、同学和朋友的各种慰问和问候，像雪片一样飘到了怒江大峡谷；同样，来自上海机关、街镇、高校、企业和社会组织的各类扶贫项目像弹药一样源源不断地输送到脱贫攻坚的最前线。在满怀感激之时，让我深深感受到没有上海人民的援助，我在云南什么也不是；没有云南人民的支持，我在施甸什么也做不了。我所从事的沪滇扶贫协作工作仅仅是在上海和云南之间架起了一座跨越 3000 公里的"小桥"。

# 扎实推进沪滇协作　助力保山脱贫攻坚

孙鸿宾，1975年11月生。2016年9月任中共闵行区委办公室副主任，2019年7月至今，任上海市第十一批援滇干部联络组保山小组组长、云南省保山市人民政府副秘书长。

口述：孙鸿宾
采访：汤建英　徐晓彤
整理：徐晓彤
时间：2020 年 7 月 3 日

2019 年 7 月，受组织委派，我来到云南省保山市，担任上海市第十一批援滇干部联络组保山小组组长、保山市人民政府副秘书长，开始了为期三年的沪滇扶贫协作工作，也开启了人生的新篇章。

## 珍惜援滇经历，书写使命担当

保山市地处云南省西部，与缅甸山水相连，面积 19637 平方公里，总人口 262 万人，辖隆阳区、腾冲市、施甸县、龙陵县和昌宁县一区一市三县，除腾冲外，其余一区三县都属于国家级贫困区县。早在 2012 年，闵行区就与保山市建立了经济战略发展友好地区关系。2017 年底，根据中央有关沪滇扶贫协作的部署要求，闵行区与保山市隆阳区、施甸县、昌宁县、龙陵县四个贫困区县正式建立了对口帮扶关系。如今，沪滇扶贫协作的接力棒交到了我们这一批援滇干部的手上，我倍感荣耀，也倍加珍惜。

保山是"杨善洲精神"的发源地，"杨善洲精神"已融入保山各族人民的精神血液与道德肌体，滋养着党员干部的心灵，成为保山脱贫攻坚、跨越发展、昂扬前行的不竭源泉。我来到保山的第二天，就来到杨善洲干部学院，缅怀和追思老书记的模范事迹和崇高精神，学习他甘于清贫、勤勉履职、勇于担当、不辱使命的精神品质，学习他不图虚名、不做虚功、不急功近利，踏踏实实带领干部群众抓脱贫、谋发展的感人事迹，学习他"不能躲在机关大院里做'盆景'，要到群众当中做'雪松'"的工作作风，在脱贫攻坚新角色新岗位中用杨善洲精神锤炼山一样的崇高信仰、海一样的为民情怀、铁一样的责任担当、火一样的奋斗激情。

援滇工作是人生历练的大舞台。来到保山以后，我们19位闵行援滇干部，同当地扶贫干部一起并肩战斗，努力当好扶贫"突击队"。在闵行和保山两地党委、政府的领导下，牢牢把握中央要求、保山所需、闵行所能，围绕国家东西部扶贫协作六个方面24项考核指标开展沪滇协作，以考核促规范、促提升、促成效。加强援滇项目的全生命周期管理，跟踪调研、立项、进展、资金拨付、成效、台账每一个环节，努力使每一个项目成为党执政理念和民族政策的生动体现，成为闵行和保山共同团结奋斗、共同繁荣发展的具体象征，成为援滇干部能力素质和工作作风的充分展示。

## 高位推动协作，发挥人才作用

自2017年以来，我们一批批援滇干部，深入贯彻落实中央、上海市和云南省有关东西部扶贫协作的部署要求，坚持精准扶贫、精准脱贫基本方略，积极会同当地相关部门，重点围绕组织领导、产业合作、资金支持、劳务协作、人才支持、携手奔小康等方面工作，全力助推保山市"一区三县"脱贫摘帽。

闵保两地建立了协作联席会议制度，联合制定了《保山市东西部扶贫协作三年行动计划》，完善了扶贫协作工作推进机制。各区县有关部门积极作为，主动对接，切实加强与上海的沟通交流，深化双方对接调研，高位推动扶贫协作。

2018年1月24日，闵行区合作交流办与保山市扶贫办在保山市召开两地扶贫协作第一次联席会议，就两地双方建立高层联席工作机制、加强项目管理、严格资金运行、开展人才培训、建立信息共享等具体协作内容，进行了充分沟通，并达成共识；5月，闵行区区长倪耀明率团到保山对接考察，再次召开了闵行·保山（一区三县）联席会议，闵行区副区长吴斌与隆阳区签订了携手奔小康帮扶协议；10月，保山市委书记赵德光率副市长、区委书记耿梅赴上海对接考察，汇报了保山市脱贫攻坚及沪滇扶贫协作情况……无论是上海领导到保山调研还是保山领导到上海对接，都分别召开沪滇扶贫协作联席会议，认真研究部署和协调推进相关工作，推动高层联席会议制度常态化、高效化。截至2020年7月，双方互派党政代表团进行工作对接交流6次、互访交流人员达600多人次，召开联席会议及工作会议8次。

协作双方高度重视人才在脱贫攻坚中的关键性作用，强化人才交流工作。闵行选派的老师、医生们在基层蹲点、在现场教学、在医院坐诊，和保山医生、老师一起共同学习研讨先进理念观念和知识技术，努力为改变保山人才比较匮乏、先进教育医疗资源相对短缺的局面贡献力量。我们还和保山市人社局合作，开展柔性引才计划，邀请上海的医改、教育、养老、卫生以及营商环境专家来保山讲学、授课、带教，受到了保山当地干部群众的一致好评，为加深两地间的交流合作架起了一座畅通无阻的桥梁。

2017年以来，闵行区共选派援滇干部14名到保山市开展帮扶工作，保山市选派干部34名到闵行区挂职锻炼学习。2020年，双方互派挂职干部18名，互派教师和医生等专业技术人才23名；安排培训经费345.6万元，计划年内开展干部培训16期640人。多层次、多领域、多渠道的干部和人才交流，有力助推保山市人才培养、技术提升、素质提高。

### 围绕县区特色，因情因地施策

在推进落实沪滇扶贫协作各项工作中，我们援滇干部充分立足闵行保山两地工作实际，前后联动、协同配合、凝聚合力，根据"一区三县"不同的优势和不足，因情因地施策，整合利用好上海市和闵行区的援助资源，打造出了各自的特色脱贫之路。

隆阳区沪滇合作发展蚕桑产业，坚持"一张蓝图绘到底"，在蚕桑产业种植、养殖、加工及配置设施等各个环节进行一体化扶持，取得了农民致富、企业增效、乡村发展的立体式效益。按照"公司＋基地＋合作社＋农户"的产

▲ 龙陵县"范大叔"家庭农场

业化经营模式，以保山利根丝绸公司为龙头，加快土地集中流转，提高农业规模化水平和农户种养技术，累计投入沪滇扶贫协作蚕桑产业资金4563万元，实施蚕桑产业项目9个，新植桑园19826亩，新建小蚕共育中心30座、9000平方米，大蚕房及生产用房70260平方米，蚕桑产业机耕道路82.92公里，架设生产用水管道21.67公里，生产用电线路5公里。项目覆盖9个乡镇、40多个村委会，受益农户8000户28000多人，其中建档立卡贫困户3000多户10000多人。累计带动全区15个乡镇135个村6276户种桑养蚕，带动新养蚕户1200户。

施甸县依托沪滇扶贫协作平台，实施了野鸭湖旅游扶贫项目，产生了良好的经济和社会效益。一是加大基础设施投入，投入资金500万元，新建停车场2400立方米、绿化景观905亩、公共厕所6座、休息凉亭6座和旅游标识系统等，铺设污水管网和旅游栈道，改善当地交通设施和旅游环境，增强旅游区的辐射范围；二是培育当地"农家乐"、民宿、种植业、养殖业、商品零售、摊位经营共150多户，吸纳本地建档立卡劳动力就近就业和销售农特产品；三是通过电视台、网站、微信公众号等方式广泛宣传，并通过开展唱山歌比赛、举办美食节等方式集聚人气、提高知名度。通过沪滇扶贫协作，姚关野鸭湖旅游扶贫项目共惠及1266户4134人，其中建档立卡90户375人，既改善了农村生态环境，又推动了旅游产业发展，更促进了农民长效增收，使当地人均纯收入增长30%以上。

龙陵县借助沪滇扶贫协作之机，以"范大叔"保山市首个私人定制家庭农场为抓手，采用"互联网+基地+合作社+农户"的运作模式，与贫困户建立了紧密的利益联结机制，依托上海体验店和微信、淘宝等广泛建立电子商务平台，实现基地到"饭桌"的直接销售，有力带动周边建档立卡贫困户脱贫致富。目前，"范大叔"农场养殖网络遍布龙陵县10个乡（镇）25个村，带动建档立卡户450户进行养殖，销售生态土鸡7.5万余只，达到了户均年增收5000元以上。

昌宁县依托沪滇劳务协作，将"爱心""耐心"融入实际工作，开创了"链条式衔接，套餐式推介，保姆式服务"的沪滇劳务协作工作新模式。一是设立了上海市对口支援地区就业服务工作站昌宁县分站，培育两家人力资源公司，成立了上海市闵行区昌宁县就业训练营、10个劳务专业合作社、160名劳务经纪人、49名就业扶贫信息员。二是加大基础平台建设，精准掌握劳动力转移基础数据，实地考察用工企业，形成套餐式用工信息7500多个，通过县内各种平台推介，全县累计实现农村劳动力转移就业达14.5万人，其中建档立卡贫困劳动力转移就业达3.95万人，人均月收入在12000元左右。三是开展"送出去，接回来"服务工作，春节期间组织接送务工人员600多人次，帮助到省外务工人员解决劳资纠纷4起40余人；加强稳就业服务，派出工作人员到广东、福建等地昌宁籍用工集中的企业开展稳就业服务，帮助到省外务工人员稳定就业。

## 深化长远协作，推动交流交融

在深化"携手奔小康"结对帮扶工作中，我们还深入探索乡镇、企业之间

▲ 发挥悦管家等中介机构作用，助力贫困劳动力转移就业

的结对帮扶，积极协调脱贫攻坚任务重、贫困程度深、脱贫难度大的贫困乡村与闵行区街镇、园区、国有企业、民营企业及社会团体开展"携手奔小康"行动，探索创新结对帮扶模式，助推脱贫攻坚工作进程。

闵行区各街镇、有关企业共与保山市一区三县22个贫困乡镇、132个贫困村签订了结对帮扶协议，无偿援助资金3790多万元。闵行还与保山市两地红十字会、教育局、农业农村委、文旅局签订了结对帮扶框架协议，加强专业领域的合作交流。学校和医院分别开展"一对一""一对几"的结对帮扶，实现了扶贫更加精准化的同时，也实现了两地多层次、多部门的沟通交流。2020年上半年，两地开展对接互访三次，闵行各街镇和区属国企援助结对帮扶项目资金1490万元，上海各界社会力量援助保山市资金和物资（折价）36.52万元。

闵行与保山市两地人社部门签订了人社部门合作交流框架协议，通过日常信息沟通、定期互访对接等方法，了解掌握保山地区劳动力的基本情况和需求,就劳力转移就业、职业技能培训、人才交流培养等内容开展合作,发挥天都、悦管家等中介机构和企业的作用,多渠道推进沪滇劳务协作,助力贫困劳动力转移就业。三年来,共安排4150万元沪滇协作资金用于公益性岗位补贴及劳务输出交通补助,举办沪保专场招聘会28次,帮助11696名贫困人口实现就业。累计到上海就读学生1375人,毕业就业384人。2020年,安排1200万元沪滇协作资金用于公益性岗位补贴及劳务输出交通补助,截至7月份已完成转移到上海就业98人,完成年度指标145人的68%;就近就地就业2466人,完成年度指标3651人的67.5%。

我们还先后引进上海寻梦信息技术有限公司、上海乐行智能科技有限公司、云磊科技有限公司、兴邦农业有限公司、上海东方希望畜牧有限公司5家企业落户保山,目前实际到位资金5.68亿元,直接吸纳建档立卡贫困人口45人,带动209名贫困人口脱贫。依托"一座保山"区域品牌上海实体店以及"10.17"扶贫周展销会等展示方式,拓宽销售渠道,扎实推进消费扶贫,累计实现销往上海的农产品销售额7708多万元,其中,2020年已实现销售额2218万元。

三年来,上海市和闵行区共投入帮扶资金55687万元,帮扶项目288个,项目涉及基础设施、人才培训、产业扶贫、就业扶贫、教育扶贫、特殊困难群体救助等,受益人口30多万,其中建档立卡人口8.8万多人。2020年,帮扶资金21595.4万元,帮扶项目111个,截至5月底,已开工100个项目。

在全体援滇干部的努力下,保山市沪滇扶贫协作的各项工作得到了上级部门和当地干部群众的肯定。2019年度,云南省对15个州市东西部扶贫协作成效评价,保山市评价结果为"好";对88个贫困县(市、区)东西部扶贫协作成效评价,保山一区三县评价结果全部为"好"。2019年度,国家东西部扶贫协作成效考核抽中保山市昌宁县,评价结果为"好",并且没有反馈问题。截至2019年末,保山市累计实现91339户381897名贫困人口稳定脱贫,贫困发生率从2014年末的13.02%下降到2019年末的0.49%,脱贫攻坚工作取得决定性进展。目前,保山全市413个建档立卡贫困村、33个贫困乡已全部按标准和程序实现脱贫"出列",龙陵县、昌宁县2个贫困县于2018年顺利实现脱贫"摘帽"。2020年4月,省级第三方评估组对隆阳区、施甸县开展了实地核查工作,经过省级公示阶段,已正式宣布脱贫"摘帽"。至此,保山市下辖各县区已全部脱贫"摘帽",如期完成了脱贫攻坚目标任务,到2020年底,将与全国人民一起进入小康社会。

接下来,我们将坚持"脱贫不脱责任、脱贫不脱帮扶",继续助力保山市完成剩余贫困人口的脱贫问题,再接再厉、攻坚克难,打好脱贫攻坚收官之战,决不让一个兄弟民族掉队、绝不让一个贫困群众掉队。

# 后 记

2020年是全面建成小康社会之年，根据习近平总书记关于"脱贫攻坚不仅要做得好，而且要讲得好"和中央关于党史工作"一突出，两跟进"的要求，经中共上海市委同意，市委党史研究室组织全市各区党史部门，在各级党委领导下，编写的"上海助力打赢脱贫攻坚战口述系列丛书"，经过各方的通力合作，与大家见面了。

本书是"上海助力打赢脱贫攻坚战口述系列丛书"中的一本。二十多年来，闵行积极响应上级号召，担负起扶贫协作和对口支援的重要政治任务，一批又一批闵行人，满怀热情奔赴受援地区，和当地干部群众一起坚守着、拼搏着，将青春和热血奉献在脚下的每一片土地，谱写了一曲曲家国颂歌。这是闵行义不容辞的责任和使命，更是对口支援工作的历史见证。

本书的编写工作，得到了中共闵行区委高度重视，区委副书记、组织部部长王观宝担任编委会主任并多次听取汇报，提出指导意见。区委组织部、区委党史研究室、区政府合作交流办共同合作，积极动员各方力量，充分调动每一位口述者、采访者、联系人、撰稿人的积极性，认真研究背景资料，精心设计采访提纲，深入挖掘细节，反复修改，提炼补证，及时记录好援建干部人才在艰苦条件下和复杂环境中办实事、求实效，为扶贫事业积极贡献的生动故事。工作推进中，得到了援建干部、相关单位及上海援疆泽普分指挥部、援滇干部联络组保山小组的大力支持。市委党史研究室始终给予关注和专业指导，上海明镜文化传播有限公司和学林出版社的编辑为本书的编写出版付出了辛勤劳动，在此一并表示衷心感谢。

回顾和梳理闵行对口支援的历程，其参与人数之多，工作内容之精，远非本书所能概括。加之时间紧，跨度大，尽管我们已经做了很大努力，但由于学识和水平所限，难免存在疏漏与瑕疵，恳请广大读者批评指正。

编 者<br>
2020年7月31日

## 图书在版编目(CIP)数据

闵行的责任/中共上海市闵行区委组织部,中共上海市闵行区委党史研究室,上海市闵行区人民政府合作交流办公室编. —上海:学林出版社,2020
ISBN 978-7-5486-1683-2

Ⅰ.①闵… Ⅱ.①中… ②中… ③上… Ⅲ.①扶贫-经济援助-工作概况-闵行区 Ⅳ.①F127.513

中国版本图书馆CIP数据核字(2020)第171613号

**责任编辑** 李晓梅
**封面设计** 范昊如

上海助力打赢脱贫攻坚战口述系列丛书

**闵行的责任**
中共上海市闵行区委组织部
中共上海市闵行区委党史研究室 编
上海市闵行区人民政府合作交流办公室

| | |
|---|---|
| 出　版 | 学林出版社 |
| | (200001　上海福建中路193号) |
| 发　行 | 上海人民出版社发行中心 |
| | (200001　上海福建中路193号) |
| 印　刷 | 商务印书馆上海印刷有限公司 |
| 开　本 | 720×1000　1/16 |
| 印　张 | 18.25 |
| 字　数 | 28万 |
| 版　次 | 2020年10月第1版 |
| 印　次 | 2020年10月第1次印刷 |
| | ISBN 978-7-5486-1683-2/K·187 |
| 定　价 | 128.00元 |